高等学校教材

信息检索与知识创新

主　编　李玉莲　陈　文
副主编　李俊红　袁　辉
参　编　赖贵华　张　洁　万小英
　　　　杨　忠　钱　敏
主　审　郭吉安

重庆大学出版社

•内 容 提 要•

本书从信息化社会与知识经济时代对创新型人才培养的要求,提出了信息检索是知识创新的基础、信息素质教育是创新型人才培养的重要内容的观点。

全书共分3篇8章。第一篇为检索基础篇,包括:信息知识概述、信息检索原理与方法。第二篇为检索系统篇,包括:中国信息检索系统、国外信息检索系统、国际联机检索系统。第三篇为应用与创新篇,包括:知识产权与标准、检索应用与创新。

本书主要用作高等院校信息素质教育教材,也可用作科研、管理人员以及现代人才学习进修的参考。

图书在版编目(CIP)数据

信息检索与知识创新/李玉莲,陈文主编.—重庆:重庆大学出版社,2011.2(2012.10重印)

ISBN 978-7-5624-5912-5

Ⅰ.①信… Ⅱ.①李…②陈… Ⅲ.①情报检索 Ⅳ.①G252.7

中国版本图书馆CIP数据核字(2010)第259187号

信息检索与知识创新

主　编　李玉莲　陈　文

副主编　李俊红　袁　辉

主　审　郭吉安

策划编辑:何　明

责任编辑:范春青　　版式设计:范春青

责任校对:谢　芳　　责任印制:赵　晟

*

重庆大学出版社出版发行

出版人:邓晓益

社址:重庆市沙坪坝区大学城西路21号

邮编:401331

电话:(023) 88617183　88617185(中小学)

传真:(023) 88617186　88617166

网址:http://www.cqup.com.cn

邮箱:fxk@cqup.com.cn(营销中心)

全国新华书店经销

重庆升光电力印务有限公司印刷

*

开本:787×1092　1/16　印张:15.25　字数:381千

2011年2月第1版　2012年10月第3次印刷

印数:7 001—10 000

ISBN 978-7-5624-5912-5　定价:25.00元

前　言

21 世纪是知识经济和信息化的时代,素质教育和创新人才的培养是这一时代教育的根本目的。在创新人才的素质中,信息素质是一种综合的、在未来社会具有重要独特作用的基本素质。信息素质主要包括信息意识和信息能力,通过信息检索课程的学习,可以提高信息意识和获取信息的能力。创新人才是创新活动的根本,具备创新能力的人才首先需要具备自学能力和独立研究能力,还需要具有自立和创新精神,最终才能成为其创新人才。而自学能力和创新精神的培养,离不开对信息的搜集、整理、分析与利用,掌握了信息检索的方法便是获得了打开知识宝库的"钥匙"。找到一条吸收和利用大量新知识的捷径,才能使我们能够进入到更广阔的知识领域中去,对未来和未知世界进行探索研究。

我国的信息素质教育开始于 20 世纪 80 年代,从 1984 年国家教委发出通知(84004 号文件)以来,"文献检索与利用"课程已经成为全面提高大学生信息素质的一门重要的基础课程,该课程对增强学生信息意识,提高学生获取和利用知识信息的能力发挥了重大的作用。特别是在 1999 年党中央、国务院召开了全国教育工作会议,做出了《关于深化教育改革、全面推行素质教育》的决定,文中指出:"要让学生感受、理解知识的产生和发展的过程,培养学生的科学精神和创新思维习惯,重视和培养学生收集处理信息的能力、获取新知识的能力,分析和解决问题的能力……",显然大学文献检索课的目的和内容与"决定"的要求是完全一致的。重庆大学图书馆从 1984 年起就开设了文献检索与利用课程,并不断进行教学改革的研究与探索,先后编写了《情报检索与利用》(1992)、《现代网络信息与文献检索》(1996)、《科技文献检索》(1996)、《现代信息检索教程》(2000)、《信息检索》(工程硕士系列教材,2000)、《大学知识检索教程》(2005)、《情报研究与创新》(2006)等教材,先后荣获重庆大学优秀教学成果一等奖和重庆市优秀教学成果二等奖,部分教材还获得了重庆大学优秀教材奖。

为了适应 21 世纪信息化社会与知识经济时代对创新型人才的培养要求,提高大学生和研究生的信息素质和知识创新能力,本书对原大学文献检索课程的教学内容和结构进行了改革与创新,紧紧围绕知识创新来介绍信息检索、检索系统以及检索应用与创新等内容,构建了全新的信息检索与知识创新的课程体系。

本书的特点在于:通篇贯穿了知识创新的理念,在介绍传统的检索基础知识与最新的信息检索系统以及检索应用等部分都与创新紧密结合,从而引导学生把信息素质的培养与创新人才的成长结合起来,增强信息意识和信息检索能力,建立创新意识,掌握创新的知识和方法,把自己培养成为21世纪需要的创新型人才。

全书由李玉莲、陈文策划构思并拟定体系。重庆大学图书馆信息教育与情报研究部全体教师参加编写。其中,第1章由李玉莲编写;第2章由陈文编写;第3章由钱敏、赖贵华编写;第4章由万小英、张洁、李玉莲、袁辉、杨忠编写;第5章由杨忠、袁辉、李俊红编写;第6章由李俊红编写;第7章由李玉莲编写;第8章由陈文、李俊红、张洁编写。全书由李玉莲、陈文、李俊红、袁辉分别审稿,最后由李玉莲统改定稿。

重庆大学图书馆馆长、博士生导师彭晓东教授给予了大力支持,原重大图书馆副馆长郭吉安教授给予了具体的指导与帮助,在此表示衷心的感谢!

本书的编写参阅了大量的相关教材与文献资料,在此向有关作者致以衷心的感谢!

李玉莲

2011年1月5日

目　录

第1篇　检索基础篇

第2篇 检索系统篇

第 *1* 篇
检索基础篇

第1章

信息知识概述

1.1 信息及其相关概念

1.1.1 信息、知识、文献、情报

1)信息

信息是当今世界使用频率最高、最时髦的词语之一。信息社会、信息时代、信息革命、信息科学、信息技术、信息产业、信息资源、信息爆炸等,关于信息的词汇不胜枚举,信息定义也包含于其中。据统计对信息的定义多达上百种,它们都从不同的侧面、不同的层次揭示了信息的特征与性质,但同时也都有这样或那样的局限性,所以到如今仍无公认的、统一的定义。

(1)信息的概念

在人类社会的早期,人们对信息的认识比较广义而且模糊,对信息的含义没有明确的定义。"信息"最古朴的概念应该是指一般的"音讯和消息"。随着科技的发展和人类的进步,特别是信息科学技术的发展,人们开始探讨信息的准确含义。随着探讨的不断深入,人们对信息的概念也在不断地明晰和深化。

①统计信息的概念。最早的信息概念是从通信工程引入的。1928 年,哈特莱(L. V. R. Hartley)在《贝尔系统技术杂志》上发表了一篇题为《信息传输》的论文,在这篇论文中,他把信息理解为选择通信符号的方式,且用选择的自由度来计量这种信息的大小。哈特莱的这种理解能够在一定程度上解释通信工程中的一些信息问题。1948 年,美国数

学家申农(C. E. Shannon)在《贝尔系统技术杂志》上发表了一篇题为《通信的数学理论》的论文,申农发现,通信系统所处理的信息在本质上都是随机的,可以用统计方法进行处理。他对信息的理解为:"信息是用来减少随机不定性的东西。"1950 年,美国著名科学家维纳(N. Wiener)出版了专著《控制论与社会》,维纳从控制论的角度出发,认为"信息是人们在适应外部世界,同外部世界进行互相交换的内容的名称"。这在信息的认识方面取得了重大进展。

②全信息的概念。申农和维纳都是从"信息的功能"来定义信息,并未正面回答"信息本身是什么"的问题。1988 年,我国信息论专家钟义信教授在《信息科学原理》一书中提出,为了得到清晰的认识,应根据不同条件、划分不同层次来给出信息的定义。最本质的层次就是:本体论层次和认识论层次。前者是建立在"所有的事物都具有自身的信息"这一认识基础之上的,所以本体论层次的信息定义就是"该事物运动状态和状态变化方式的自我表述"。后者是指本体论信息中被人感知、认识的那部分信息或人工信息,所以认识论层次的信息定义是指"主体所感知或表述的关于该事物的运动状态及其变化方式"。前者是从纯客观的立场来定义信息,后者是从认识主体的立场来定义信息。

认识论信息是人类所特有的,是人类在认识世界和改造世界的长期实践活动的基础上,通过信息的区别、选择与整理,即通过大脑加工,使信息系统化,形成科学技术知识。认识论信息范围十分广泛,它包括人与人、人与动物、人与植物、人与自然界所有的事物、人与社会,即包括世间所发生的一切被人类认识的信息。我们把这种同时考虑事物运动状态及其变化方式的外在形式、内在含义和效用价值的认识论层次信息称为"全信息",如图 1.1 所示。

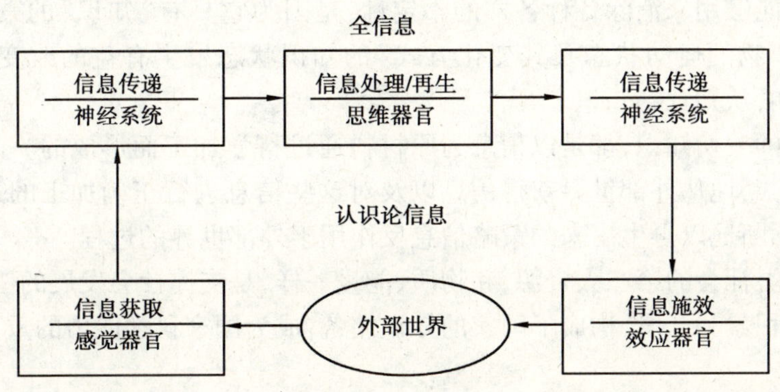

图 1.1 全信息

信息是客观事物特征的表征,是事物发出的、人类感官或仪器可以感知的一切有意义的信号和消息的内容。在当前,凡是能够用计算机进行电子化或数字化处理的,可以在信息网络上传输的,都可称为信息。

(2)信息的总体概念与运动趋势

①信息的总体概念。信息的总体概念可用信息分类系统图概括,如图 1.2 所示。

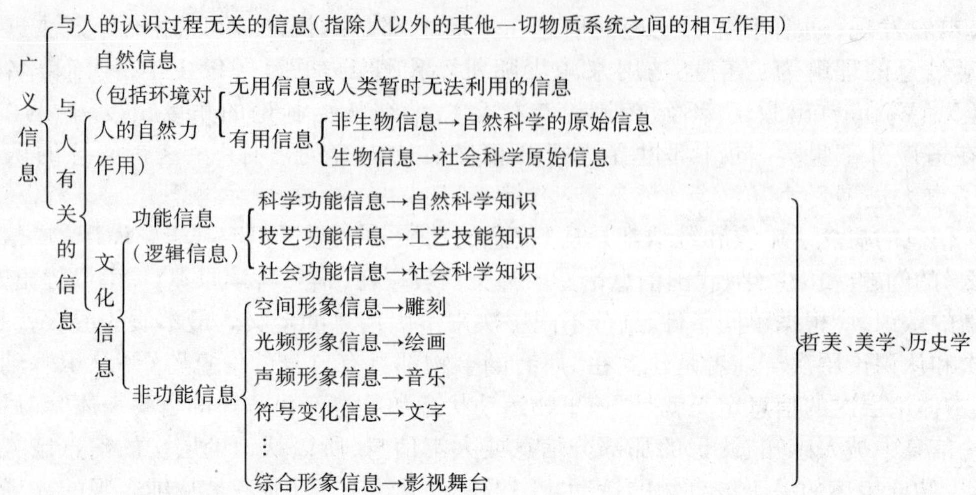

图 1.2　信息分类系统图

②信息的运动趋势。信息的增长呈加速度运动。由于信息存储电子化,传递网络化、计算机、电视机、电话传真机一体化,使得信息产量成加速度剧增,传递迅速,普及加快;全方位、多类型的通信网最终形成开放系统互联;用户将起决定作用。通信的时间、地点、方式、内容完全由用户决定,用户不受限制,所以应加强对信息吸收方面的研究;通信的质量从无序、无向、无效到有序、有向和有效;多媒体、多模态的人机交互系统将占主流。

(3)信息的意义

信息之所以能够用来消除各种各样的不定性,是因为它具有"知识"的秉性,可以使认识主体"关于各种事物的运动状态及其变化方式"的知识状态发生有益的改变,即从无知到有知,从少知到多知,从知觉到知识。

人类所拥有的一切知识,都是以信息为原材料通过科学加工而形成的。人们认识外部世界的过程,就是不断地从外部世界获得信息以及对这些信息进行正确加工的过程。而改造世界的过程,则是不断地以再生出来的策略信息反作用于外部世界的过程。

信息作为人类社会的第三大资源,和物质、能量一样,是支撑社会发展的三大支柱之一。

信息资源的积累和开发,构成了国家的知识储备,成为国家科学能力的重要组成部分。

2)知识

(1)知识的概念

知识是人类对客观事物规律性的认识,是人类认识世界的成果和结晶。人的认识过程实际上就是信息的感知和处理过程,人类既要通过信息来认识世界、改造世界,又要将所获得的信息形成知识。人的认识过程是从感性认识到理性认识,只有通过人脑的思维活动,对感知的信息进行重组、提炼和升华,才能形成知识,所以说理性认识即构成知识。

①传统的知识观。《中国大百科全书·哲学卷》(第 1169 页):"人们在日常生活、社会活动和科学研究中所获得的对事物的了解,其中可靠的成分就是知识。""科学知识是全人类认识的结晶。"近百年来,人们普遍认为,真正的知识是客观的,是放之四海而皆准

的绝对真理,文献中的知识是人类共同创造的客观存在的智力成果,是人类共同的精神财富。

②现代新知识观。随着科学技术的发展和人类认识能力的提高,上述知识定义中所谓知识的"客观性"和"共同性"并不能反映客观事实,上述定义既不严密,又太过肤浅;既未正确反映知识的属概念,又没有描述其种差。知识不仅仅是对事物了解的可靠成分,也不可能是全人类共同认识的结晶。知识只能是个人通过生产、生活和科学研究等实践活动,对客观事物的规律性的认识。所谓知识,包括"知"和"识"两个方面,是指人通过对客观事物发出的信息的感知,然后通过大脑对信息进行比较、分析、归纳、推理等思维活动而得出的对事物本质和规律的认识,是从感性到理性的认识,是人脑对信息深加工的结果,因此知识只能是个人的和主观的理性思维的智力成果和思维结晶。

(2)知识的分类

①世界经济合作与发展组织把知识划分为四类:

a.事实知识(Know-what),即关于是什么的知识;

b.原理知识(Know-why),即原理规律方面的科学理论;

c.技能知识(Know-how),即技能技巧方面的知识;

d.人力知识(Know-who),即人力资源方面的知识。

②我国学者提出"知识=6W+1Q"。即在"4W"以外再加上:e.时间知识(Know-when),f.空间知识(Know-where),g.数量知识(Know-quantity)。

③显性知识和隐性知识

a.显性知识是指上述"4W"中的Known-what, Known-why,即可以用语言文字来表达的知识,可以通过读书等方式获得。

b.隐性知识又称默会知识,是指上述"4W"中的Known-how,Known-who,即以经验为基础的只可意会、不可言传的知识。隐性知识的获取主要靠实践。

显性知识和隐性知识既有区别又有联系,互为前提,还在一定条件下互相转化。在显性知识的获得方面,隐性知识既可以起到一种基础性的、辅助的甚至是导向性的作用,也可能起干扰和阻碍作用。在实践方面,隐性知识既可以使我们在显性知识不充分的缺陷情况下迅速地做出正确判断,也可能造成判断错误。

④知识经济中三大类重要知识

a.科技知识:即上述"4W"中的Known-what,Known-why,Known-how,是研究自然界的知识,是人类认识和改造自然的知识,是具有创新性的系统化的知识。

b.管理知识:即关于人类社会组织活动的运行及其规律的知识。

c.行为科学知识:即上述"4W"中的Known-who,主要是关于人的心理需求、行为取向及其规律的知识。

3)文献

(1)文献的概念

文献就是用文字、图形、符号和声频、视频等技术手段记录有知识信息的物质载体,或称为固化在物质载体上的知识信息。文献具有保存和传播知识信息的基本功能,同时,文献也是人类最大的外脑,是人类认识世界,探索未来的工具。特别是基于网络环境的数字化多媒体形式的现代文献是当今知识信息传播的最重要和最主要的渠道，在现代信息网络环境下，文献使我们超越了时空的阻隔，能够最迅速和便捷地进行知识信息的沟通和交流，为我们提供了生产、生活、学习、研究的最有用的知识。

（2）文献的作用

①文献是人类最宝贵的知识宝藏。英国哲学家波普尔曾提出“三个世界”的理论。他认为世界可以分为三部分：其一是客观物质世界，包括自然界和人类的创造物，即“世界1”；其二是主观精神世界，包括人脑中所存储的知识、信息，即“世界2”；其三是离开人的主体而客观存在的知识，存储于文献之中，即“世界3”。作为“世界3”的文献是人类最丰富、最宝贵的信息资源和知识宝藏。

②文献是传播、交流知识的主要渠道，是情报信息的重要来源。知识信息的交流与情报的获取有非文献形式与文献形式两种渠道，非文献形式的创办渠道即口传信息和实物信息，而现代社会通过文献形式传播交流知识信息早已成为最主要的渠道和最重要的情报来源。特别是多媒体技术、通信网络技术等现代传播手段的运用使文献信息电子化、数字化，传播速度达到光速，且图文并茂、声色俱佳、动画显示，令人耳目一新。

③文献是人类学习的工具。文献不仅存储有丰富的知识内容，是凝聚人类智慧结晶的人的“外脑”，也是人们认识客观事物、启迪思路、开拓眼界的“知识感官”。通过文献，我们既可以超越时空的局限，了解历史，探索未来，也可以深入到微观物质结构和宏观的宇宙空间，真正做到“足不出户而知天下事”。

（3）文献信息的社会功能

文献的功能和作用，其核心在于文献中存储的无限丰富的知识信息和极其宝贵的情报资源。尤其在知识经济与信息社会时代，文献信息显示出越来越重要的作用，其社会功能主要可概括为：资源功能、经济功能、智力功能和管理功能。

①资源功能。物质、能量与信息是当今社会进步的三大支柱。物质提供材料，能源提供动力，信息提供知识智慧。信息是人类社会的“第三资源”，是国家民族的“无形财产”。文献信息资源的积累和开发，构成了国家的知识储备，成为国家科学能力的重要组成部分。正如美国前总统卡特所说：“信息像我们呼吸的空气一样，是国家资源。”

②经济功能。无论是科学研究还是生产建设，只有在人类已有的知识基础上进行，才是最经济有效的。这是因为科学技术具有连续性和继启性，情报信息相对于科研和生产所花的费用是微不足道的。但是不重视情报的利用，造成的浪费却十分惊人。据专家估计，我国科研部门的研究项目重复率超过40%，即使在美国，其重复研究所耗资金也几乎占了10%，而电子部门的重复率高达85%。为此，我国已把科研立项和成果申报的查新纳入了法定管理程序，并取得了明显的效益。

③智力功能。文献信息的智力功能亦称知识功能。文献信息是用户的“外脑”，它帮助人们存储、整序和分析加工各类信息。文献信息可以不断地向科学家、工程师和各种情报用户提供解决问题的最新知识。在当今，人们对知识信息的接受面临三大挑战：一是无限的文献与有限的阅读时间的挑战；二是迅猛增长的信息与人们接受能力的挑战；三是大量新知识与人们理解能力的挑战。要解决这些问题，就要靠浓缩的、有序的及其有针对性和效用性的情报。因此要学会信息检索，以快速查找到对我们有用的知识信息。

④管理功能。文献信息与人力、财力、物力一样，是现代管理系统的管理要素之一，管

理职能中的预测、决策、计划、组织、控制各个环节都离不开情报,尤其是管理决策。任何管理过程也都是情报处理和利用的过程。现在国内外许多大公司都设置了专门的知识主管,其职责就是进行知识管理和情报的开发利用。信息情报已成为企业生存发展竞争最重要的战略资源。

4)情报

(1)情报的概念

情报的概念最初源于古代战争和军事活动,"战时关于敌情之报告,曰情报"。随着社会的发展,情报概念也在不断地演变。近代(20 世纪中叶)重在知识的有序和检索,所以将情报定义为:"作为存储、传递和转换对象的知识,亦泛指一切最新的情况报道,如科学技术情报"。20 世纪 70 年代,情报重在决策知识的研究,所以钱学森将情报定义为:"情报是在特定的时间、特定的状态下,传递给特定对象的有用的知识和信息"。

20 世纪末至 21 世纪初,以信息化和全球化为主要特征的知识经济蓬勃发展,信息和知识作为一种战略资源变得空前重要。情报工作也由一般的文献工作阶段进入了与经济、社会发展相结合的情报分析研究阶段,因此,情报的定义又发展成为"判断、意志、决策和行动所需要的知识和智慧""获取他方有关情况以及对其判断的成果"。情报按内容和性质分为政治情报、经济情报、军事情报和科技情报等"。

综上,情报概念具有广延性和层次性。广延性是指情报的外延包括军事、政治、科技、经济、管理等方面;层次性是指情报包括生产、学习、研究、管理、决策等不同层次所需要的事实、数据、信息、知识、智慧或方案。现代的情报主要指解决问题的决策和行动所需要的系统性、预测性、智能性的解决方案,如战争中参谋部的作战方案、技术开发的可行性论证、商业市场的竞争性情报、咨询机构的研究报告等。

(2)信息、知识、文献、情报的关系

宇宙的万事万物都具有自身的信息,所以信息是无限的。人们获取这些信息后,加以分析研究,从感性认识变成了理性认识就构成了知识。知识信息用文字、符号、图片、声波、视频等记录在纸张、胶片、磁盘、磁带或者计算机网络上就形成了文献。当人们需要的时候,及时获取了这些知识信息和文献,或者说人们获取的这些知识信息和文献在有用的时候,就成为其情报。所以信息、知识、情报的关系可以表示为:信息 $\supset$ 知识 $\supset$ 情报。

鉴于"信息"概念的泛化和全球信息化的大趋势,本书中有关信息、知识、情报的概念既因袭既往,又顺应现实。一般说来,凡是现在已改称"信息"的,则用信息,反之则依旧,对此可作模糊处理,勿需深究。

1.1.2 信息社会与知识经济

1)信息社会

世界科技、经济、社会的飞跃发展,特别是以计算机、通讯技术、传感技术为核心和主流的信息技术革命,使人类社会已经进入一个崭新的时代和社会,即信息时代与信息社会。正如丹尼尔·贝尔、约翰·奈斯比特、阿尔温·托夫勒等西方社会学家和未来学家所预言的，人类社会已经经历“游牧社会”“农业社会”和“工业社会”，信息革命掀起了“第三次浪潮”，现已进入“后工业社会”，并呈现出信息化的“十大趋势”，这就是信息社会。在人类历史上，从原始游牧社会向农业社会转变大约经历了几万年。从农业社会向工业社会转变大约经历了2 000年。而从工业社会向信息社会转变，现在只有50多年。在农业社会，劳动者通过人力工具（镰刀、锄头）作用于劳动对象，而用天然的信息器官（如眼、耳等）来获取信息。工业社会中劳动者是通过动力工具（机床、火车）作用于劳动对象，通过一些初级的信息工具来获取信息。而在信息社会中，劳动者通过信息化的生产工具体系同劳动对象打交道。这样的生产工具是用信息技术装备起来的：由传感测量系统来获取信息，通过信息系统来传递信息，通过智能系统来处理信息，并产生策略信息，通过控制系统把策略信息作用于劳动对象，完成生产劳动的任务。以这种信息化的生产工具为表征的生产力就是信息化的社会生产力。

现代信息社会的主要特征有以下四个方面：

(1)信息成为社会发展的主要资源和决定因素　信息社会中，信息对整个社会的发展有着神奇的“激化”“诱发”和“倍增”作用。人们从事的一切实践活动都必须首先从利用信息资源入手，并贯穿其始终。信息成为人们的“第一需要”，且越来越成为决定成败的关键因素。“信息就是时间”“信息就是金钱”“信息就是生命”已成为人们的共识。在激烈的国际竞争中，信息作为经济发展战略资源，已成为一切竞争的核心和焦点。

(2)信息产业成为信息时代的主干产业或战略性产业　据资料介绍，信息化社会始于1956年，其标志有两个：一是该年的美国在人类历史上第一次出现了从事技术、管理和事务的白领工人的人数和产值超过了生产物质产品的蓝领工人的人数和产值；二是1957年苏联发射了第一颗人造卫星，开启了全球信息革命。1973年美国已完成从工业经济向信息经济的转变过程，两个重要指标——信息经济增加值占整个国民生产总值的比重和信息业就业人数占全社会就业人数的比重，均超过了50%。

(3)信息技术发展迅猛，成为信息产业发展的技术支撑和信息社会发展的动力　信息技术与生物技术、新材料技术、新能源技术、空间技术、海洋技术一起构成当代六大关键技术。由于有雄厚的信息产业作后盾，信息技术的发展速度比其他技术都快，新技术、新产品层出不穷，日新月异，已渗透到社会的各个方面。当代信息技术包括感测技术、通信技术、计算机技术、控制技术、多媒体技术等方面。这一系列高新技术的开发应用，正在改变世界，改变我们的生活。

(4)信息网络成为信息社会的重要基础设施　农业社会的基础是耕地的犁和拉犁的牲畜，工业社会的基础是引擎和燃料，信息社会的基础则是计算机和互联计算机的网络。计算机网络正在科研、教育、经济以及社会生活各个方面发挥革命性的影响。美国总统克林顿提出“技术——经济增长的发动机”的报告，旨在加速科技成果商品化的六个重大决策，其中第一项就是建立新型信息网络——信息高速公路。美国提出的信息高速公路计划（NII & GII）在全世界掀起了巨大的浪潮。全球最大的计算机互联网 Internet 迅猛发展，世界已经进入了以网络为中心的时代。

2）知识经济

(1)什么是知识经济

世界经济合作与发展组织（OECD）的定义：

1996年,世界经济合作与发展组织(OECD)首次在其文件中正式使用了"知识经济"这个新概念。在目前有关知识经济的各种论述中,这是公认的权威论述。在经合组织(OECD)《以知识为基础的经济》报告中,对知识经济的内涵进行了界定:"知识经济是指建立在知识信息的生产、分配、使用之上的经济",是以知识和信息为核心的经济。"知识经济是和农业经济、工业经济相对应的一个概念,它指的是当今世界一种新类型的、富有生命力的经济"。知识经济的最大特点是信息化和全球化,知识经济的核心是学习和创新,而知识经济的基础是信息网络。

OECD报告认为:"知识经济中所谓的知识是一个广义的概念,包括人类迄今为止所创造的所有知识。其中,科学技术、管理科学和行为科学的知识是最重要的部分,知识成为知识经济中经济增长的主要要素。"

知识具有七个特性:不可替代性、不可相加性、不可逆性、非磨损性、不可分性、可共享性和无限增殖性。知识的特性决定知识与一般生产要素相比具有本质区别:在知识经济中,知识已不是经济增长的"外生变量",而是经济增长的内在核心因素。当知识成为主要经济要素后,经济的增长方式会发生根本变化,长期高速增长成为可能。

OECD在1996年《技术、生产率和工作的创造》报告中写道:"当今世界知识以各种形式在经济发展过程中起着关键的作用,那些有效地开发和管理他们知识资产的国家发展得更好;拥有更多的知识的企业比知识较少的企业在整体上运行得更好,具备更多知识的个人得到收入比较丰厚的工作。知识的战略地位强调要增加研究和发展(R&D),教育和培训的投资,也强调其他无形的投资。""几十年来,大多数国家的无形投资比有形投资增长得更快。因此,政策的框架应主要侧重于国家的创新能力和知识的创造、应用能力。政府的一项主要任务就是创造条件引导企业进行投资和创新活动,以促进技术变革。"

1997年2月4日美国总统克林顿在国情咨文中采用了经合组织(OECD)提出的"知识经济"的说法,至此,"知识经济"这个概念已被越来越多的人所接受。

(2)知识经济的主要特征

①OECD的观点。OECD在《科学、技术和产业展望》报告中,总结了20世纪90年代以来经合组织国家经济发展的轨迹与趋势,提出了知识经济和主要特征及其作用地位,用统计数字具体说明了知识经济体系中的重大要素,包括科学技术的研究开发;信息和通信技术的发展;服务行业的就业人数与构成;劳动力的技能素质等因素对经济增长的影响。报告最后总结说:"事情已使人民越来越清楚,知识是支撑经合组织国家经济增长的最重要因素。"据统计OECD主要成员国的知识经济已超过其国内生产总值的50%。

②吴季松的观点。1998年3月,全国人大环境与资源保护委员会研究室主任吴季松博士论著的《知识经济——21世纪社会的新趋势》,是国内第一部知识经济的专著。吴季松博士认为:"知识经济是指区别于以前的,以传统工业为产业支柱,以稀缺自然资源为主要依托的新型经济。它以高技术产业为第一产业支柱,以智力资源为首要依托,因此是可持续发展的经济。知识经济是在充分知识化的社会中发展的经济。"

吴季松认为,知识经济的特点主要有:知识经济是促进人与自然协调、可持续发展的经济;知识经济是以高技术产业为支柱,能够科学、合理、综合、高效地利用现有资源,同时开发尚未利用的富有自然资源取代已近耗竭的稀缺资源,例如软件、生命科学技术,等等;知识经济是以无形资产投入为主的经济,如美国许多高技术企业无形资产已超过总资产的60%;知识经济是世界经济一体化条件的经济;知识经济是以知识决策为导向的经济。

吴季松认为,当今世界,正如300年前农业经济向工业经济发展一样,只能说出现了知识经济的萌芽,即便是领先的美国也还没有形成知识经济。今天美国经济的支柱产业仍然是汽车、钢铁、建筑等传统产业,信息产业是唯一可与之并驾齐驱的产业,其余高科技产业还相对弱小。他预计,知识经济时代将在2030年前后全面实现。

③袁正光教授的观点。袁正光教授是中国科普研究所所长,科学、技术与社会发展研究员,"知识经济论坛"主持人,他多次到全国各地作关于知识经济的主题报告。袁正光认为,同工业经济相比较,知识经济有许多根本的变化:经济动力的变化,知识经济以电子技术和信息革命为动力;产业内容的变化,知识经济是制造业和服务业一体化,服务业越来越占主导地位;效率标准的变化,知识经济追求知识生产率,即知识研究、开发与教育培训;管理重点的变化,企业重点是知识的生产与开发,和教育培训;生产方式的变化,知识经济是非标准化,分散化、柔性化,小批量,多品种,高效率;劳动力结构的变化,知识经济中直接从事物质生产的工人不到劳动力总数的20%;社会主体的变化,知识经济时代,知识阶层成为社会主体;分配方式变化,知识经济的分配方式主要是按业绩付酬;经济学原理变化,知识经济以知识为基础,知识是经济增长的核心。

(3)知识经济的形成与发展

①关于"知识"与"经济"论述的三个阶段。第一阶段:300多年前,培根提出"知识就是力量",第一次指出知识的功利性;第二阶段:100多年前,马克思提出"科技生产力"的观点,把知识引入经济范畴;第三阶段:1988年,邓小平提出"第一生产力"观点,关键是"第一"两个字,说明科技已由从属地位变为主导地位,成为一种变革力量,一种创新力量,这一概念的提出,对我们国家、乃至世界科技和经济的关系,就整个时代发展的特点来说,具有科学性、前瞻性,非常重要。

②知识经济的由来。传统经济学受到新的经济事实的挑战,时代呼唤新的经济理论。早在20世纪60年代初,马克卢谱等美国学者对知识经济已有所涉猎,知识经济理论形成于20世纪80年代初期。1983年,美国加州大学教授保罗·罗默发表论文,提出了"新经济增长理论",认为知识是一个重要的生产要素,它可以提高投资的收益。"新经济增长理论"的提出标志着知识经济在理论上的初步形成。

在此期间,国内外学者曾提出过"工业经济"(1974年,托夫勒《第三次浪潮》);"信息经济"(1984年,奈斯比特《大趋势》);"高技术经济"(1986年,福莱斯特《高技术社会》);"智力经济"(1994,彼得,德普克《后资产主义社会》);此外还有"新经济""数字经济""精神经济"等提法;直到1990年,联合国研究机构提出"知识经济"。1996年,OECD明确定义了"知识经济就是以知识为基础的经济";人类正式进入一个以知识资源的占有、配置、生产、分配、使用为最重要因素的经济时代,简而言之就是"科学技术是第一生产力的时代"。

从经济发展史看,以产业结构分:农业经济经历了5 000年;工业经济经过了300年;而知识经济不过30多年。以资源配置分:从劳动力经济转向自然资源经济再转向智力经济。知识经济是区别以前的传统工业为产业支柱,以稀缺资源为主要依托的新型经济,以高技术产业为第一支撑产业,以智力资源为首要依托,因此,知识经济是可持续发展经济。

③知识经济的现状及趋势。传统制造业转变为智力型工业,波音777飞机是第一架不

需要制造样机的新型喷气式飞机，制造一架飞机全部部件超过400万个，其中13万个部件都是外包式设计和加工。德国的汽车工业将信息技术、机器人、CAD技术用于整个生产过程，不像是一个制造业，更像一个服务业，是以智慧为基础的产业。劳动力结构也发生变化，不仅减少蓝领工人，白领工人也在减少。知识经济需要金领工人（高水平的知识工人）带领着灰领工人（计算机）和钢领工人（机器人）进行制造。早期的石油工业人们称为“撞大运”工业，全凭运气，发现油井的成功率只有10%，现在石油工业也成了智力型工业，涉及多种现代科技，比如，计算机、声学、水平钻进、深海石油、钻井平台等，都利用了现代技术，油井钻探的成功率已达40%～50%。轻工业中（如耐克鞋）也涉及流体动力学，知识含量大大提高，产品价值大大提升，创新的程度决定产品是不是高技术产品。耐克鞋的生产方式与众不同，它与亚洲50个工厂签订了合同，在本部遥控，用工作站试制模具、控制质量、监督生产，年产值达50亿美元。

• 产业信息化和信息产业化。美国在产业的信息化和信息的产业化方面进行了一系列的调整和发展，信息产业发展带动整个经济发展。美国信息产业雇员约740万人，人均年收入达4.6万美元，其他部门仅2.8万美元，而软件和技术服务业高达5.6万美元，美国有关信息部门的GDP达80%。1996年GDP增幅中1/3来自数字化、网络化特征的信息产业。美国蓝领工人从20世纪90年代中期的20%至2010年预计下降为10%左右，而知识型人员可能从40%增加到60%～70%。美国和欧洲OECD国家由于知识经济带来的经济增长处于世界领先水平，1997年美国可用于社会最终消费的国内生产总值GDP约7.8万亿，占世界GDP总量的28%，而人口不到全球的4%。

• 世界知识经济的发展。20世纪80年代中期前全世界只有5万台PC，1995年达5 000万台，当年汽车总量3 500万辆，PC数量已超过汽车，到20世纪末计算机已达14亿台。欧盟1997年发表了“2000年议程”提出：“整个欧洲的发展要将知识化放在最优先的地位。”因为知识经济核心是科技，关键是人才，基础是教育，所以各国在这些方面都采取了一系列措施。

(4) 迎接知识经济的挑战

知识经济浪潮的蓬勃兴起和迅猛高涨，无论是对整个人类还是世界，对一个国家还是一个民族，对一个组织还是个人都是生存发展的难得机遇和严峻挑战。中国作为发展中的社会主义国家，能否抓住机遇迎接挑战，不断增强综合国力和国际竞争力，关系着我们党、国家和民族的前途和命运。

①实施科教兴国，迎接知识经济的挑战。实施科教兴国是历史的选择，是时代的要求。知识经济以智力资源、知识创新为第一要素，科技和教育将起重要的支配作用。知识经济下的市场竞争，将更加集中地表现为科技和教育的竞争，科技教育的发展程度将成为衡量一个国家经济发展和综合国力的重要标志。为迎接知识经济时代的到来，美国、日本、俄罗斯、欧盟和一些发展中国家纷纷调整经济与科技教育的发展战略。朱镕基总理在九届人大一次会议的记者招待会上，把科教兴国作为本届政府的最大任务。对此，我们要从知识经济的历史进程和时代发展紧迫需要的高度，更加深刻地认识科教兴国战略的重大意义，充分发挥科技教育对推进经济发展的巨大作用。科教兴国战略的实施，涉及科技、教育、经济及社会各个部门和各个方面，是一项庞大的系统工程，需要各方面的配合与协作。国民经济各部门、各类产业、各种所有制和经济组织，都应把贯彻这个战略作为最大的任务。要切实转变经济发展的指导思想和经济增长的方式，真正把经济建设转移到依靠科技进步和提高劳动者素质的轨道上来，以先进的科技和发达的教育，以高素质的劳动者，作为经济社

会发展的动力和支撑,作为经济工作的根本着眼点。

②优先发展教育,培养高素质的人才和劳动者。随着知识经济发展对高素质人才的大量需求,教育将成为知识经济时代培育新型劳动者的重要基础产业。在我国面临加快工业化进程和追赶知识经济双重挑战的情况下,教育也面临着双重的任务,既要着眼于提高整个民族的科学文化素质和整个国民经济的知识含量,又要努力培养一大批拔尖的专门人才,为追赶世界先进水平提供人才保障。为此,我们要适应新形势的要求,进一步加快教育的改革和发展。

首先,要以素质教育为重点,加强基础教育。基础教育是整个教育事业的关健。我们要继续坚持基础教育"重中之重"的地位不动摇,建构多元化的基础教育办学方式,进一步改善基础教育办学条件。同时,要加快普通教育由应试教育向素质教育转变,全面提高学生的基本素质,促进受教育者德智体和美育等方面全面发展。

其次,积极发展职业教育,促进教育与经济社会发展的紧密结合。知识经济对劳动者的素质提出了新的要求。我们要适应科技进步、产业结构调整和发展市场经济的需要,有针对性地培养各类适用型人才。

第三,稳步发展高等教育,培养高级专门人才。高等教育是教育发展的"龙头",代表着国家的知识水平和培养人才的水平。在知识经济时代,大学更是肩负着特殊的使命,被称为是知识经济发展的动力源。因此,必须高度重视高等教育的改革与发展。大学教育要拓宽专业设置,拓宽学习领域,促进文、理、农、工科的相互交叉与结合,以增强学生的灵活性与适应性。

③建立国家创新体系,提高科技创新能力。创新是知识经济发展的最主要的动力源泉。努力提高我们的知识创新和技术创新能力,对21世纪的发展至关重要。面对知识经济的挑战,我们必须紧紧依靠自己的科技力量,加快培育新的科技创新能力,迅速构建一个完整的创新体系。我国目前正在组织实施多项科技、教育计划和工程,如"技术创新工程""211工程""985工程""知识创新工程""创新人才计划"等,建立与知识创新、技术创新相关的机构和组织构成的国家创新网络系统。我们要在配合国家创新体系建设的同时,把握国际国内科技教育发展的趋势,突出重点,发挥优势,形成特色,全面提高在知识和技术方面的创新能力。一是要集中力量支持一批具有较强创新能力的重点企业的发展,特别是要以大企业和企业集团为核心,联合一批科研机构,形成技术创新系统,迅速提升我国产业的整体技术水平。二是要努力办好若干所高水平、研究型大学,使之成为国家级的知识创新基地,成为培养和造就高素质人才的摇篮,为我国经济的发展储备知识、技术和人才。三是要加强知识传播和应用系统的建设,为知识和技术的创新、扩散和应用提供条件和场所。四是要充分发挥政府在创新体系建设中的作用,努力创造和维护有利于技术创新、知识创新、知识传播和应用的正常的市场秩序。

迎接知识经济挑战,必须不断调整产业结构,逐步实现从传统经济向知识经济的升级。中国共产党的"十五大"提出的"深入实施科教兴国战略,要加快各主要产业的科技进步,同时加强基础研究和高技术研究,重视人才资本,提高劳动者素质"这些整体战略为迎接知识经济挑战指明了方向。江泽民说:"科技的发展,知识的创新越来越决定着一个国家和民族的发展进程。"创新是人类进步的不竭动力,是一个国家和民族的灵魂。为了要创新,学习是根本,我们要加强学习,不断学习,在学习当中有创新,用理性的思维去探寻社会发展规律。不断地进行"知识的学习与创新"正是知识经济的核心。

1.2 信息源及其类型特点

1.2.1 信息的来源

信息的来源有三种:实物信息源、口传信息源、文献信息源。

1)实物信息源(世界1:客观物质世界)

(1)实物信息的概念

实物信息是借助物体本身来表达的情报信息。人类传递的知识有许多被物化在各类物体之中,如武器、工具、产品、模型、设备、建筑物等。在德国,也称实物信息源为“实物文献”。实物信息往往是直接为生产服务的技术情报,实物信息源可以为新产品开发提供情报,能分析掌握一个时期市场供求变化和产品发展方向,同引进技术和设备相比,具有花钱少而见效快的特点。

实物信息获取的主要目标首先是高技术实物,实物的技术水平越高,则所含情报价值越大,则可从中获取高质量的情报。其次是实物样品,实物样品的原始程度越高,所含情报就越真实,如采集植物标本、矿物样品、产品样品等可以获取可靠的情报。由于实物情报所具有重要价值,使它常常成为军事谍报、竞争情报的猎取对象。

(2)实物信息源的特点

①真实性。人们获取实物信息面对的是客观存在的物体,因而具有很强的真实性。而口传信息和文献信息只是对实物信息的语言和文字描述,难免晦涩失真。

②直观性。实物的形状、大小、颜色等可一目了然,其结构、运动形式等也可直接观察,能启发人们的思路,便于仿制。

③间接性。物化在实物中的信息有时必须经过解剖、测试、分析等过程后才能得到。

(3)实物信息源的获取方式

实物信息蕴藏在自然界和实物之中,这是知识信息的最根本的源泉。所谓“实践出真知”“眼见为实”就是这个道理。从本质说,一切知识信息最根本的来源就是实践。实物信息可通过实地考察、现场调研、参观展览和生产、生活和科学实验获得。

2)口传信息源(世界2:主观精神世界)

(1)口传信息的概念

口传信息是借助口耳相传的一种情报信息。它通常存储于人脑中,多属于经验性、未被组织和符号化的知识,因而也叫离散情报。人脑是巨大的信息储存库。据科学家研究发现人脑的大脑皮层有150亿个神经细胞,可存储5亿册图书的信息,相当于数字计算机的几万倍。经研究还发现就是智力最高的学者,实际上也只使用了大脑容量的10%~20%。即使如此,人脑中存储的信息和知识仍是重要的情报源。

(2)口传信息源的特点

①广泛性。人们在一切社会交往中,随时都有获取口传信息的机会,但由于其自发性强而不便于组织管理(教学、会议除外)。

②针对性。口传信息主要是靠人与人的直接交流而获得,所以具有很强的针对性,并辅之以手势、表情,易于理解、富于启发性,生动直观。

③适时性。人际信息交流,速度快、费时少,而且凡遇到不够明确之处,可以立即提问,可随时得到解答和补充,反馈迅速。

④任意性。口传信息主观性强,难以检验其可靠性,并不能存储检索,随着时间的推移,口传信息也会失真、泯灭。

⑤层次性。由于人们在社会实践中具有不同的职位和文化层次,也使得不同层次的人提供的口传信息有不同的价值。

(3)口传信息的获取

口传信息主要通过人际交流口耳相传,获取方式包括:会议、交谈、咨询、采访、上课等。口传信息获取的主要目标首先是权威人物、专家、教授、企业家等,他们往往掌握着新颖、有价值的情报;其次是当事者,他们往往掌握着最新的、可靠的大量信息。所以具有丰富知识和智慧的人通常被称为人才资源。

3)文献信息源(世界3:客观精神世界)

(1)文献信息源的概念

文献信息源亦称文献情报资源,它是迄今为止人类所积累和存储的,并不断增长的全部文献的总和。文献信息源是知识情报源的主体,是情报搜集、存储、检索、利用的主要对象。文献就是用文字、图形、符号和声频、视频等技术手段记录有知识信息的物质载体。文献具有保存和传播知识信息的基本功能。同时,文献也是人类最大的外脑,是人类认识世界,探索未来与未知的知识感官和认识工具。

(2)文献信息源的特点

①记录性。文献是记录有知识的载体。世界各国任何时代的科学发现、发明创造之所以得以保存至今,正是文献记录的结果。

②交流性。文献是传递信息、知识、情报的主要手段,它能克服时间和空间的障碍,并可为人们多次重复地使用和复制。

③社会性。文献是整个人类社会的精神财富,是社会进步和科技发展必不可少的资源和重要标志,并接受社会的监督和评价。

④时效性。文献情报的价值具有时间效益,从文献信息中获取情报必须及时、有效;文献也是确认成果是否具有新颖性和优先权的依据。

⑤可整理性。杂乱无序的文献经过整理后可形成具有优化结构的文献信息系统,图书情报机构就是通过文献信息的整序和传播开展情报服务的。

1.2.2 文献信息源的类型

1)文献的类型

文献按不同的标准可以分为不同的类型。

(1)按文献的记录形式分类

①文字型文献。用文字记录的文献称为文字型文献,可以是中文、英文、法文、德文、日文、俄文等各种语言文字。

②图表型文献。用图、表记录的文献称为图表型文献,如图纸、图片、图谱、图画、图表等。

③代码型文献。用特定的符号、代码记录的文献称为代码型文献,如乐谱、电报码、化学符号、软件源程序等。

④语音型文献。用声音记录的文献称为语音型文献。

⑤影像型文献。用影像记录的文献称为影像型文献。

⑥多媒体文献。多媒体文献是指既用文字、图、表、特定符号,也用声音、影像等,是集文字、声音、影像于一体的文献。

⑦数字化文献。用数码设备将文字、图、表、特定符号、声音、影像等均转化为"0"和"1"数码存取,实现各种形式的信息资源数字化。

(2)按文献的组织形式分类

①文本型文献。文献信息内各知识单元按线形顺序排列,读者阅读时,是跟随文本的线形流逐步向下浏览,当需要了解某一内容的相关信息时,需要另外查阅相关参考资料。

②超文本文献。文献信息内各知识单元间、文献信息内各知识单元与文献信息外各知识单元间的关系呈网络结构,通过链接把有关的信息(包括文字、图片、表格等)连接起来。读者可以从任一链接点开始,从不同的角度,采用人机交互的方式,阅读、检索感兴趣的信息。

③超媒体文献。超媒体文献是多媒体与超文本的结合,集文字、声音、图像于一体。也可以理解为,当超文本的链接点中的信息是多媒体信息时,就是超媒体文献信息。

(3)按文献的载体形式分类

随着科学技术的不断发展,人类记录知识信息的物质载体和技术手段不断地演进。古人曾用甲骨、竹简、锦帛等充当文献的载体,现代文献常以印刷型、缩微型、声像型、机读型、网络型、光盘型等多种载体形式存在。

①印刷型文献。印刷型文献是以纸张为存储介质,以印刷(包括铅印、胶印、复印等)为记录手段的文献形式,是一种传统的也是最常见的文献形式。其优点是便于携带、传播和阅读;缺点是体积大、存储密度低、长期保管困难。由于造纸材料(木材)的减少,印刷型文献的价格也愈来愈高。

②缩微型文献。缩微型文献一般指以感光材料为载体,利用摄影等光学技术使印刷型文献缩小若干倍的文献形式,包括缩微胶卷、缩微胶片和缩微卡片等。

③声像型文献。声像型文献又称视听资料或直感资料。它是运用录音、录像和摄影技术

直接记录声音与图像的文献形式,包括唱片、录音带、录像带、电影片、幻灯片等。优点是有声有色,图文并茂,在探索物质结构和运动机制等方面具有独特作用。通过电视和广播传送的大量声像型文献,是人们获取情报信息的重要渠道。

④机读型文献。机读型文献是以磁性材料(磁带、磁盘)为载体,以计算机输入或光录入为记录手段而形成的文献,也称电子文献。此类文献在阅读时,需要使用计算机。其优点是:存储密度大、存取速度快,易处理、易于实现资源共享。

⑤网络型文献。网络型文献是电子文献的高级形式,可分为两种:一是存储在联机检索系统中的文献资源,二是因特网上的信息资源。它的优势在于:消除了地理、文化、语言和时间上的限制,使分布在世界各地不同主机的信息资源能够方便地为用户所存取和利用,以实现全人类信息资源共享,实现信息全球化。

⑥光盘型文献。光盘型文献又称激光光盘。它集机读型和声像型的所有优点,是一种"海量"的信息存储载体,每张盘至少可存储 550 Mbit 的信息。它采取数字化存储方式,存取迅速。从 1985 年以来,激光盘只读存储系统(CD-ROM)已广泛应用于国内外图书情报机构,目前光盘数据库和光盘信息产品已达万种。随着信息存储技术的飞速发展,多媒体、超文本的现代文献,如各种激光视盘(VCD、DVD)都已经畅销于市。

数字化、电子化、多媒体化、网络化、智能化是现代文献载体发展的新趋势。

(4)按文献出版的类型分类

文献按其出版形式可划分为十大类,通称"十大情报源"。

①图书(Book)。根据国际文献标准草案 ISO/DIS5217/Ⅱ的定义:"凡篇幅达 48 页以上并构成一个书目单元的文献称为图书"。图书分为两大类:一是阅读型图书,二是参考工具书。图书的特点是内容全面系统、论点成熟,但出版周期长,知识信息不如期刊或特种文献新。图书一般都有唯一标识即国际标准书号(ISBN),由 ISBN 号可知该书的语种区、出版社、流水号等出版信息。

例如:ISBN 7-5624-1273-1 ~/TP · 99 ~

说明:第一个字段是地域号(国家、地区、语种)。7 是指中国、0 和 1 是英语区、2 是法语区、3 是德语区、4 是日语区、5 是俄语区,等等。第二个字段是出版社编号,5624 表示重庆大学出版社;第三个字段是该出版社出版的图书种类的流水号;第四个字段是计算机核对号。我国出版的图书在 ISBN 后加的一个中图法的大类类号。现行为 ISBN 号在地域前冠以 EAN-UCC 前缀,是由国际编码协会分配的产品标识编码,目前启用的有 978 和 979 两个号段。

②期刊(Journals or Magazine)。期刊是指定期连续出版,并编有时序号或数序号的出版物。期刊又称杂志,可刊登多位作者文章,并设置若干栏目,内容新颖广泛。期刊是科技人员的主要情报源,具有报道速度快、出版周期短、内容新、数量大、品种多等特点。期刊可分为学术性期刊、资料性期刊和检索性期刊等。期刊的标识有刊名、刊期、页码、国际标准刊号(ISSN)等。期刊的刊期常见的有月刊(monthly)、双月刊(bimonthly)、季刊(quarterly)、年刊(annuals)、周刊(weekly)等。期刊刊名冠以通报(Bulletin)、学报(Acta)、汇刊(Transaction)等,通常是大学或学术团体出版的,具有较高学术水平。据情报专家调查,科研人员利用的各类文献中,科技期刊占 65% 以上。情报专家研究、对许多学科专业,20% 的期刊占据的 80% 以上的有关信息,这就是所谓的核心期刊。掌握和利用本学科专业的核心期刊就可以较少的代价获取较多的信息。

③科技报告(Science & Technical Report)。科技报告指科研工作成果的正式报告或研究过程中每阶段进展的实际记录。其特点是:连续出版,有机构名称、统一编号,自成一册(似刊不似书);内容专深具体,数据完整(似书不似刊);往往是最新成果,比期刊论文发表早。在那些发展迅速、竞争激烈的科技领域,人们对科技报告的需求更为迫切,科技报告有重要的特殊的情报价值。

④会议文献(Conference Document)。会议文献指在各种会议上发表的文献,包括会议录中收集的论文或报告。其特点是内容新,观点可能不成熟,是了解某学科水平动态的重要情报源。会议文献分会前文献、会后文献。会议文献的英文标识通常有:Conference(会议)、Congress(大会)、Proceedings(会议录)等。

⑤政府出版物(Goverment Publication)。政府出版物指各国政府部门及其专设机构所发表出版的文件,可分为行政性文件(国会记录、政府法令、政策、统计等)和科技文献。其特点是品种多、数量大,其作用在于帮助人们了解一个国家的政策及其演变。

⑥专利文献(Patent Document)。广义专利文献指专利局出版的与专利有关的各种文献,如专利公报、分类表、索引、说明书等;狭义专利文献仅指专利说明书。专利说明书具有内容广泛、系统详尽、格式规范、出版迅速等特点。发明专利经新颖性、创造性和实用性审查,其内容翔实可靠,集技术、经济、法律三位一体,是重要的技术经济情报来源。专利文献的局限性在于专利申请仅是技术解决的构想方案,未经工业实施,因而不够成熟。专利权具有地域性、时效性、发明内容单一性等特点,因此使用专利文献时应慎重。

⑦标准文献(Standard Literature)。标准文献指由标准及其他具有标准性质的类似文件组成的一种特定形式的文献体系。它主要是对工农业产品和工程建设的质量、规格及其检验方法等方面所作出的技术规定,是从事生产、建设和管理的一种共同规范或依据。标准文献的情报价值在于通过标准可以了解各国经济、技术政策、生产水平,以预测分析发展动向,借鉴国外先进技术,有利于促进现代化管理。

⑧公司产品资料(Company & Products Data)。这类文献是指各国厂商为推销产品而出版发行的各种资料,如公司介绍,产品目录、样本、说明书等。它是一种商业性宣传资料,印刷精致、图文并茂,能反映国内外同类公司或产品的有关情报,对了解市场、开发新产品、寻求贸易伙伴有重要参考价值。

⑨学位论文(Dissertation)。学位论文指高等学校毕业生和研究生为获取学位提交的学术论文(学士、硕士和博士论文等)。其中博士论文学术价值较高,一般具有一定独创性,比较系统详尽。学位论文对科学研究和做学位论文均有参考价值。

⑩技术档案(Technical Files)。技术档案是生产建设和科学技术部门在技术活动中针对具体工程对象所形成的技术文件的总称。技术档案是对某一工程项目完整而忠实的记录,内容详尽、具体,是科技储备的一种最高、最完善的形式,其保密性很强,有密级限制,借阅手续严格。

除上述十大文献情报源以外,报纸、科技电影、卫星资料、电子地图、广播电视等大众传媒也是重要的情报源,都具有特殊的参考价值,也是极其丰富的信息资源。

(5)按文献的加工级别分类

按照文献的加工程度,可将文献划分为以下4级。

①零次文献。零次文献指未经公开发表或未在社会上交流的文献,如私人笔记、设计草图、实验记录、文章草稿、会议记录、书信文书以及各种内部档案等。

②一次文献。一次文献是指以著者本人的研究或研制成果为依据而创作或撰写的经过公开发表的文献,如期刊论文、科技报告、专利说明书、会议论文、学位论文等。它通常反映了著者的创见,这是对知识的第一次加工。

③二次文献。二次文献是情报机构将大量分散的无组织的一次文献经过浓缩、整序和加工处理,编辑成目录、文摘、索引等检索工具或数据库。二次文献的重要性在于它具有存储、报道和检索的功能,是对知识的第二次加工。文献检索就是利用检索工具或数据库系统等二次文献获取情报信息。

④三次文献。三次文献就是在一、二次文献的基础上,经过综合分析而编写出来的文献,如专题述评、动态综述、学科年度总结、进展报告以及数据手册、百科全书等参考工具书。三次文献主要是情报研究的产物和成果。

总的来说,零次文献是一次文献的素材;一次文献是文献的基本形式,是检索的主要对象,是二次文献和三次文献的基础;二次文献是检索一次文献的工具;三次文献是对众多文献分析、综合、归纳整理而形成的,它往往从新的高度揭示相关的一次文献,或者说在更高层次上系统地再现一次文献,并返回一次文献。从一次文献到二次文献、三次文献是对知识信息进行的一次加工(创造性)、二次加工(有序化)和三次加工(高度浓缩、提炼、创造)的过程,是一个由博返约、由无序到有序的结构化和系统化的过程。

2)现代文献的发展趋势

现代科学技术的迅猛发展,尤其是全球信息化和 Internet 的飞速发展,使世界呈现数字化、网络化的大趋势,因此,记录知识信息的现代文献也呈现出许多新的变化。

(1)数量多、增长快　目前,全世界期刊总数已达 22 万种,其中科技期刊 10 余万种;科技论文每年发表 500 万篇以上,每年出版的专利说明书达 150 万件、技术标准 20 万件、国际会议 1 万多次,每年出版图书约 70 万种,大约每分钟就有一本书出版。文献量浩若烟海,而且倍增周期愈来愈短。

(2)形式多、文种多　在现代科技文献中,除传统印刷型文献外,缩微型、机读型、声像型以及多媒体光盘等新型载体发展十分迅速,呈现文献数字化、电子化的大趋势,Internet 网上的数字信息资源也及其丰富。

(3)文献分布分散　由于学科交叉渗透,使许多专业文献发表在非专业期刊之中。各学科文献的分布异常分散。

(4)文献老化迅速　科技发展越迅速,文献的新陈代谢越快。尤其是反映新技术、新工艺的文献,新陈代谢更为频繁,交替时间更快,甚至刚刚出版发行的一些文献,就被更新颖、更有价值的内容所淘汰。

(5)报道内容交叉重复　一篇文献常采用不同形式、不同文种、在不同地区、不同出版物上多次发表。

(6)文献总体质量下降　在科技文献爆炸性增长的情况下,存在着大量的劣质文献,造成信息污染,劣质文献的充斥和增长使文献总体质量明显下降。

1.3　信息检索与创新

1.3.1　信息检索的概念

1)信息检索及其类型

信息检索发源于图书情报领域,属图书馆的文献标引、参考咨询工作和科技查新服务。作为一门现代技术,信息检索与计算机几乎同时问世,且关系非常密切。随着计算机逐步应用于信息检索领域,在信息处理技术、通讯技术、计算机和数据库技术的推动下,信息检索在教育、军事和商业等各领域高速发展,得到了广泛的应用。现代信息检索理论就是建立在计算机信息检索基础之上,并从数学、物理学、语言学、人工智能等学科引进先进的科学方法和技术手段,逐步形成的一门学科。

信息检索(Information Retrieval)是指将信息按一定的方式组织和存储起来,并根据信息用户的需要找出相关信息的过程和技术。广义的信息检索又叫"信息存储与检索"(Information Storage and Retrieval),而狭义的信息检索仅指从信息集合中找出所需信息的过程,也就是利用信息系统、检索工具或数据库查找所需信息的过程。

信息检索一词,最早出现在1950年国际数学会议上的一篇文章中。作者加尔文·莫尔在《把信息检索看作是时间性的通讯》的文章中指出:"信息检索是一种特殊的通讯过程,包括信息的存储与获取两个环节,是一种延时性的通讯形式。"从1954年第一个计算机信息检索系统诞生,到1979年世界上第一个帮助用户编辑逻辑表达式的智能信息检索系统出现,这段时间可以看成是传统的信息检索时代。在这一时期,关于信息检索概念的论述,已呈现出多样化的趋势。概括而言,所谓信息检索,是指对信息的描述、加工与有序化并建立数据库和从数据库中查寻所需信息的过程。

信息检索是发生在当代人之间、或当代人与前人和后人之间的信息交流,它本身就意味着人类的"通讯"。随着信息环境的变迁,用户需求的变化,信息技术的进步,应用领域的扩大,信息检索的概念也在不断的发展,它的内涵也更加丰富。为了适应开放的网络环境的需要,一些研究学者开始用新的科学观和方法论如思维科学,人工智能来重新界定信息检索的概念,提出了许多新的见解。这些新观点主要有:

①信息检索是一种人—机共生的动态交互过程;

②信息检索是研究、设计和决策工作的一个子过程,检索人员就是最终用户;

③信息检索是一种以用户为中心的导向系统,数据库的组织、用户界面的设计都必须以最终用户为中心,而检索结果的评价应着眼于有用性;

④信息检索是在理解文本和询问内容的基础上的智能检索,不仅能够识别声音、图像,还能处理自然语言,进行推理与咨询。

作为信息检索对象的信息资源,有较为简单的文本形式,也有较为复杂的图像、语音等多媒体形式。因此按检索内容划分,信息检索可分为书目检索、数据检索、事实检索、全文检索、图像检索、多媒体检索等类型。而按检索手段划分,有手工检索和计算机检索。目前广泛使用的是计算机检索,包括光盘检索、联机检索和网络检索。

2)信息检索的新发展——知识检索与智能检索

知识检索是从文献检索、数据检索、信息检索等发展而来的一个概念。所谓知识检索,就是"基于知识和知识组织,融合知识处理与多媒体信息处理等多种方法和技术,能高效存取所有媒体类型的知识资源(文本、图像、视频、声音等),并能充分表达和优化用户需求,准确精选用户需要的结果的一种信息处理过程"。知识检索是知识经济时代人们高效获取知识信息的主要方式。

与传统文献检索、信息检索相比,知识检索具有明显的优势。

①在获取信息的内容上,知识检索针对知识内容,即系统化的知识信息进行检索。

②在检索对象上,知识检索针对更多文献信息类型,不仅有图书、期刊和会议论文信息,还包括科技报告、学位论文、专利、标准以及各类商务信息;不仅对静态的数据库信息资源进行匹配检索,还可对相关动态的、隐性知识进行智能推理。

③在检索功能上,知识检索不仅能深入知识信息单元提供检索服务,还具有基于内容的相似性检索功能,具有自动分类(自动聚类)、知识压缩和去重功能。例如能从引文、相关知识等方面提供纵向、横向检索功能,揭示知识进化、相关知识之间的联系。

④在检索结果上,不仅可获取二次文献,还可获取一次文献和三次文献。知识检索可向用户提供潜在的内容知识,以及分析、预测后的超前性领域成果或知识。

⑤在检索效能上,知识检索集成和综合应用各类知识和各种高效的智能与非智能技术,对用户提出的问题给出准确度和相关度最高的检索结果,全面提高检索效率。

⑥在服务功能上,知识检索以交互友好的界面,有针对性地向用户提供更多的知识服务功能,包括联机的信息检索、专家咨询、定题服务和个性化服务等各项知识服务。无论何种形式的服务,都以智能的知识过滤和知识提取为基础。

最新理论认为,知识检索作为一门现代技术,将数据库技术和知识库技术相结合,将数据处理与知识处理相结合,是在理解文本和询问内容的基础上的智能检索。

1.3.2 知识创新及其特点

1)知识创新及类型

知识创新是指通过科学研究,包括基础研究和应用研究,获得新的基础科学和技术科学知识的过程。科学研究的根本任务是科技创新,即探求未知、创新技术。从广义上讲,科技创新包括知识创新、技术创新、管理与制度创新。知识创新的目的是追求新发现、探索新规律、创立新学说、创造新方法、积累新知识。知识创新是技术创新的基础,是新技术和新发明的源泉,是促进科技进步和经济增长的革命性力量。知识创新为人类认识世界、改造世界提供新理论和新方法,为人类文明进步和社会发展提供不竭动力。

知识创新主要可分为以下类型:

(1)组合创新　事物间的组合、搭配就是系统内部的关联和结构,其可能形式多种多样,能够产生的功能结构也是多种多样。关键需要我们去实验、探索和发现。

(2)进化和生长创新　知识创新可能产生于一个偶然得到的想法,但从新想法到创新之间需要有一个形成发展的过程,即创新的进化与生长过程。

(3)嫁接创新　嫁接原则上也是一种新的组合方式,只不过这里强调与新环境的组合。任何一种有生命力的东西,在新的环境中,为了自身的生存与发展都会产生一系列的适应行为,去探索与环境的最佳组合,有效利用新的资源。即使一些老的东西,在新的环境下,为了保持生命也会积极探索,焕发新的生命力。这是知识创新的一种重要形式。

(4)间断与逆向创新　创新往往不是在原有的思路上简单延伸扩展的结果,也不是从即定的公式中演绎出来,创新往往产生于原有思路中的"中转"或"逆转",因此具有相当大的突现性,是某种突变的结果。因此知识创新产生于对原有状态和思路的中断和背叛,达到转折点的结果,转折点后面将会产生许多意想不到的新现象和新规律。

2)知识创新的特点

知识创新作为一种认识和实践特殊实现方式,有其自身的特性。这些特性包括科学发现、技术发明、知识创造和应用等特征,概括起来知识创新至少包括以下三个最基本的特征。

(1)创造性　知识创新的基本特征在于创造性。创造性是以实用性为指向的,知识创新的创造性思维是面向活的现实世界,如果发现不尽如人意之处,人们一定会去寻求改进的途径。进一步讲,知识创新的创造性实践是着眼于创新的效果与效益的,通过权衡投入与产出的价值比来进行项目的筛选与决策。同时,知识创新包括知识的创造性生产和知识的创造性应用,二者是相互依赖,相互促进的。

(2)整合性　该整合性体现在不同学科知识的整合,不同形式的整合以及不同主体的整合。任何工程化组织的构建都不是仅靠单科知识所能解决问题的。它需要包括材料学、工程学和生命科学等多种学科的会聚,此外还需要那些并不属于科学或技术的知识。在创新的整合知识中,自然科学与社会科学合为一体,为区分研究对象而在抽象中隔离开的知识,在打破学科界限的具体实践需要中,又重新走向统一。

(3)不确定性　知识创新是创造性的活动,无论是其活动的方式与过程,还是结果与效用,都是开拓性的、尝试性的。知识创新的不确定性是指在知识创新的各个层面和各个阶段都存在未知空间,都有主体难以预料和把握的因素,表现出知识创新的复杂性特征。知识创新的不确定性,概括的说表现在认识和实践的基本层面。创新实践是通过主体活动,造成新的效果,但创新效果受多种因素制约,许多因素是创新主体难以控制的,这就使创新的效果也不确定,并不以主体的意志为转移。

1.3.3　信息检索与创新的关系

1)信息检索是知识创新的基础

"知识经济是建立在知识信息的生产、分配和使用之上的经济。"知识经济中的知识是指在知识创新、技术创新基础上,一系列科研领域重大成果的诞生和知识群体的同时崛起。科学技术的发现、发明与创造,实质上是一整套的创新过程。知识创新既是人类的一种社会实践活动,又是人类的一种思维活动。所谓创新就是创新主体运用新思想、新方法进行开拓性劳动,并取得成果的过程。这是对前人的一种超越,是思想认识的升华。只有掌握了信息检索的技术与方法,才能高效获取、正确评价和善于利用信息。只有掌握了大量的信息资料,才能在前人不曾涉及的领域有所建树和突破,才能不断地创立新学说、创造新方法、积累新知识。所以,信息检索是知识创新的基础。

2)信息检索是科学研究的重要环节

科学研究具有连续性和继承性,没有继承就没有创新。一个科技工作者创新成果的多少,一个科研项目科技水平的高低,都与其开发、占有和利用人类信息资源息息相关。信息检索是科学研究的重要环节,科技工作者在科学研究中,从选题、立项、试验、撰写研究报告、研究成果鉴定到申报奖项,每一环节都离不开信息检索。首先,通过信息检索,可以了解国内外科技发展水平与动向,利用已有的科研成果,可以使自己的研究工作建立在一个较高的起点上,从而避免重复劳动,少走弯路;其次,通过信息检索,可以使科研人员开阔思路、启迪创造力、开拓更新的、更广阔的研究领域;再次,掌握信息检索技术与方法,可以大大提高信息检索效率,为科研工作赢得大量宝贵时间,缩短科研周期,加速科研进程,创造出更多的高附加值的技术成果。在知识经济时代,信息检索对科学研究工作的重要作用日趋明显。

3)信息检索是创新人才培养的重要内容

21世纪是知识经济和信息化的时代,素质教育和创新人才的培养是这一时代教育的根本目的。在创新人才的素质中,信息素质是一种综合的、在未来社会具有重要独特作用的基本素质。信息素质主要包括信息意识和信息能力,通过信息检索课程的学习,可以提高信息意识和获取信息的能力。创新人才是创新活动的根本,具备创新能力的人才首先需要具备自学能力和独立研究能力,还需要具有自立和创新精神,最终才能成为其创新人才。而自学能力和创新精神的培养,离不开对信息的搜集、整理、分析与利用,掌握了信息检索的方法便是获得了打开知识宝库的“钥匙”,找到一条吸收和利用大量新知识的捷径,才能使我们能够进入到更广阔的知识领域中去,对未来和未知世界进行探索研究。所以,信息检索是创新人才培养的重要内容。

第2章 信息检索原理与方法

2.1 信息检索系统及基本原理

2.1.1 信息检索系统的构成

1)信息检索系统概述

在知识经济时代,信息的交流越来越频繁,如何获取有用的知识信息、如何创新利用信息已成为人们信息化生存的基本技能。信息检索系统正是帮助人们实现有效的信息检索并进行信息分析评估的一种重要的工具。

所谓信息检索系统(Information Retrieval System),就是为满足用户的信息需要而建立的,存储有经过整理的信息集合,拥有一定存储、检索与传送技术设备,提供一定的存储、检索方法和服务功能的工作系统(或工具)。

现代信息检索系统以计算机检索技术为基础。计算机信息检索系统问世于20世纪50年代,此后计算机及通信技术的每一次重大发展都带来信息检索技术的飞跃进步,赋予计算机信息检索系统以新的面貌。

到目前为止,计算机信息检索系统已经历了5个发展阶段:

(1)脱机检索系统(20世纪60年代) 脱机检索系统是一种通过磁带载体,以脱机批处理方式操作的一种计算机检索系统。它是计算机信息检索的早期形式。

(2)联机检索系统(20世纪70年代) 联机检索系统是一种把检索中心和检索终端用通讯线路联接,由终端机输入提问并直接获得检索结果的计算机检索系统。

(3)光盘检索系统(20 世纪 80 年代)　光盘检索系统是以光盘为存储介质,利用光盘驱动器和计算机实现对光盘数据库的读取和检索的系统。CD-ROM 技术使计算机信息检索成本迅速下降,计算机检索进入国际联机检索与光盘数据库检索共同发展的新阶段。

(4)网络信息检索系统(20 世纪 90 年代以来)　随着 Internet 网络技术的迅猛发展,计算机信息检索进入一个崭新的时期。采用客户机/服务器(Client/Server)工作模式,操作平台 Windows 化、数据链接超媒体化以及通信手段互联网化已成为当前检索技术发展的主要特征。

(5)知识检索系统(20 世纪以来)　知识检索系统是对知识信息进行存储、检索和分析利用的一种智能化信息检索系统。它基于知识和知识组织,融合知识处理与多媒体信息处理等多种方法和技术,能高效存取各种媒体类型的知识资源(文本、图像、视频、声音等),并能通过智能检索界面充分表达和优化用户需求,通过对文本信息的挖掘和链接技术,准确精选并分析用户需要的结果。知识检索是知识经济时代人们高效获取知识信息的主要方式。

2)信息检索系统的构成

信息检索系统由数据中心、通讯网络、用户终端以及和系统关联的人组成,如图 2.1 所示。用户终端设备起输入检索程序、显示检索过程、打印检索结果的作用;数据中心的数据库及软件起存储和检索知识信息的作用;通讯网络起联接数据中心与用户端的作用,是传输人机对话信息的通道;与系统关联的人包括检索者、系统维护人员、操作人员,他们的作用是编制检索策略,监控系统正常运行。也可将信息检索系统看成一个 C/S 结构的体系:当用户访问数据中心时,用户端为客户机,向数据中心的数据库提出检索请求,数据中心是服务器,检索自己的索引数据库并将检索结果以应答形式提交用户。

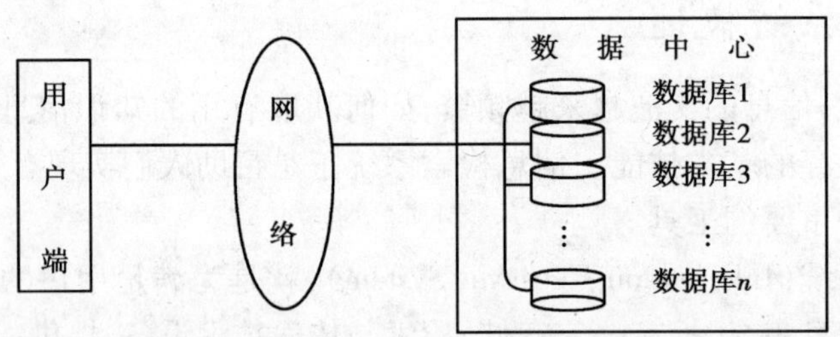

图 2.1　计算机信息检索系统的基本构成

2.1.2　信息检索基本原理

信息检索系统包括信息存储(Information Storage)和信息检索(Information Retrieval)两个工作流程,信息的存储是检索的基础,检索则是存储的目的,两方面有机结合,构成一个完整的信息检索系统。其工作原理如图 2.2 所示。

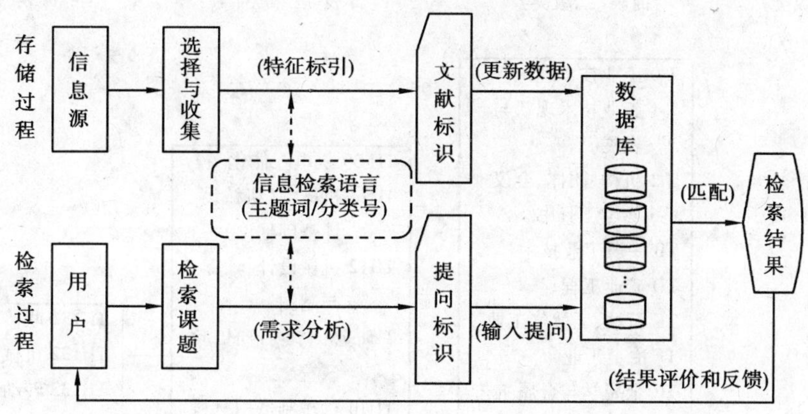

图2.2　信息存储与检索原理图

1)信息存储

信息存储是指对大量的分布各处或离散的知识信息进行采集、整理、标引,并按一定顺序组织起来形成信息的集合体(数据库),以供检索系统提供检索服务。其流程包括以下几步:

(1)信息源的选择与收集　信息检索系统一般根据本系统的服务目的选择一定类型和水准的信息源,并以此为基础建立数据库。随着计算机网络和信息载体技术的发展,电子出版物越来越多,信息源的采集对象也正从传统的文本文献向网络化的电子资源转变,从而保障对如此丰富和迅速变化的网络资源的收集,保证检索的及时性和有效性。

(2)信息的标引　为使采集的知识信息能被检出,系统将对入存的知识信息进行标引(Indexing)。标引是指在分析文献内容的基础上,用某种信息检索语言把文献的主题概念和其他有检索意义的特征标示出来,形成文献索引标识,作为信息存储的依据的处理过程。

信息检索语言是为沟通信息标引与用户检索而编制的人工语言,在信息检索过程中起着语言保障的作用;在信息存储过程中,用它来描述信息的特征,从而形成文献标识;在检索过程中,用它来规范检索提问,从而形成提问标识(检索词)。

信息检索语言按其结构原理,检索语言可分为两类:分类语言和主题语言。它们用来标引文献的主题概念。分类语言以学科体系为基础,用分类号和类名来表达文献信息的主题概念。主题语言直接采用词语来表达文献信息的主题概念。

分类标引的工具是图书分类法(表),常用的分类法有:中国图书馆分类法(简称“中图法”),如图2.3所示;美国国会图书馆分类法(Library of Congress Classification,简称LCC);国际专利分类法(International Patent Classification,简称IPC)等。主题标引可以用从文献信息中自动抽取能表达该信息内容的词语(又叫自由词、关键词)进行标引,也可采用规范化的主题词,其标引依据是主题词表或叙词表,如我国的《汉语主题词表》、英国的《INSPEC Thesaurus》、美国的《Ei Thesaurus》等。

对其他有检索意义的特征包括著者、著者单位、出版社、文章类型、语种、发表时间、参考文献等的标引统称为非主题标引。

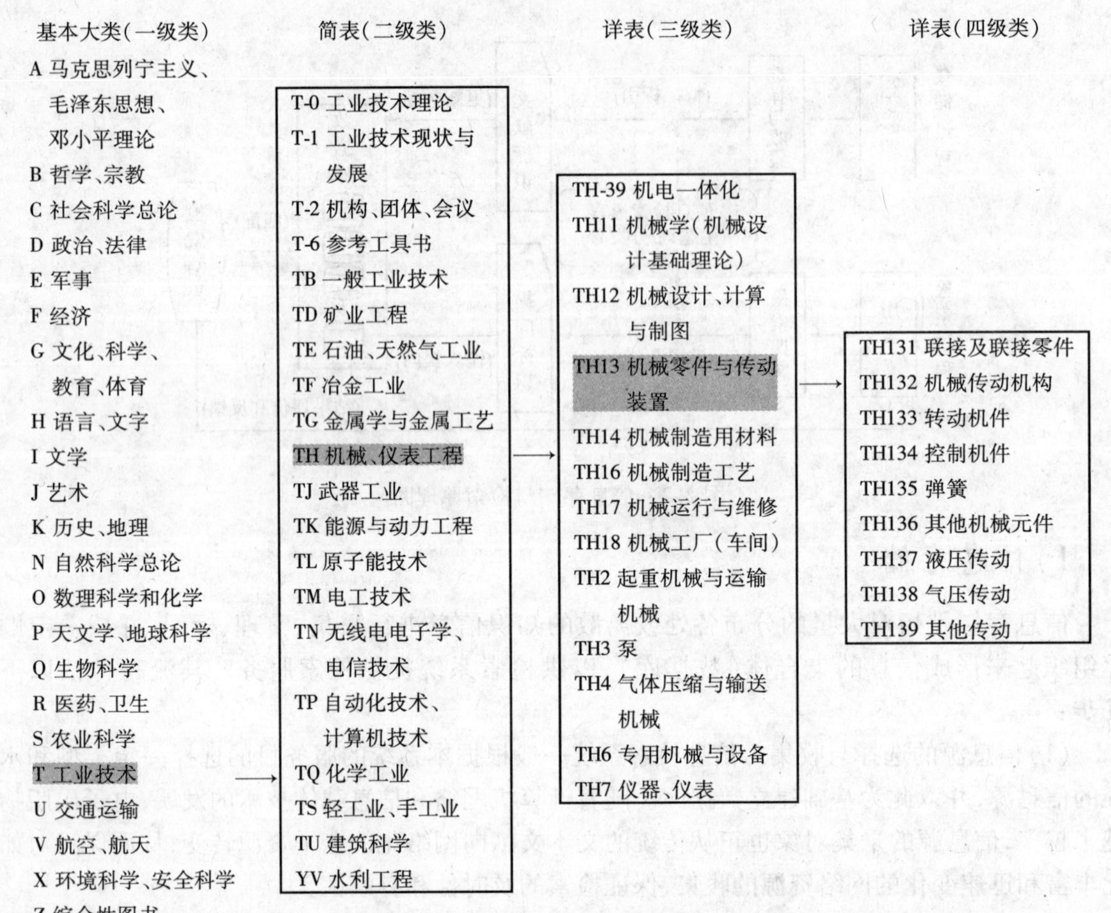

图 2.3　中国图书馆分类法部分类号和类名

(3)信息的存储　数据库是信息存储机构。信息存储利用功能强大的数据库管理系统将标引后的知识信息按一定的顺序编排起来,存储在计算机专门的存储设备上,从而形成有序的可供检索的机读信息的集合——数据库(或知识库)。简单地说,数据库就是在计算机存储设备上按一定方式存储的相互关联的数据的集合,是信息检索的基础,它的数据质量直接影响到检索效果。

信息存储系统分为硬件系统、软件系统以及检索系统 3 部分。其中,硬件系统将数据库建立在设置磁盘阵列(RAID)的海量存储设备中,以保证系统快速、高效、正确的数据存取;软件系统又称管理系统,它主要对数据库中的知识信息进行维护,最大限度保证知识信息的准确性;检索系统针对数据库中巨大的信息量,向用户提供高效的检索服务和智能辅助。

2)信息检索

信息检索是信息存储的逆过程,它指用户在系统软件及检索应用软件的支持下对数据库中的知识信息进行合理的检索和传递。

在此过程中,用户首先要根据检索课题,明确自己的信息需求,当进行主题分析时,可采用检索系统在线提供的主题词表、分类表来规范化表达课题主题,形成检索词或分类号进行检索;也可从课题研究要点中直接抽取相关词语来作为检索词,进而构成包含检索词以及各检索词之间逻辑关系的检索式,再按计算机检索系统的规定输入到数据库,通过软件功能在数据库中查找与检索词相一致的索引标识,最终形成满足该检索关系式的检索结果。这里,查询的过程实际上是匹配(或选择)的过程,检索词与数据库中的索引标识相一致,就算找到了符合检索提问的信息,否则就不能算“命中”。如果用户对检索结果不满意,可以修改检索提问表达式,以产生新的匹配结果。此过程可以循环往复,直到检索式更好地表达用户真实的信息需求,获得令用户满意的检索结果。

匹配的过程同时也包含了对数据库的扫描,匹配标准则要依需求性质和系统的智能水平来确定。要从数据库中检索到与用户要求相匹配的信息资源,需要一套较好的用户需求——信息组织之间的映射算法,例如,利用人工神经网络实现用户需求与信息资源之间的快速映射匹配等。

3)信息检索的基本原理

所谓信息检索的基本原理,就是将用户提问的检索标识(检索词和相关运算符)与检索系统中信息存储的索引标识相比较,如果能够取得一致,就叫“匹配”,即可得到“命中文献”。可见,要在 Internet 环境下实现快速、高效的信息检索主要取决于两个方面:一是对知识信息合理有序的收集、加工和存储,即信息组织问题;二是用户对检索系统的认知程度,对检索技术和检索方法的正确运用,即信息检索策略的构建问题。

随着人工智能技术逐渐引入信息检索领域,信息检索的智能化程度将越来越高。推理、机器学习、数据挖掘、智能搜索和演算等在信息检索系统中的运用,各种知识检索模型,如基于语义内容的检索、基于知识结构的检索、基于推理与学习技术的检索、基于专家与用户知识的智能检索,以及分布式多维检索等将逐渐成熟。专家认为,集成运用各种检索模型、方法与技术,对领域知识、用户知识和专家经验知识库中各种静态、动态的多维异构知识信息进行复合检索,实现不同级别的信息、知识检索,是全面提高检索效率的根本途径。

2.1.3 信息检索效率

检索效率的高低,反映了一个检索系统服务性能的优劣。评价检索效率可以有数量指标、质量指标、时间指标和经济指标等。其中,质量指标主要通过查全率、查准率、漏检率和误检率进行评价;时间指标即花费时间,包括检索准备时间、检索过程时间、获取文献时间等;费用指标即检索费用,指用户为检索课题所投入的费用。

1)查全率与查准率

查全率(Recall Factor, 简写 R)是系统在进行某一检索时,检出的相关信息量与系统信息库中相关信息总量的比率,即:

$$R = \frac{\text{检出相关信息量}}{\text{信息库中相关信息总量}} \times 100\%$$

它反映了该系统信息库中实有的相关信息量在多大程度上被检索出来。

查准率(Precision Factor,简写 P)是系统在进行某一检索时,检出的相关信息量与检出的信息总量的比率,即:

$$P = \frac{\text{检出相关信息量}}{\text{检出信息总量}} \times 100\%$$

它反映了每次从该系统信息库中实际检出的全部文献中有多少是相关的，也叫“相关率”。

2）漏检率和误检率

漏检率（Omission Factor，简写 O）和误检率（Noise Factor，又称检索噪声，简写 N）分别与查全率和查准率相对应，表示为：

$$O = \frac{\text{漏检信息量}}{\text{信息库中相关信息总量}} \times 100\%$$

$$N = \frac{\text{误检信息量}}{\text{检出信息总量}} \times 100\%$$

查全率、查准率是判断检索效果的主要标准，两者结合来，描述了系统的检索成功率。最理想的检索效果是漏检率、误检率均为 0，查全率、查准率均为 100%，但实际上这是不可能的。实验表明：查全率和查准率之间存在互逆关系，即提高 R 会降低 P，反之亦然。在实际检索中，用户可以通过扩大和缩小检索范围来调节两者的关系，以满足不同检索需求。

3）新颖率

新颖率（Novelty Ratio），指某一次检索中检出新的相关信息的能力，特别适用于评价定题情报服务。所谓定题情报服务（Selective Dissemination of information，简称 SDI），是图书情报部门根据用户需求，针对特定课题，主动地、连续地搜集、筛选、整理、推送相关文献信息情报资料，并根据课题发展状况，一跟到底地直至研究课题完成的全程式用户服务模式。

$$\text{新颖率} = \frac{\text{检出的新的相关信息量}}{\text{检出的相关信息总量}} \times 100\%$$

2.2 信息检索常用技术

2.2.1 布尔检索（Bool Logical Search）

利用布尔逻辑算符进行检索词的逻辑组配是现代信息检索系统常用的一种检索技术。所谓“布尔检索”，指采用布尔代数中的逻辑“与”（AND）、逻辑“或”（OR）、逻辑“非”（NOT）等算符，来表达检索词与检索词之间逻辑关系，将检索提问转换成逻辑表达式，计算机将根据逻辑表达式与系统中的记录进行匹配，当两者相符时则命中，并自动输出该文献信息。

在检索实践中，检索提问涉及的概念往往不止一个，而同一概念又往往涉及多个同义词或相关词，为了正确表达检索提问，必须用逻辑算符将不同的检索词组配起来。

1)逻辑"与":and 或 *

逻辑"与"算符用于检索概念之间的相交关系运算,一般用于组配不同的检索概念,表示它所连接的两个检索词必须同时出现在一篇文献记录中才满足检索条件。这种组配可以缩小检索范围,提高检索的专指性,提高查准率。

例如"A and B",即表示被检索的信息中必须同时含有"A"和"B"才算命中,如图2.4(a)中两个圆交叉部分。

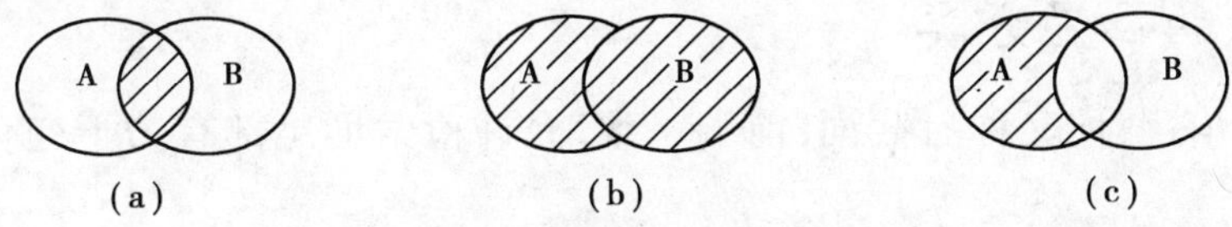

图2.4 逻辑"与""或""非"

2)逻辑"或":or 或 +

逻辑"或"算符表示检索概念之间的相并关系,表示它所连接的两个检索词中任意一个出现在结果中就满足检索条件,可用其组配表达相同概念的检索词,如同义词、相关词等。这种组配可以扩大检索范围,防止漏检,有利于提高查全率。

例如"A or B",即表示在一篇信息中只要含有"A"和"B"中的任何一个即算命中,如图2.4(b)中所有部分。

3)逻辑"非":not 或 -

逻辑"非"算符用于在某一信息集合中排除不需要的或影响检索结果的概念。

例如"A - B",即表示检得结果中包含A但不能包含B,如图2.4(c)中左圆被切割后的部分。

逻辑"非"算符可缩小检索结果,在使用时要慎重,因为它有可能将相关的文献信息排除掉,造成漏检。例如用 energy - nuclear 查找能源方面但不包括核能的文献信息,就有可能将既含有 energy 又含有 nuclear 的信息都去掉,造成漏检。

2.2.2 截词检索(Truncation Search)

截词检索就是用截断的词的一个局部进行的检索,并认为凡满足这个词局部中的所有字符(串)的文献信息,都为命中的文献。该检索功能是利用了计算机固有的指定位对比判断功能,使不完整词与索引词进行比较、匹配的一种检索方式。

截词检索具有 OR 运算符的功能,能扩大检索范围,防止漏检,提高查全率,又可节约输入检索词的时间,具有方便用户、增强检索效果的特点。但一定要合理使用,否则会造成误检。不同的检索系统所用的截词符不同,常用的有?、*、$ 等。

截词的方式有多种:

1)按截断的字符数量分类

(1)有限截词(limited truncation) 有限截词即一个截词符只表示截一个字符。

(2)无限截词(unlimited truncation) 无限截词即一个截词符可代表多个字符。例如输入 separat * ,将检出包含 separate,separation,separated,separating 等词汇的文献。如果只用 separation 进行检索,则会漏掉其他相关文献。同时注意使用无限截词符时,所截词根不能太短,否则会输出许多无关的文献,造成误检。

2)按截断的位置分类

(1)右截词 右截词又称后截词,前端一致,允许检索词尾部有若干变化形式,如前例 separat * 所示。

(2)中间截词 中间截词又称屏蔽符,即在检索词的中间加截词符,允许检索词中间有若干变化形式。该功能主要解决一些西文拼写不同、单复数形式不同的词的输入,可简化输入。例如输入 wom * n 就可同时检索到含有 woman 或 women 的结果。

(3)左截词 左截词又称前端截词,后端一致,允许检索词的前端有若干变化形式,例如输入 * computer 就可检索到包含 minicomputer,microcomputer 等词的结果。

2.2.3 位置逻辑检索(Proximity Search)

位置逻辑检索通过检索式中的专门符号来规定检索词在结果中的相对位置,该检索技术弥补了布尔逻辑检索、截词检索的一些不足,可以增强选词的灵活性,更能表达复杂专深的概念,提高检索深度和查准率。

例如在 Dialog 检索系统中:

(w)或()算符用于词组检索和短语检索,表示其两侧的检索词必须紧密相连,除空格、标点符号或连接符号外,不得插入其他单词或字母,且词序不能颠倒。例如检索"communication (w) satellite"时,系统将只检索含有 communication satellite 词组的记录。

(nw)算符表示其两侧的检索词在结果中出现的前后次序不能变,但在它们之间可插入最多 n 个词。例如检索"communication(2w) satellite"时,系统将检索含有 communication satellite, communication though satellite, commnication on the satellite 等词组的记录。

(N)算符表示其两侧的检索词必须紧密相连,但两词的词序可以颠倒。

(F)算符表示其两侧的检索词必须同时出现在数据库记录的同一字段。

(S)算符表示其两侧的检索词必须同时出现在数据库记录的同一句中。

2.2.4 检索技术的运用

检索技术用来构造检索式。检索式是表达用户提问的逻辑表达式,通常由检索词和各种逻辑算符、邻近算符及系统规定的其他连接符号构成。

构造检索式时,用 or 连接同一概念的检索词,用 and 连接不同概念的检索词,用 not 排除不需要的词语,用位置算符限制词语之间的相对位置关系,用截词来检索具有相同词干的词,用括号改变运算次序。

例如检索“计算机动画电影”方面的非俄文文献,其检索式如下:

computer? and (animation or cartoon or graphic) and (movie or motion(w)picture or cinema or film) not la = Russian

混合组配时的运算次序为:

①括号内的算符(括号内的术语和操作优先于括号外的术语和操作);

②位置逻辑算符;

③布尔逻辑算符(三种逻辑运算符的先后运算顺序依各检索系统的规定)。

2.3 信息检索系统的功能

由于信息技术的长足进步,信息检索系统已经具备了较齐全和复杂的检索功能。相对于传统的信息检索功能,现代信息检索系统更加注重文本信息的挖掘功能,检索功能更加智能化,大大提高了检索的效率,进一步保障了检索结果的全面准确。

2.3.1 多界面选择检索

信息检索系统为用户提供的检索界面主要有简单检索、组合检索、专业检索三种。

1)简单检索界面

该检索界面方式只有一个检索词输入框,用户在检索框输入检索词并直接选择限制字段就可以进行查询,如图2.5所示。

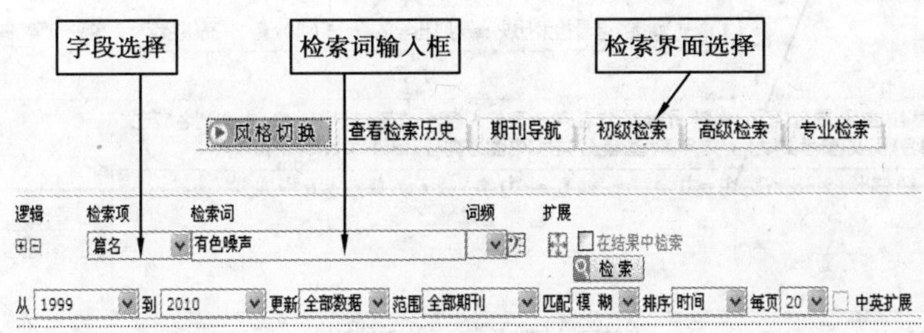

图2.5 CNKI中国期刊全文数据库的初级检索界面

简单检索界面在检索系统中往往称为基本检索、初级检索,该检索方式适用于简单的检索提问,易于初学者。但查询结果有时会有很多,往往需要在检索结果中进行“二次检索”以提高查准率。

2)组合检索界面

该检索界面方式拥有多个检索词输入框,检索界面直观简捷。用户可同时在多个检索框中输入检索词，并选择相应的字段、布尔逻辑算符直接对多个检索词进行快速有效的逻辑组配查询，如图2.6所示。

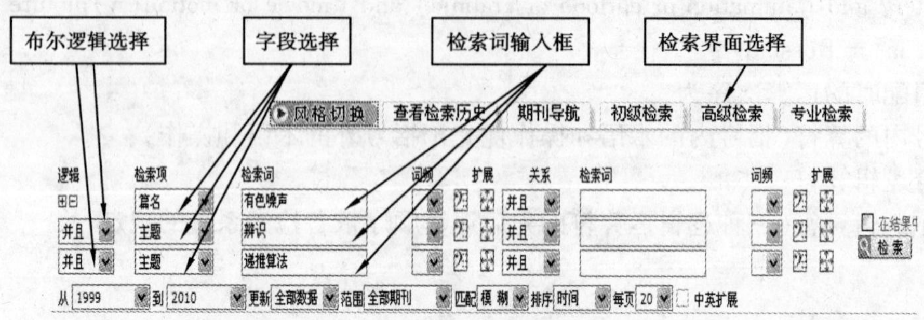

图2.6　CNKI中国期刊全文数据库的高级检索界面

在组合检索中，用户可根据需要在一次检索中使用更多的检索词，可选择更多的检索限定选项，用更复杂的逻辑关系来表达检索提问。与简单检索相比，组合检索方式提供更大范围的选择空间，检索功能强大灵活，查询结果冗余少，命中率高。

对于比较复杂的课题查询，由于主题概念和限制条件多，命中率要求较高，建议使用该检索方式。

3）专业检索界面

其检索界面方式只提供一个独立的检索输入框，需要检索人员自行根据系统的检索语法编制检索式进行检索，适用于熟练掌握检索技术的专业检索人员，主要用于复杂主题的检索。如图2.7所示，检索钱伟长在清华大学以外的机构工作期间所发表的，题名或摘要中都包含"力学"的文章。

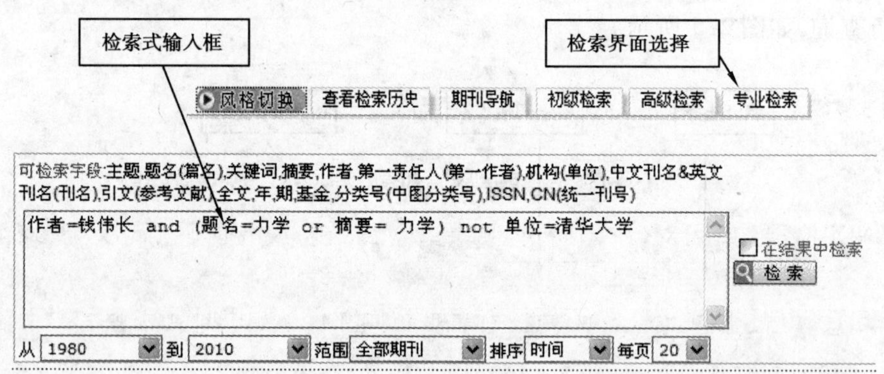

图2.7　CNKI中国期刊全文数据库的专业检索界面

2.3.2　限定检索功能

在计算机检索中，为提高检索效率，许多检索系统提供了限定检索功能，将检索结果限制在一定的范围内，其中最常用的就是字段限定、年代限定、文献类型限定、语种限定等检索功能。

字段限定检索要求用户在输入检索词时,指定在文献的题目、关键词、作者、文摘等某个字段中查找该检索词。通过指定字段的方法,可减少输出量,提高检索结果的查准率。

字段限定可运用检索界面中字段选择下拉菜单直接操作,如图2.8所示。

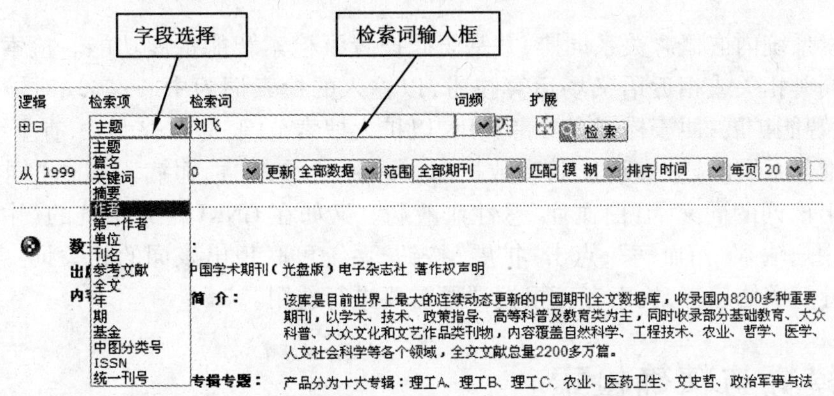

图2.8 CNKI中国期刊全文数据库初级检索界面的字段选择菜单

多数检索系统采用以上直观方式进行字段限定,也有一些检索系统的检索采用其他方式进行字段限定,如CNKI系统的专业检索采用检索词加注相应的字段标识符作前缀方式来表示(见图2.7),在Dialog系统中则采用字段标识符作后缀的方式,例如:antibody/AB,TI and PY=2002表示查找2002年发表的有关抗体方面的文章,并要求对antibody一词的查找仅限定在文摘(AB)或篇名(TI)字段中,而Ei-Compendex检索系统则采用within命令(wn)和字段标识符来指定在某一字段内进行检索,例如(seatbelts OR seat belts)wn TI,表示将检索词在数据库的篇名字段进行匹配检索。

2.3.3 跨库检索

许多检索系统都拥有多个数据库,这些库结构可能相同(同构),也可能不相同(异构)。跨库检索是指在同一各检索系统以同一检索条件同时检索多个库。一般要求在数据库列表中选择要检索的数据库之后,再进行跨库检索。

例如CNKI检索系统可对《中国期刊全文数据库》《中国优秀博硕士论文全文数据库》《中国重要会议论文全文数据库》《中国重要报纸全文数据库》等CNKI系列源数据库实现跨库检索,用户能够在一个界面下完成多个数据库的检索,省却了多个库逐一登录、逐一检索的麻烦,检索过程简单、快捷,检索界面格式统一,节省了用户的检索时间。

2.3.4 相似性检索

一些检索系统利用互联网媒体的交互特性,基于关联规则挖掘技术和内容相似性检索技术,实时运算,动态更新,从相似文献、引证文献、参考文献、相关研究机构、相关文献作者等方面提供横向、纵向链接检索,扩大检索范围。这些链接的内容关联客观准确,反应了知识进化、相关知识元之间的一种客观关联性,构建了库间的知识网络,便于发现新知识。

有关链接检索的运用,请参见本书第 2 篇各检索系统的介绍。

2.3.5 扩展检索

一些检索系统内嵌概念关系词典,并基于此设置了检索智能扩展功能。检索智能扩展基于概念关系词典相关或相近语义场运算技术,以输入的检索词为中心,实现对输入词的同义词、相关词的智能扩展,便于检索者参考选用,以扩大搜索范围,提高查准率、查全率。

例如在维普系统的《中文科技期刊数据库》中,用户输入"白血病",点击"同义词"按钮,系统可联想出该词的同义词:白血症、恶性血液病。又如在 CNKI 检索系统的《中国期刊全文数据库》中,用户输入"白血病",点击"扩展"按钮,系统可联想出该词的相关词:急性、髓细胞性、淋巴瘤、骨髓实体瘤等,检索者可根据课题需要进行选用。

2.3.6 模糊与精确检索

模糊检索与精确检索是对应的一种匹配技术。当用户输入一个检索词时,精确检索要求检索结果中完全等同或包含与检索字/词完全相同的词语;模糊检索仅要求包含检索字/词或检索词中的词素就算找到了符合检索提问的信息。模糊检索可以检索出与检索词意义相近的内容,扩大检索范围。

有关模糊检索的运用,请参见本书第 2 篇各检索系统的介绍。

2.3.7 跟踪检索

跟踪检索是检索系统根据用户提供的检索需求,自动检索数据库的最新更新,并通过电子邮件按期将所有相关结果发送给用户的一种个性化定题服务功能。

例如在 ISI Web of Knowledge 检索系统中,用户可设置检索历史跟踪服务(如果您的检索历史是关于"纳米技术"的,系统便会向您发送关于此主题的所有新文章)、设置引文跟踪服务(无论何时由新文章引用"引文跟踪"列表中的文章时,它会通过电子邮件向您发出通知)。跟踪检索功能需要用户注册和订阅。

2.3.8 分析检索

分析检索是现代信息检索系统中更加智能化的检索功能,它采用最新的文献排序、分组以及用户搜索意图智能分析技术,能够对用户的搜索请求做全方位的智能解析,在返回最相关最重要的文献基础上,对全部相关文献做立体化分析,识别出最好的研究人员、出版物,以及在线生成引文分析报告、课题发展趋势分析等,帮助用户对搜索结果作一个全面系统的学术评估。在线评估分析功能是现代信息检索系统新的发展潮流,是人们高效获取并利用知识信息的强大工具。

有关分析检索功能的详情,请参见本书第 2 篇 CNKI,EI Compendex,ISI Web of Knowledge,Essential Science Indicators(ESI)检索系统的介绍。

2.4　信息检索的基本过程

2.4.1　分析课题

检索用户在开始检索前应分析检索主题和具体要求,这是保证检索顺利成功的前提。检索主题越明确,检索范围越具体,检索前掌握的线索就越多,查获所需信息的可能性就越大。

1)明确课题的主题内容和研究要点

弄清课题真正需要什么内容的信息,不需要什么信息,这对确定检索点(词)非常重要,以免把无关紧要的信息大量检出,而把真正切题的信息漏掉了。

2)明确检索范围

检索范围包括所需信息的学科范围、时间范围、语种、文献类型等。弄清检索课题内容涉及的主要学科和交叉学科范围,有利于选择对口的数据库。明确文献信息收集的类型、时间、语种要求有利于限定检索范围,提高查准率。

3)明确已知检索线索

任何检索都是在一定范围内根据已知线索查找未知信息的过程,如果检索者已知该课题的相关研究单位、相关科研人员、重要文献等,可以在检索过程中有目的地限制检索范围,帮助检索者从繁杂的数据中找到精准的文献信息,提高检索效率。

2.4.2　选择数据库

在联网环境下,数据库来源非常广泛,而不同的数据库实际上是针对不同的使用对象的。按照国际通用的分法,数据库通常划分为以下类型:

(1)参考数据库　参考数据库(Reference Database)指包含各种数据、信息或知识的原始来源和属性的数据库,如书目、文摘、索引等,如SCI,EI,DII等。此类数据库只提供文献信息的主要信息字段内容,用户如需要原文或其他细节,还需进一步去查找和获取。

(2)全文数据库　全文数据库(Full-text Databases)即收录有原始文献全文的数据库,以期刊论文、会议论文、政府出版物、研究报告、法律条文和案例、商业信息等为主,如Elsevier ScienceDirect,EBSCO,SpringerLink,CNKI中国期刊全文库,中国法律法规全文库等。这类数据库是能直接提供原始资料或具体数据的自足性数据库,用户不必再查阅其他信息源,即可获取原文和完整数据。

(3)事实数据库　事实数据库(Factual Databases)指包含大量数据、事实的数据库,如数值数据库、指南数据库、术语数据库等,相当于印刷型文献中的字典、辞典、手册、年鉴、百科全书、组织机构指南、人名录、公式与数表、图册(集)等的数据库。如中国资讯行数据库、中经网统计数据库、国务院发展研究中心信息网(国研网)等。

正确选择数据库是保证检索成功的基础。如果在检索中选错了库,或选择了并不是最适合的数据库,即使后面制定的检索式是正确的,也会使检索结果的可信度和使用价值大打折扣。

在实际检索时,用户应根据课题要求对拥有的数据库资源进行考查甄选,包括以下方面:

(1)数据库的学科属性　应按照课题的主题内容,选择与检索课题的学科一致或专业覆盖面对口的数据库,包括权威的综合性数据库、针对性强的专业性数据库。

(2)数据库的类型　随着信息检索技术的发展,全文数据库覆盖的学科领域越来越广泛。当检索需要获取原文时,应尽可能选择原文获取较容易的全文数据库。

(3)数据库的来源范围　应根据数据库的信息来源的数量、质量和类型、数据的起始时间、覆盖的地理范围等,选择与课题要求相适应的数据库。

(4)数据库的时效性　数据库的时效性指数据库的数据更新周期和时差(即原始文献发表后被收录进相关数据库的时间间隔)。当需要查找最新文献信息时,选择数据更新周期短的数据库。

(5)数据库的使用费用　数据库的价格关系到检索成本。不同的数据库,收费标准相差很大,一般包括使用费、输出费用(与输出的格式、传递的方式有关)等。

一般情况下,检索系统都提供有数据库目录、数据库使用方法等信息供用户在线阅读,帮助用户选库。用户在检索之前应阅读有关数据库的帮助文件、使用指南或培训文档,选择符合课题要求的数据库,使检索达到高效、经济的目的。

2.4.3 确定检索词

检索词是用来表达信息需求和检索课题内容的基本单元,也是与检索系统中有关数据库进行匹配运算的基本单元。确定检索词要防止漏提、错提、泛提概念词。

一个检索课题往往涉及多个概念,针对每一个概念,选择尽可能多的检索词,包括同义词、相关词及变换形式,如单复数、缩写和全称、词性的变化形态等,防止漏提检索词。

例如,查找有关"食用盐中亚铁氰化钾含量的测定方法",其中的化学名称亚铁氰化钾,其俗名有黄血盐钾、黄血盐、黄钾等,分子式为 $K_4Fe(CN)_6 \cdot 3H_2O$。又如多孔管的英文有不同的表达方式:porous tube, porous hose, porous tubing, porous piping, perforated pipe, perforated piping 等;轮胎一词有英美两种拼写形式:tyre 和 tire。

通过对隐含概念的分析来确定检索词。有些课题的实质性内容往往很难从课题的名称上反映出来,其隐含的概念和相关的内容需要对课题作专业角度的深入分析,才能提炼出确切反映课题内容的检索词。例如"大气环境容量的研究",其主要概念为"大气""环境容量"和"研究",但"研究"是一很泛指的概念,它隐含着具体的研究方法,经深入分析,找到了体现"研究"的专指概念,即"蒙特卡洛模型"和"粒子模型"。

一般诸如"工艺""分析""应用""有机物""无机物""重金属""轻金属""高分子材料"等外延宽的词,都应转换成具体的方法或材料、化合物来表示。而对一些比较泛指、检索意义不大的词,例如"发展""趋势""现状"等在检索时应予以排除。

2.4.4 构造检索式

为准确表达用户的检索提问，在确定了检索词的基础上，用布尔逻辑算符、位置逻辑算符、截词符号以及系统规定的其他连接符号将不同的检索词组配起来构成的能让计算机理解的式子。检索词和运算符是构成检索式的关键。

2.4.5 上机检索

当选择好数据库，构造好检索式后，就可以上机检索了。用户首先应进入选择的数据库、选择检索界面，再把所拟检索词按照逻辑关系输入检索框，并选择相应的字段限定、文献类型限定、时间范围限定和语种限定等进行检索，如图 2.9 所示。在此过程中，用户要充分利用检索系统提供的各项检索功能，例如跨库检索、同义词扩展、相似性检索及模糊和精确检索等。

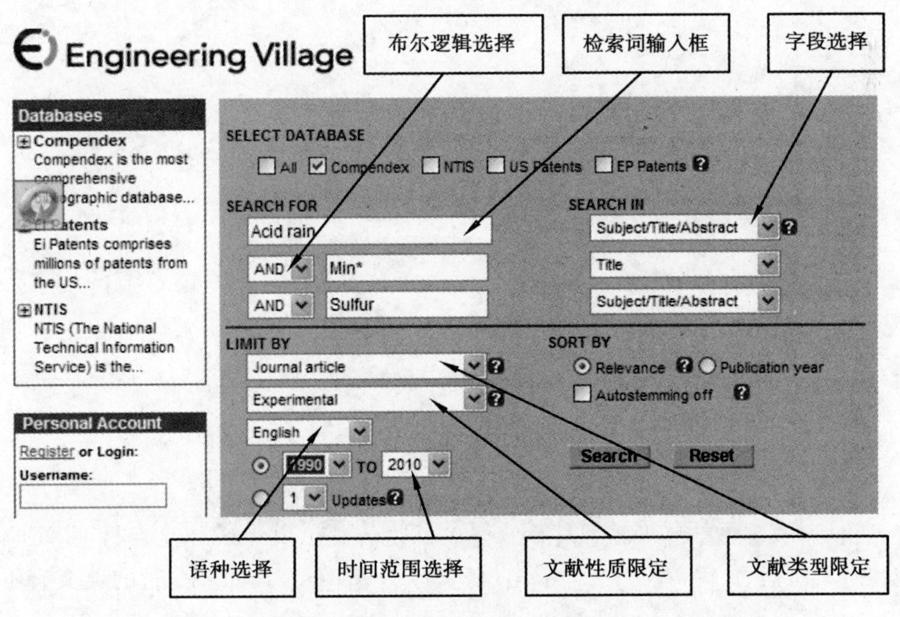

图 2.9 Ei-Compendex 数据库的检索

2.4.6 整理和分析检索结果

经过上述环节，检索用户可以获得一批检索结果，将检索结果加以系统整理，认真阅读其输出格式，辨别文献类型、语种、著者、篇名、文摘、出处等项记录信息，并以研究任务为目的来评价检出文献的相关性、可靠性、先进性、适用性等，去掉重复、过时的文献，保留那些全面、完整、深刻和正确地阐明所要研究问题，以及含有新观点、新方法的文献。在检出文献数量和类型很多的情况下，还应对这些文献进行分类整理，以便进一步阅读和消化吸收。

用户如选用的是全文数据库,则可直接获得原文;如选用的是文摘、书目类数据库,只获得文献来源,用户可进一步通过图书馆原文书刊,或通过图书情报部门的馆际互借、文献传递服务从更大范围内获得原文。

对于选择整理好的的文献,可借助检索系统相关辅助分析功能,对检索结果进行发展轨迹、核心作者、核心论文以及发展趋势的分析。常用的文献分析研究方法包括比较法、归纳法、分析综合法、文献计量法和回归法等。

应注意的是,合适的检索步骤是对应于特定的用户需求、检索条件和数据库结构的,不可能有一个适用于所有情况的检索步骤。在实际检索中,常常难以一次就检索成功,这就需要根据课题检索需要,在分析初检结果的基础上,对查询的各环节进行优化,调整检索词、逻辑组配关系和限定条件,直到得到满意的结果。

第2篇
检索系统篇

第3章 中国信息检索系统

3.1 中国知识基础设施(CNKI)

3.1.1 CNKI 概况

国家知识基础设施(National Knowledge Infrastructure,简称 NKI)的概念,是由世界银行于1998 年提出的,旨在提高国家的知识和技术创新能力,以提高国家的竞争力。CNKI 即中国知识基础设施工程,是适合于我国的可以进行知识整合、生产、网络化传播和互动式交流合作的,以实现全社会知识资源传播共享与增值利用为目标的信息化建设项目,由清华大学、清华同方发起,始建于 1999 年 6 月,是目前国内最大型的学术期刊数据库,收录 1994 年以后国内 8 200 多种综合期刊与专业特色期刊全文。网上数据每日更新。

CNKI 的数据库产品包括中国期刊全文数据库(CJFD)、中国优秀博硕士学位论文全文数据库(CDMD)、中国重要会议论文全文数据库(CPCD)、中国重要报纸全文数据库(CCND)、中国基础教育知识仓库(CFED)、中国医院知识仓库(CHKD)、中国企业知识仓库(CEKD)、中国城市规划知识仓库(CCPD)、中国科学文献计量评价数据库(ASPT)等 CNKI 源数据库及系列知识仓库。本节重点介绍的是中国期刊全文数据库。

中国期刊全文数据库是目前世界上最大的连续动态更新的中国期刊全文数据库之一,以学术、技术、政策指导、高等科普及教育类为主,同时收录部分基础教育、大众科普、大众文化和文艺作品类刊物,内容覆盖自然科学、工程技术、农业、哲学、医学、人文社会科学等各个领域,全文文献总量累计 2 700 多万篇。

产品分为十大专辑：理工 A、理工 B、理工 C、农业、医药卫生、文史哲、政治军事与法律、教育与社会科学综合、电子技术与信息科学、经济与管理；126 个专题文献数据库。

收录年限：1994 年至今（部分刊物回溯至 1979 年，部分刊物回溯至创刊）。

产品形式：Web 版（网上包库）、镜像站版、光盘版、流量计费。

全文阅读：CNKI 中的全文文献是以“CAJ”或“PDF”格式存档的，需要用专用的阅读软件 CAJ 阅读器或 Acrobat Reader 打开及阅读。

3.1.2　CNKI 的检索

1）检索入口

可通过 CNKI 中国知网主页和重庆大学数字图书馆 CNKI 镜像站两个入口进行检索。

①CNKI 中国知网主页（www. cnki. net）如图 3.1 所示。

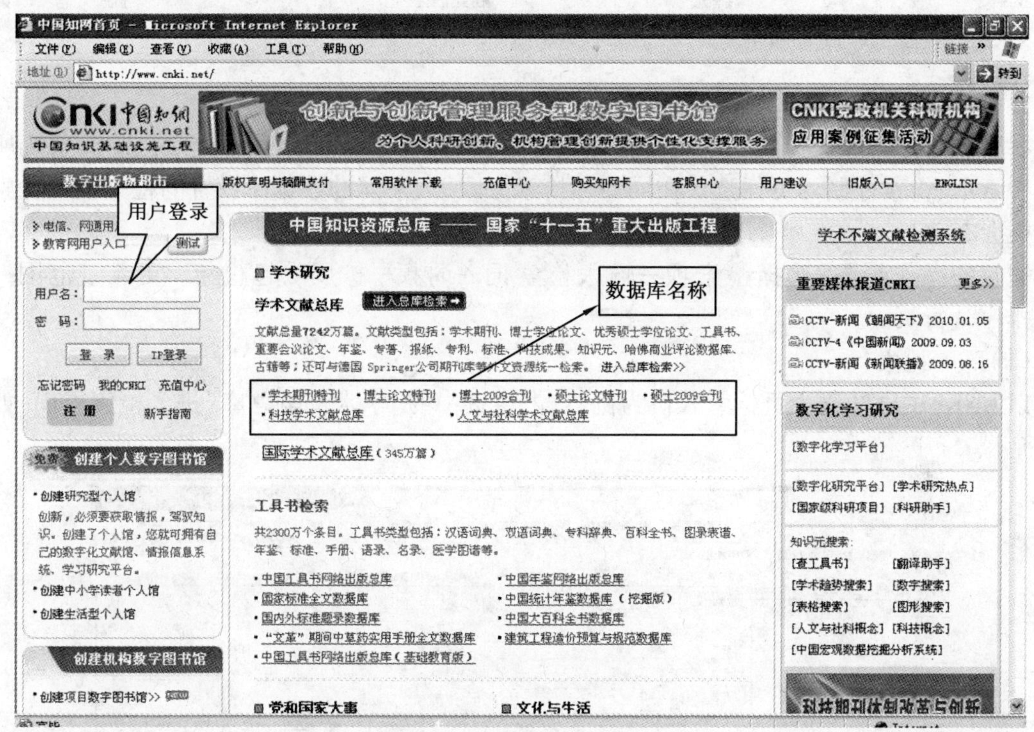

图 3.1　CNKI 主页

②CNKI 重庆大学镜像站入口如图 3.2 所示。

2）检索方式

CNKI 提供的基本检索方式有：初级检索、高级检索、专业检索，分别体现在单库检索和跨库检索两种模式中，其中初级检索又包括了跨库快速检索。各种检索方式的检索功能有所差异，基本上遵循由高向低兼容的原则，即高级检索中包含初级检索的全部功能，专业检索中包括高级检索的全部功能。

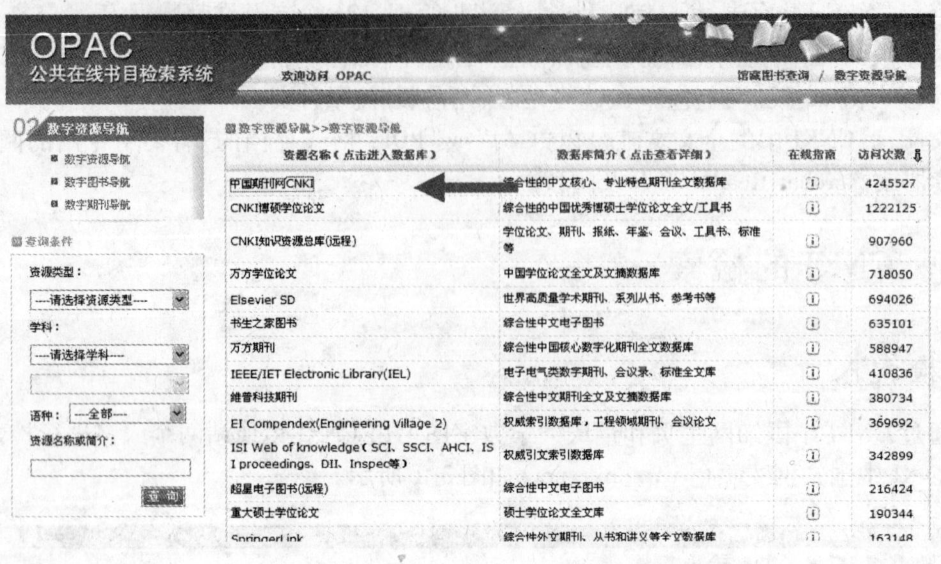

图 3.2　重庆大学图书馆数字资源导航

各种检索方式所支持的检索均需通过几部分实现：检索项、检索词、检索控制。系统所提供的检索项、检索控制均可任选。在同一种检索方式下，不同的数据库设置的检索项及检索控制可能会有差异。

完整的操作步骤：选择检索项—输入检索词—词频—扩展—起止年—更新—范围—匹配—排序—每页。

(1)跨库检索

以 CNKI 中国知网主页检索入口为例，点击主页中的“学术文献总库”进入检索界面，如图 3.3 所示。

图 3.3　CNKI 检索界面

跨库检索是指以同一检索条件同时检索多个库。这些库结构可能相同(同构),也可能不相同(异构)。在数据库列表中选择要检索的数据库之后,再进行跨库检索。

跨库检索可在两个页面中完成:一是跨库检索首页,它集成了登录、选择数据库、跨库快速检索等功能及相关链接;二是跨库检索页,主要功能有:检索导航(中图法导航)、简单检索、高级检索、专业检索等。

(2)单库检索

以 CNKI 重庆大学镜像站为例,点击重庆大学数字图书馆的中国期刊网 CNKI 进入 CNKI 重庆大学图书馆镜像站,如图 3.4 所示。

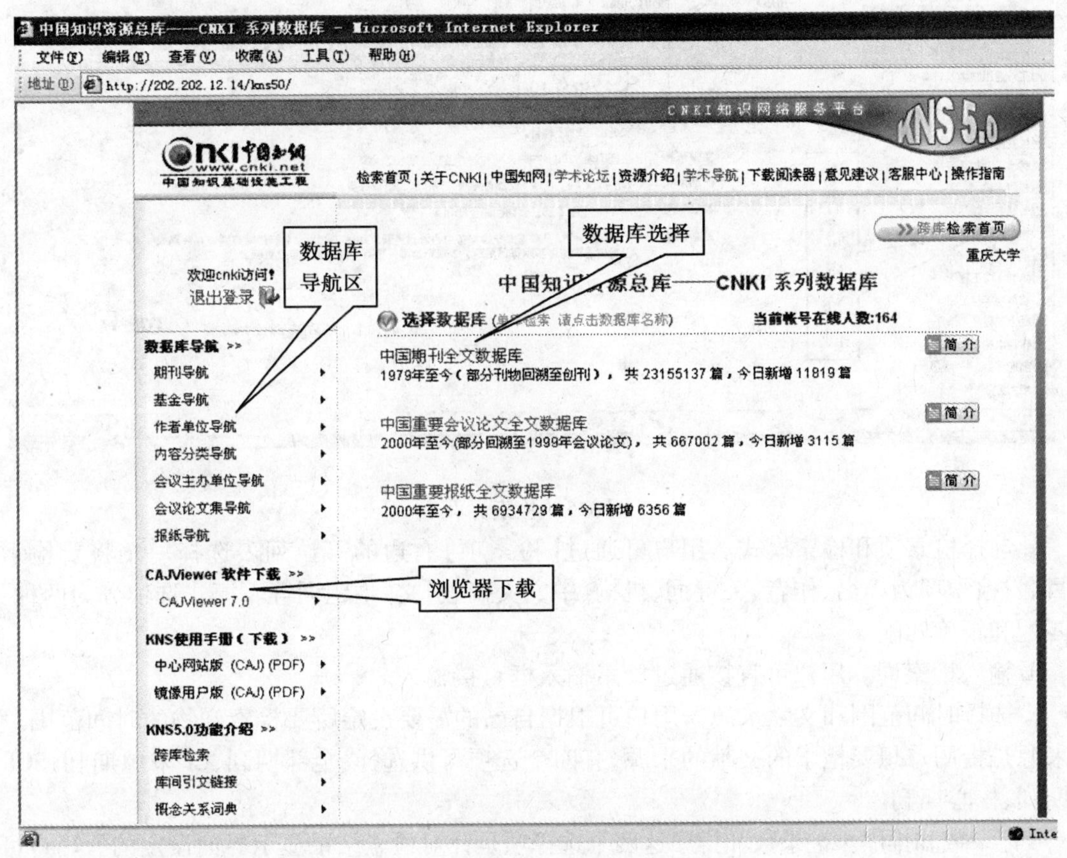

图 3.4　CNKI 重庆大学镜像站

①初级检索。点击"中国期刊全文数据库"进入该数据库的初级检索界面,如图 3.5 所示。初级检索界面是一种简单检索。所提供的检索控制项有:逻辑行、检索项选择、词频、最近词、词扩展、数据更新、期刊范围、匹配、排序、每页等。

检索步骤如下:

a. 选择检索导航区的学科查询范围。在左窗口的检索导航栏中,通过"专辑导航"共列出了 10 个总目录,可分别点击各总目录下详细的子目录进一步缩小检索范围。检索导航可控制检索范围、导出相应文献、查看导出文献。为不熟悉检索技术的用户提供便捷的检索方式。

b. 检索输入框。点击"⊞"增加一逻辑检索行;点击"⊟"减少一逻辑检索行。

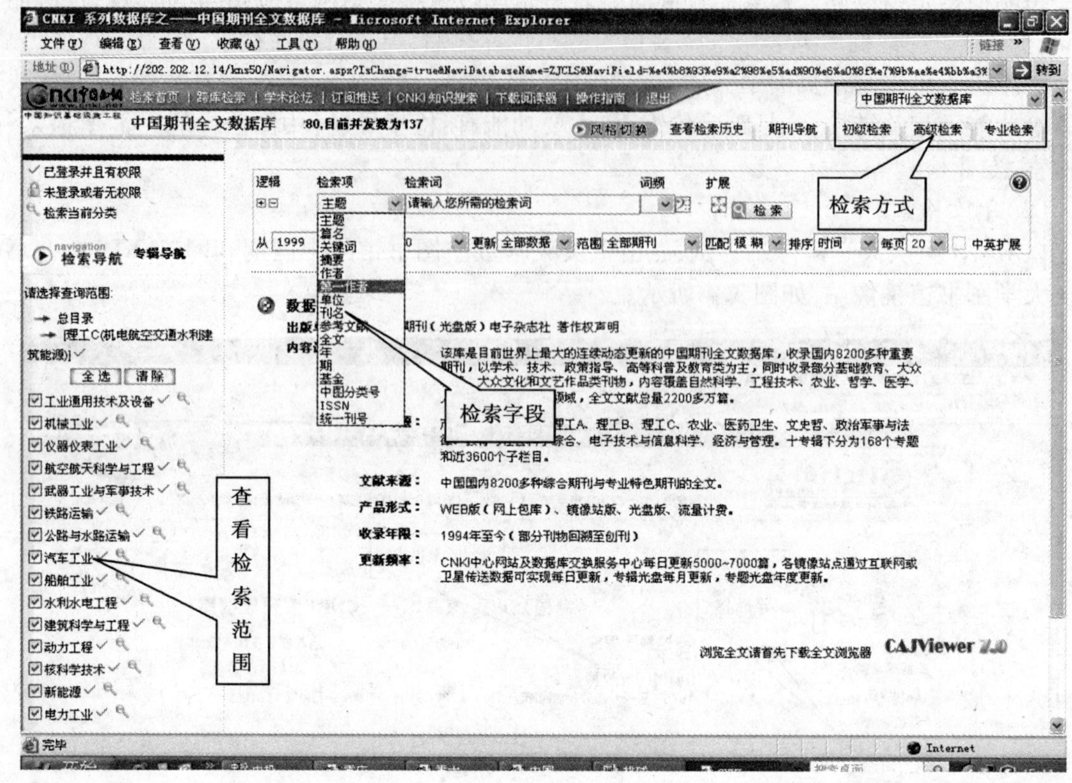

图 3.5　检索界面

c. 选择检索项和检索模式。用户可通过【检索项】右边的下拉列表选择一个将要检索的项目名，检索项为篇名、作者、关键词、机构、中文文摘、引文、主题词等。模式选项分为两种：模糊匹配和精确匹配。

d. 输入检索词。用户可直接通过检索输入框直接输入。

e. 选择时间范围和文献来源。用户可根据自己的需要设定所要检索刊物的时间范围。文献来源是指用户想要检索的文献的来源，有四个选项可供选择：全部期刊、EI 来源期刊、SCI 来源期刊、核心期刊。

f. 记录数和排序。记录数和排序这两个选择项是针对检索结果显示界面设定的。用户可以自定义选择设定每页显示多少条记录及按什么方式对检索结果进行排序。排序设定有："时间"按文献入库时间逆序输出；"相关度"表示按检索词在检索字段内容里出现的次数排序。

g. 检索。用户单击"检索"按钮，即得检索结果，如图 3.6 所示。

h. 检索结果处理。

- 页面选择：检索后，将列出满足检索条件的所有记录，如检索结果太多，可单击首页、上页、下页及末页分别进入相应页面，也可直接在输入页码的文本框中输入要查看的页面。
- 查看及保存全文：可以通过两种方式进行。一是在检索结果列表中直接点击篇名前的浅蓝色按钮，会弹出如图 3.7 所示的对话框，下载保存该原文；二是在检索结果概览区的检索结果列表中点击【篇名】文字链接，在列表的下方会出现文摘，任意单击篇名后的【CAJ 原文下载】或【PDF 原文下载】链接，会弹出同样的对话框，如图 3.7 所示。

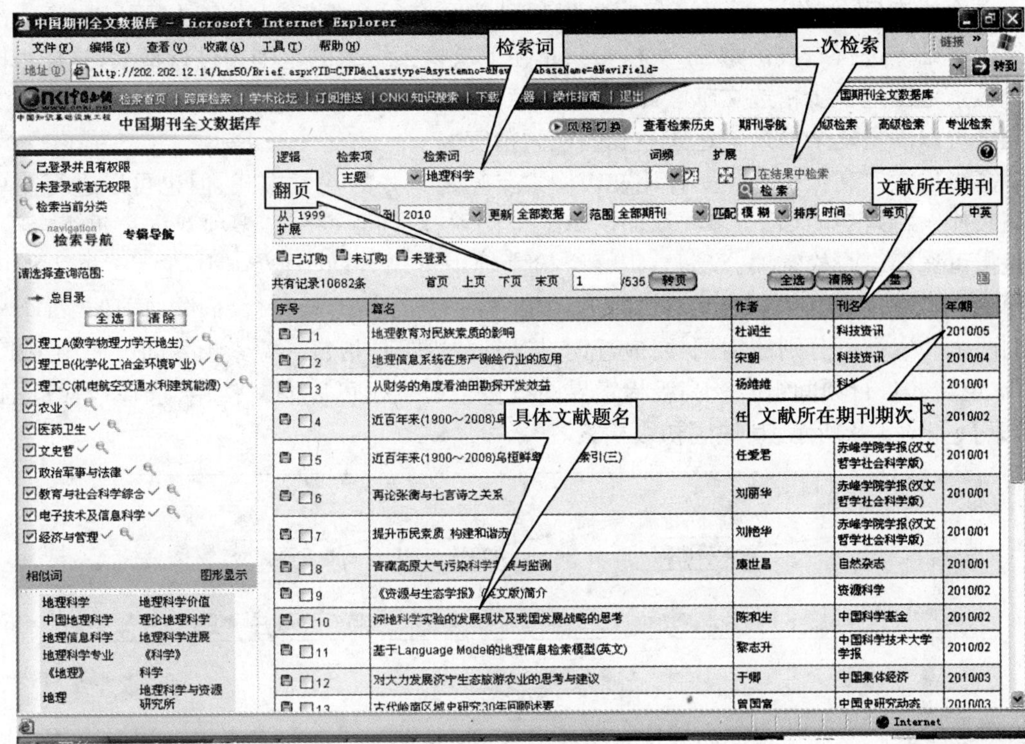

图3.6 检索结果

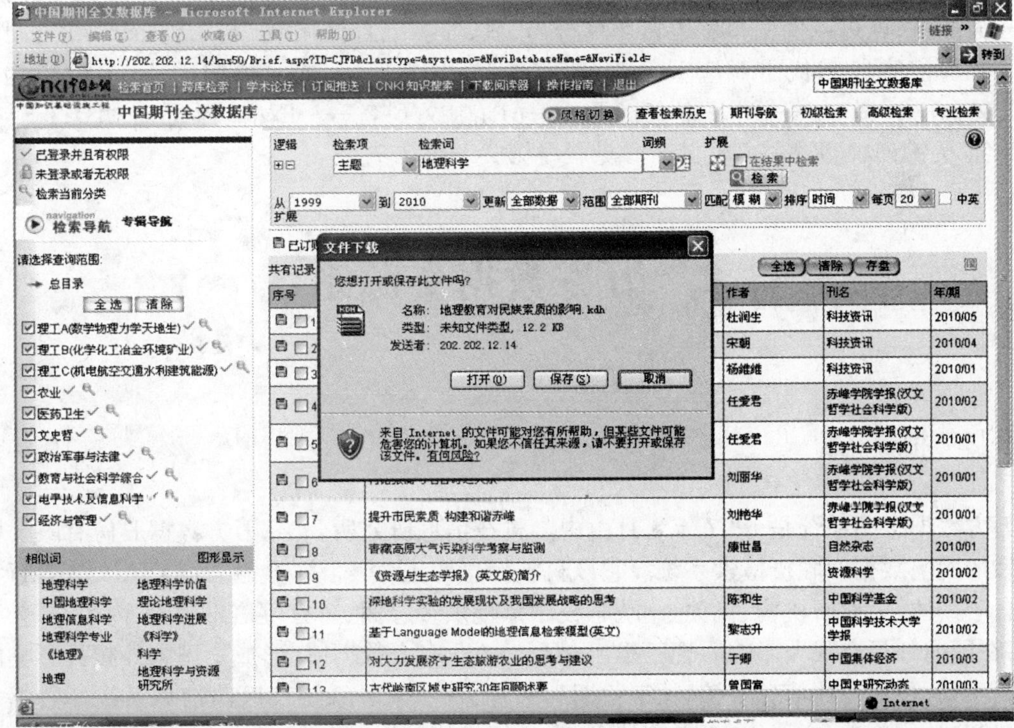

图3.7 查看及保存原文

• 二次检索(在结果中检索):一次检索后可能会有很多不期望的记录,可以在第一次检索结果的基础上进行二次检索,二次检索只是在上次检索结果的范围内进行检索,这样可以逐步缩小检索范围进一步精选文献。此外,它还简化了检索表达式的书写,通过初级检索与二次检索完全可以满足复杂检索表达式达到的检索精度。

②高级检索。高级检索是一种比初级检索要复杂一些的检索方式,但也可以进行简单检索。高级检索特有功能如下:多项双词逻辑组合检索、双词频控制。多项双词逻辑组合检索:多项是指可选择多个检索项;双词是指一个检索项中可输入两个检索词(在两个输入框中输入),每个检索项中的两个词之间可进行五种组合:并且、或者、不包含、同句、同段,每个检索项中的两个检索词可分别使用词频、最近词、扩展词;逻辑是指每一检索项之间可使用逻辑与、逻辑或、逻辑非进行项间组合。高级检索界面有多个检索框可以同时使用,选择检索范围,点击【检索】,如图 3.8 所示,其他同初级检索。

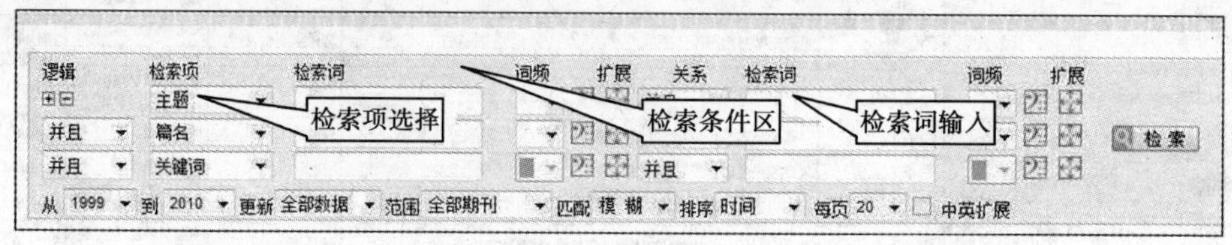

图 3.8　高级检索界面

③专业检索。专业检索比高级检索功能更强大,提供按课题需求来组合逻辑表达式以便进行精确检索的功能入口。

逻辑运算符:AND(与)、OR(或)、NOT(非),当在同一个字段检索时同时有两个或两个以上的检索条件,就可以使用布尔逻辑运算符与、或、非。混合使用时“与”优先于“或”,同时支持括号运算。字段与代码对应关系为:篇名——TI;作者——AU;关键词——KY;机构——AF;引文——RF;基金——FU;中文摘要——AB;中文刊名——JN;主题词——TO;ISSN——SN;篇名/关键词/摘要——TS,其余参见教材第 2 章图 2.7。

3.2　万方数据资源系统

3.2.1　概　况

万方数据资源系统是 1997 年 8 月由中国科技信息研究所、北京万方数据股份有限公司联合开发的网上数据库联机检索系统。它以科技信息为主,集经济、金融、社会、人文等各行业领域信息于一体,为科研机构、机关企业、学校团体提供多层面、全方位信息服务,内容丰富、形式多样,在国内外具有很大影响。现已推出 9 大类 100 多个数据库,形成了国内外颇具影响的万方数据系列,包括科技信息系统、数字化期刊系统、企业服务系统及医药信息系统。数据库有学术期刊、学位论文、会议论文、专利技术、中外标准、科技成果、新方志、政策法规、机构、科技专家。其代表产品《中国企业、公司及产品数据库》(CECDB)已于 1995 年进入著名的 Dialog

系统,向全世界提供服务,以该库为基础与美国 El ite International Group 联合开发的《中国商务信息》(Chinese Business Information)光盘数据库,也已打入欧美市场。

3.2.2　数据库检索

通过网址 http∥www.wanfangdata.com.cn 入口检索万方数据库,只能看题录信息,不能看全文。通过重庆大学数字图书馆入口检索万方数据库可以浏览和下载全文,这是因为重庆大学建立了万方数据库镜像站的缘故。万方数据资源系统检索界面简洁明了,在输入框中输入检索式即可在不同数据库中搜索,非常方便,极大地提高了用户的检索效率,现举例介绍检索步骤:

①检索课题名称:"镁合金新型挤压铸造及应用技术开发"。

②根据课题,拟定检索词:镁合金、挤压铸造、汽车轮毂、汽车控制臂。

③制订检索策略:挤压铸造 *(镁合金 + 汽车轮毂 + 汽车控制臂)。

④进入数据库检索:点击重庆大学数字图书馆任一入口如:"万方学位论文"进入重庆大学万方数据库镜像站主页,如图 3.9 所示。

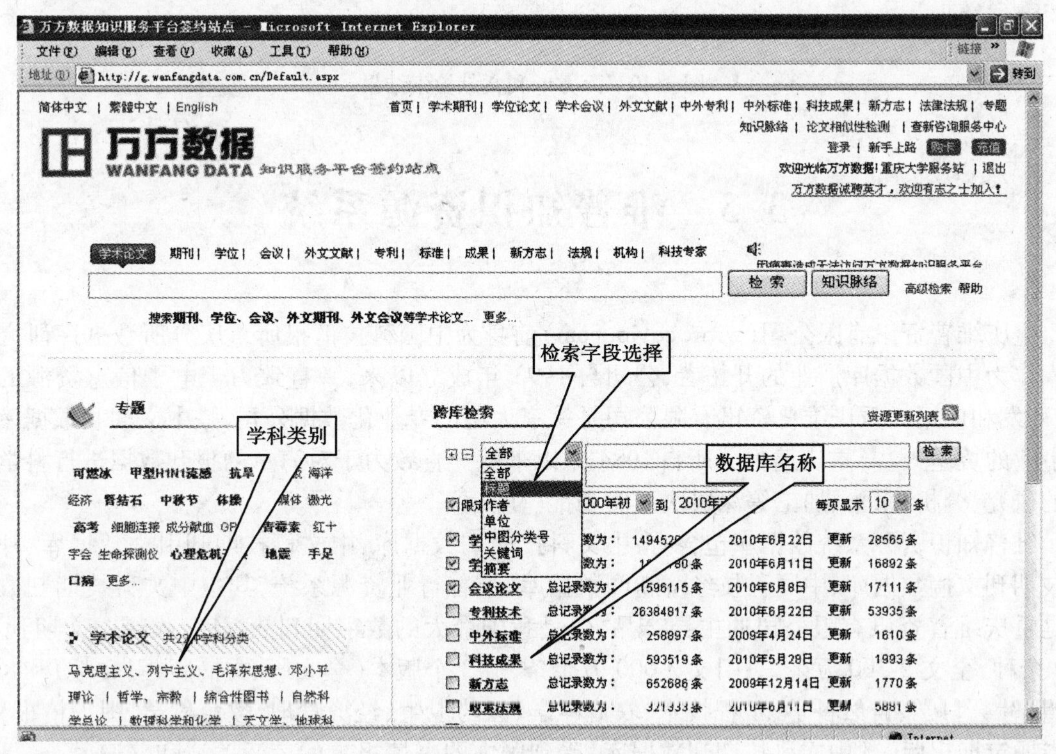

图 3.9　万方重庆大学镜像站主页

点击想要检索的文献类型即可得到不同的检索结果,如点击学术期刊,即得期刊文献的检索结果,点击学位论文即得学位论文的检索结果,还有会议论文、专利文献、科技成果等,可以得到用户想要查询浏览的文献,不需重新输入检索式,除非要修改检索策略。

⑤获得检索结果:检索结果如图 3.10 所示。

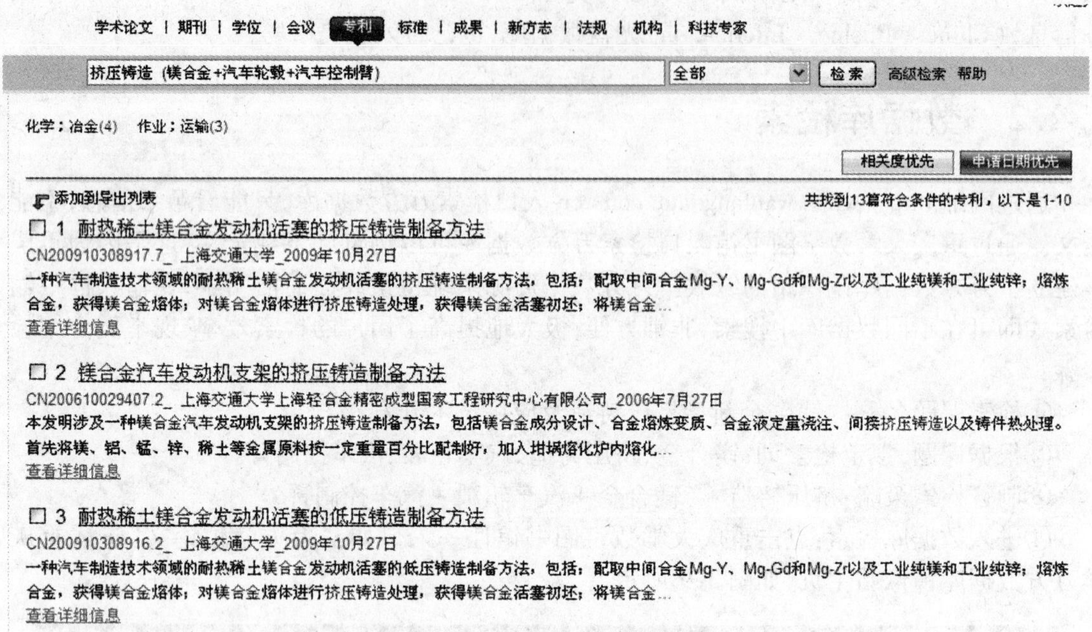

学术论文 | 期刊 | 学位 | 会议 | 专利 | 标准 | 成果 | 新方志 | 法规 | 机构 | 科技专家

挤压铸造 (镁合金+汽车轮毂+汽车控制臂) 全部 检索 高级检索 帮助

化学：冶金(4) 作业：运输(3)

相关度优先 申请日期优先

添加到导出列表

共找到13篇符合条件的专利，以下是1-10

1 耐热稀土镁合金发动机活塞的挤压铸造制备方法

CN200910308917.7_ 上海交通大学_2009年10月27日

一种汽车制造技术领域的耐热稀土镁合金发动机活塞的挤压铸造制备方法，包括：配取中间合金Mg-Y、Mg-Gd和Mg-Zr以及工业纯镁和工业纯锌；熔炼合金，获得镁合金熔体；对镁合金熔体进行挤压铸造处理，获得镁合金活塞初坯；将镁合金...

查看详细信息

2 镁合金汽车发动机支架的挤压铸造制备方法

CN200610029407.2_ 上海交通大学上海轻合金精密成型国家工程研究中心有限公司_2006年7月27日

本发明涉及一种镁合金汽车发动机支架的挤压铸造制备方法，包括镁合金成分设计、合金熔炼变质、合金液定量浇注、间接挤压铸造以及铸件热处理。首先将镁、铝、锰、锌、稀土等金属原料按一定重量百分比配制好，加入坩埚熔化炉内熔化...

查看详细信息

3 耐热稀土镁合金发动机活塞的低压铸造制备方法

CN200910308916.2_ 上海交通大学_2009年10月27日

一种汽车制造技术领域的耐热稀土镁合金发动机活塞的低压铸造制备方法，包括：配取中间合金Mg-Y、Mg-Gd和Mg-Zr以及工业纯镁和工业纯锌；熔炼合金，获得镁合金熔体；对镁合金熔体进行挤压铸造处理，获得镁合金活塞初坯；将镁合金...

查看详细信息

图 3.10　万方专利文献检索结果

3.3　维普知识资源系统

重庆维普资讯有限公司(www.cqvip.com)前身为中国科技情报所重庆分所数据库研究中心。作为中国数据库产业的开拓者,公司自 1993 年成立以来,一直致力于电子信息资源的研究、开发和应用。重庆维普资讯有限公司是一家大型的专业化数据公司,是中文期刊数据库建设事业的奠基人。(重庆情报分所自 1984 年以来就一直致力于对海量的报刊数据进行科学严谨的研究、分析,采集、加工等深层次开发和推广应用)

维普知识资源系统数据库包含有:中文科技期刊数据库、中文科技期刊引文数据库、外文科技期刊文摘数据库、中国科技经济新闻数据库、维普行业资源系统,其中中文科技期刊数据库是重庆维普资讯有限公司的主导产品,也是我国最大的数字期刊数据库,收录中文期刊 12 000 余种,全文 2 300 万余篇,引文 3 000 万余条,分 3 个版本(全文版、文摘版、引文版)和 8 个专辑(社会科学、自然科学、工程技术、农业科学、医药卫生、经济管理、教育科学、图书情报)27 个专题定期出版。《中文科技期刊数据库》受到国内图书情报界的广泛关注和普遍赞誉,是我国数字图书馆建设的核心资源之一,高校图书馆文献保障系统的重要组成部分,也是科研工作者进行科技查证和科技查新的必备数据库。

通过重庆大学数字图书馆主页点击维普科技期刊进入中文科技期刊数据库主页,如图 3.11所示。

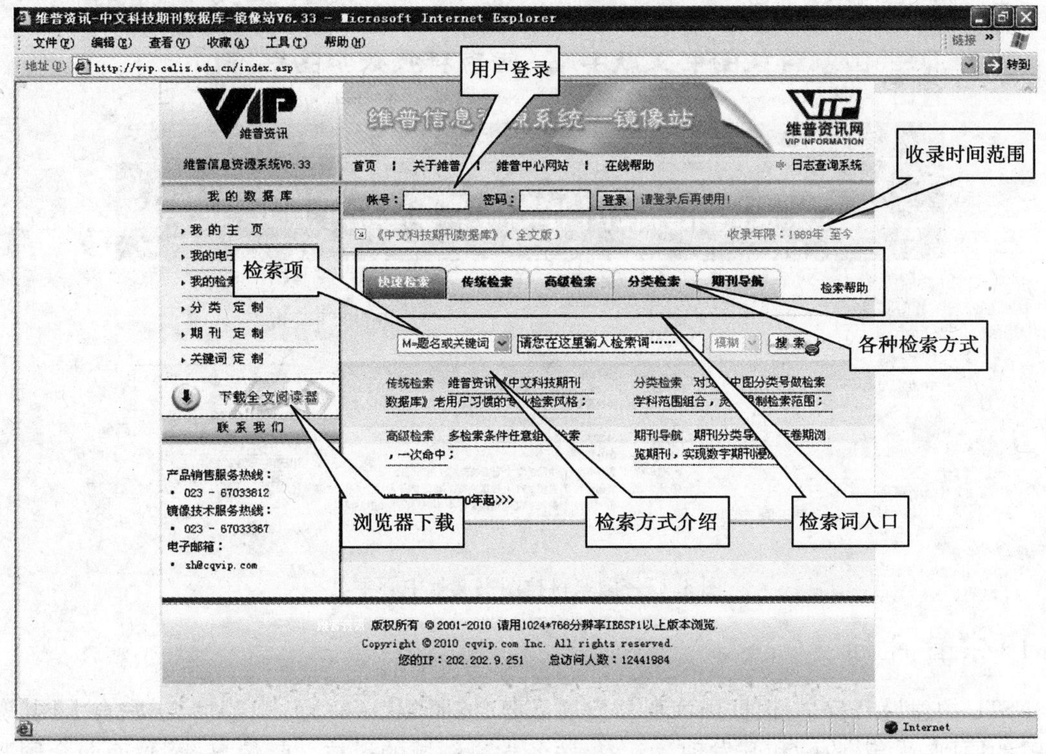

图 3.11　维普重庆大学镜像站主页

3.4　国家科技图书文献中心(NSTL)

3.4.1　NSTL 概况

国家科技图书文献中心(National Science and Technology Library，简称 NSTL，网址：http://www.nstl.gov.cn/)也称国家科技数字图书馆(National Science and Technology Digital Library)是经国务院批准，于 2000 年 6 月 12 日成立的一个基于网络环境的虚拟科技信息资源服务机构，其目的是建设成为国内权威的科技文献信息资源收藏和服务中心，依托丰富的资源面向全国用户提供网络化、集成化的科技文献信息服务。NSTL 由中国科学院文献情报中心、国家工程技术图书馆(包括中国科学技术信息研究所、机械工业信息研究院、冶金工业信息标准研究院和中国化工信息中心)、中国农业科学院农业信息研究所、中国医学科学院医学信息研究所、中国标准化研究院标准馆和中国计量科学研究院文献馆组成。NSTL 的领导决策机构由著名科学家、情报信息专家和有关部门代表构成。

经过 10 年的努力，NSTL 目前已逐步发展成为国内最大的公益性的科技文献信息服务平台，国家科技图书文献中心主页如图 3.12 所示。

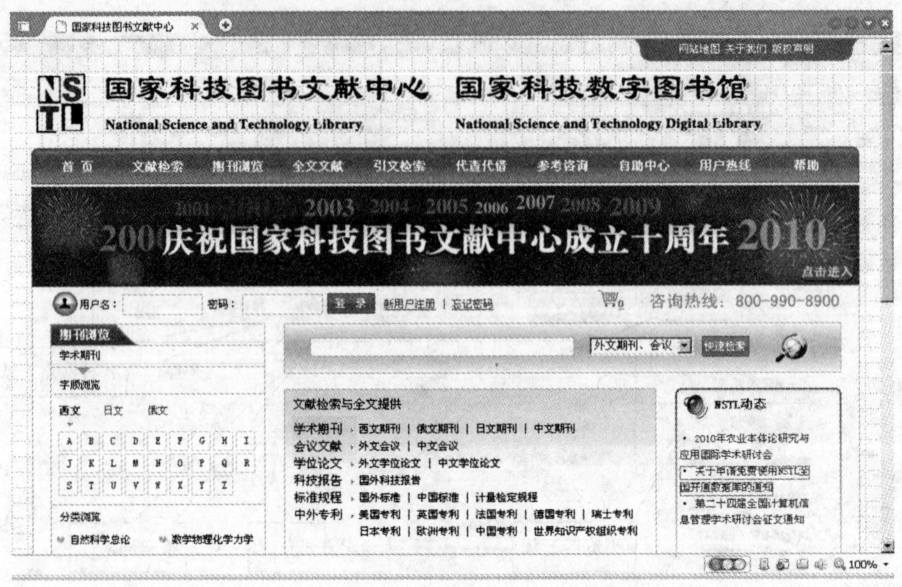

图 3.12 国家科技图书文献中心主页

1)宗旨目标

NSTL 的建设宗旨是：根据国家科技发展需要，按照“统一采购、规范加工、联合上网、资源共享”的原则，采集、收藏和开发理、工、农、医各学科领域的科技文献信息资源，面向全国开展科技文献信息服务。其发展目标是建设成为国内权威的科技文献信息资源收藏和服务中心；现代信息技术应用的示范区；与世界各国著名科技信息机构交流的窗口；与国内其他科技图书文献系统联合的枢纽；全国科技文献资源服务体系的龙头；信息资源管理研究、人才培养和科普教育的基地。

“十一五”期间，NSTL 从发挥国家科技文献信息资源战略保障与服务的核心作用出发，进一步明确了数字时代中心发展的战略目标：要将中心建设成为国内一流，国际先进的国家科技文献信息资源保障和服务体系。

具体发展目标是：

①成为国家科技文献信息资源的保障基地；

②成为国家科技文献信息服务的集成枢纽；

③成为国家科技文献信息服务发展的支持中心。

2)主要任务

NSTL 的主要任务是：

①统筹协调，较完整地收藏国内外科技文献信息资源；

②制定信息资源数字化的标准、规范，建立与发展科技文献信息数据库；

③利用现代网络技术，提供网络化、集成化的文献信息服务；

④推进科技文献信息资源的共建共享；

⑤组织科技文献信息资源的深度开发与数字化应用；

⑥开展国内外合作与交流。

3.4.2　NSTL 资源

1)印刷本文献资源

目前,NSTL 拥有科技外文期刊 15 500 多种,占国内采集国外科技期刊品种数的 60% 以上;拥有外文会议录等文献 5 700 多种,拥有中文期刊 8 000 多种,以及多种其他类型文献信息资源。NSTL 是我国收集外文印本科技文献资源最多的,面向全国提供服务的科技文献信息机构。NSTL 订购和收集的文献信息资源绝大部分以文摘的方式,或者以其他方式在 NSTL 网络服务系统上加以报道,供用户通过检索或浏览的方式获取文献线索,进而获取文献全文加以利用。NSTL 包含了多种类型文献的数据库:

①学术期刊:包括西文、中文、俄文、日文 4 个期刊数据库。

②会议文献:包括外文和中文 2 个会议数据库。

③学位论文:包括外文和中文 2 个学位论文数据库。

④科技报告:仅有国外科技报告数据库。

⑤标准规程:包括国外标准、中国标准、计量检定规程 3 个数据库。

⑥中外专利:包括中、美、英、法、德、日、瑞士、欧洲、世界知识产权组织的专利。

2)网络版全文文献资源

网络版全文文献资源包括 NSTL 订购,面向中国大陆学术界用户开放的国外网络版期刊;NSTL 与中国科学院及 CALIS 等单位联合购买,面向中国大陆部分学术机构用户开放的国外网络版期刊和中文电子图书;网上开放获取期刊;NSTL 拟订购网络版期刊的试用;NSTL 研究报告等。

(1)全国开通文献　全国开通文献是 NSTL 单独购买的国外网络版期刊,面向中国大陆学术界用户开放,包括国外出版社或协会的 50 个现刊数据库和 Springer 在线、牛津期刊过刊等 5 个回溯数据库。用户为了科研、教学和学习目的,可少量下载和临时保存这些网络版期刊文章的书目、文摘或全文数据。

(2)部分单位开通文献　NSTL 与中国科学院及 CALIS 等单位联合购买国外网络版期刊,面向中国大陆部分学术机构用户开放。此外,NSTL 购买了北大方正中文电子图书,为国内部分机构开通使用。

(3)开放获取期刊　开放获取期刊是 NSTL 整理的可通过互联网免费获取全文的期刊资源,全国各界用户都可使用。

(4)试用期刊　试用期刊是 NSTL 拟订购的国外网络版期刊,面向中国大陆学术界用户开放。

(5)NSTL 研究报告　NSTL 研究报告是 NSTL 针对一些部门的需求,组织有关单位开展情报调研,形成的研究报告,供全国各界用户使用。

3)国际科学引文数据库

国际科学引文数据库(Database of International Science Citation, 简称 DISC)是 NSTL 历时 3

年投入建设的以科学引证关系为基础的外文文献数据服务系统。系统集成了 NSTL 外文期刊文献数据库(来自 17 000 多种外文期刊)和优选的理、工、农、医各学科领域的部分优秀西文期刊(来自 3 000 多种西文期刊)的引文数据,并揭示和计算了文献之间的相关关系和关系强度,为科研人员提供了检索发现世界上重要的科技文献,了解世界科学研究与发展脉络的强大工具。

3.4.3 NSTL 服务

NSTL 系统功能在原有文献检索与原文提供的基础上,增加了期刊浏览、引文检索、代借代查、参考咨询、热点门户、预印本、科技资源集成揭示等新的服务。系统通过丰富的资源和方便快捷的服务满足广大用户的科技文献信息需求。

1)服务体系

目前中心在全国各地已经建成了 NSTL 兰州镜像、NSTL 成都镜像、NSTL 昆明镜像、NSTL 西安镜像、NSTL 哈尔滨镜像、NSTL 南京镜像、NSTL 杭州镜像、NSTL 郑州镜像等 8 个镜像站和 14 个服务站,构成了辐射全国的网络化的科技文献信息服务体系,推动了全国范围的科技文献信息共建共享,提升了地方科技文献信息保障能力与服务水平,更全面、更高效率地发挥了国家科技文献信息战略保障的整体功效。

2)检索

NSTL 的文献检索简单、易学,数据库之间可进行跨库检索。检索方式有普通检索、高级检索、期刊检索、分类检索、非英语语种文献检索,如图 3.13 所示。

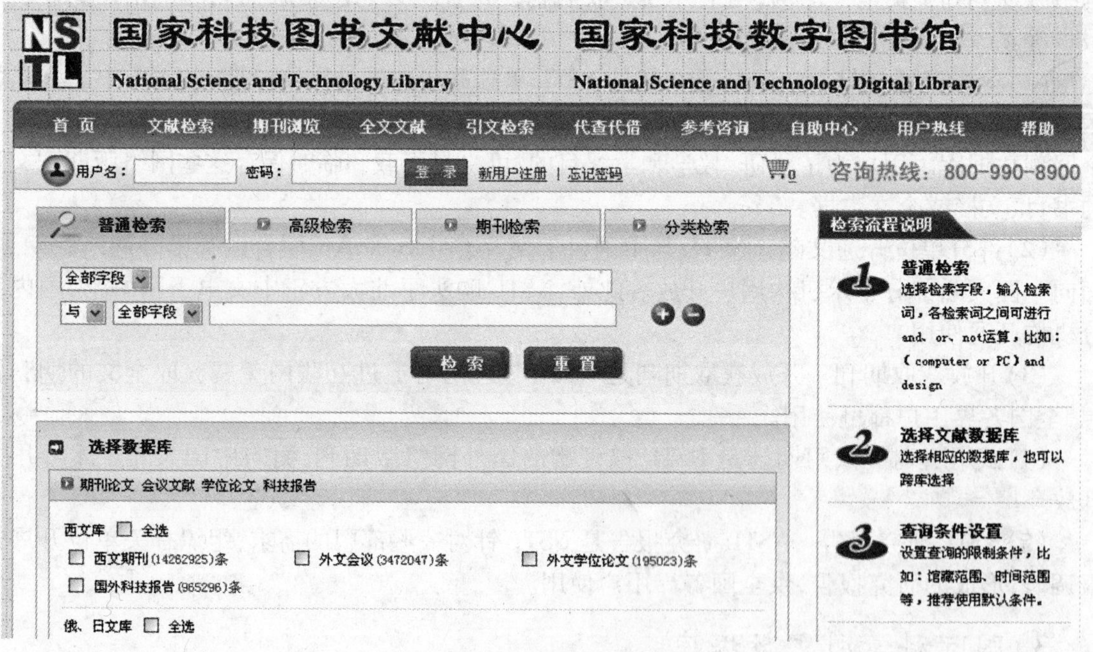

图 3.13 NSTL 检索界面

3.5　数字图书数据库

3.5.1　数字图书概述

数字图书数据库是指存储在计算机存储器上的数字图书数据的集合。数字图书通常也称为电子图书(E-book),是一种以电子介质作为记载媒体来记录文本、图像、音频等信息,以数字化方式发行和传播,并借助于相应的阅读软件,以计算机或电子阅读器作为阅读工具的图书。它打破了图书馆传统借阅方式的时空限制,以成本低、性价比高、检索快捷、借阅便利、复制简便、节省空间、供多人同时阅读的特点,使读者真正体验到数字服务的方便、快捷。

1)数字图书类型

(1)按制作存储格式分类

①图像格式。图像格式电子图书是利用扫描技术将纸质图书扫描制作而成,以图像的方式显示,即以页为存储单位,每一页为一张图,简称 PDG 电子图书。其特点是加工成本较低、加工速度快、加工周期相对较短,能够将图书原貌保存下来,保证了图书的原汁原味以及研究和利用价值,但显示清晰度相对较低,占用空间较大,二次利用必须通过 OCR 识别来实现,相对不方便。

②文本格式。文本格式电子图书是以录入方式制作(即直接从出版社拿到文本排版原稿,对数据进行二次加工,进行格式转换和加密变为本数据库格式),以电子文本形式显示,即以字为存储单位。其特点是显示效果清晰度高、占用空间小、二次利用方便,可以直接进行复制、粘贴操作,但制作成本较高,速度慢,加工周期相对较长,错误率相对图像格式较高。

③图像与文本格式。这种格式具有图像和文本格式的双重特点,最典型的代表是 PDF 格式,就是无论在何种机器、何种操作系统下都能以制作者所希望的形式显示和打印出来,表现出跨平台的一致性。

(2)按制作的载体材料分类

①电子图书阅读器。电子图书阅读器可以随身携带、离线阅读的便携式电子阅读器,可谓"掌中书房"。

②光盘电子图书。光盘电子图书是以 CD-ROM 为存储介质,只能在计算机上单机阅读的数字图书。

③网络电子图书。网络电子图书就是以互联网为媒介,以电子文档方式发行、传播和阅读,在网络上通常以数字图书馆或数字图书数据库的形式出现的图书。其特点是可以全天候跨时空、跨区域服务,并提供多途径的图书检索、下载借阅等功能服务。目前国内大型的网络数字图书阅读系统主要的是超星、书生之家和 Apabi 等。

2)数字图书数据库服务模式

(1)网络模式　用户直接登录网站访问,可获取免费图书馆里的全文图书,也可通过免费注册和支付费用获取更多的数字图书资源。会员用户可以通过单本购买电子书,以获得电子书的永久阅读权;非会员用户可以通过多种支付方式(如手机、网银、支付宝等)单本购买电子书,或充值成为会员。

(2)镜像模式　在用户本地局域网内服务器安装数据,建立本地管理平台,需要用户提供足够的硬件存储空间。

(3)包库模式　不在用户本地安装数据,根据用户提供的IP地址范围为用户开通局域网内的远程访问,用户通过远程访问阅读数据,节省用户硬件资源。

3.5.2　书生之家电子图书

1)数据库简介

(1)知识来源　书生之家由北京书生公司开发制作,收录入网出版社500多家、期刊7 000多家、报纸1 000多家,集成了图书、期刊、报纸、论文、CD等资源,以收录1999年以后出版的图书为主。书生之家现有70余万种电子图书全文,每年以六七万种的数量递增。

(2)收录范围　书生之家所收图书涉及社会科学、人文科学、自然科学和工程技术等所有类别,内容涵盖理、工、农、医、文、史、哲等所有学科。资源内容分为书目、提要、全文3个层次。

(3)检索功能　书生之家除可以从分类号、关键词、作者、书名、ISBN号等入口进行单项检索外,还提供两种分类检索、高级检索、二次检索、全文检索等强大的检索功能,并具有前方一致和逻辑组配检索功能。

(4)更新频率　书生之家的数据库每月更新一次。

(5)发行方式　数据库以各个需要单位购买镜像为主,或进入OPAC(Online Public Access Catalogue)公共在线书目检索系统。

2)数据库使用

因数据库只能对订购的用户开放,通过外网接入的用户无法有效使用该数据库资源。以下使用介绍以重庆大学图书馆所订购的“书生之家电子图书”为例。

(1)登录方法

输入IP地址:202.202.12.3,进入重庆大学图书馆主页,选择资源—数字资源—数字图书—书生之家图书,即可进入该数据库,如图3.14所示。

首次使用书生之家电子图书的用户,请先确认本机是否已安装书生之家数字信息阅读器,如果没有请下载并安装。

(2)检索方法

①图书全文检索。点击书生之家主页上方的“图书全文检索”,此检索提供书名、作者、出版社、主题、提要、ISBN和丛书等7个检索字段。

②组合检索。通过本功能读者可以进行复杂的图书检索,此检索提供图书名称、作者、丛书名称、主题、提要等字段,可进行逻辑组配。

③高级全文检索。在书生之家主页上点击图书的“高级全文检索”即可进入,高级全文检索在简单检索界面7个检索字段的基础上,采用字段组配的方法(逻辑“或”、逻辑“与”),提供更为精确的组合检索。

图3.14　书生之家数字图书馆

④分类检索。在图书分类检索栏,默认的是书生分类检索,可以点击转换成"中图法"检索,这将取决于各图书馆订购的情况。依据罗列的分类列表,用户可依次点击逐级检索。

⑤二次检索。对上述的检索结果可施行进一步检索。

⑥高级检索。书生之家的图书数据库和期刊数据库的综合检索,分一站式检索和全文检索。

(3)借阅

在检索结果中点击图书名,便可看到图书的内容摘要,点击"全文"可在线阅读图书;点击"借阅"—输入已经注册的账号和密码—出现"书生e书下载"的界面,通过以上操作,所需要的图书成功保存在计算机或者可移动硬盘上,以后可在任何一台装有书生阅读器的电脑上阅读。

3.5.3　方正Apabi电子图书

1)数据库简介

方正Apabi(http://www.apabi.cn)数字资源管理平台是一个功能强大的电子图书等数字资源存储、管理、借阅软件系统,电子图书资源库是方正Apabi数字内容资源的核心部分。截至2010年初,Apabi在销电子图书达50万种,其中,2006年后出版的新书占到了70%,涵盖了社科、人文、经管、文学、科技等分类,已经形成最大的文本电子图书资源库。

Apabi分别代表着Author(作者)、Publisher(出版者)、Artery(流通渠道)、Buyer(读者,即购买者)以及Internet(网络)。作者、出版社、发行商和读者是传统出版产业链的有机组成部分,也就是说,Apabi是以因特网为纽带,将传统出版的供应链有机地连结起来,实现完全数字化的出版。其特点如下:

①原版原式,图文并茂。Apabi采用高保真还原显示技术,图书清晰,并保持和纸书同版同式,还可插入声音、动画、视频等多媒体资源,独特而全新的阅读体验。

②权威授权,版权无忧。500多家出版社直接授予信息网络传播权,从源头彻底解决版权问题,后续使用无版权之忧。

③国际标准,技术领先。契合国际OEB(open ebook)电子书格式标准,有利于技术的可持续发展。

④资源丰富,发展持续。50万种书目资源,涵盖中图法各个分类,每个类别均有新书好书,并每年12万种的数量增加,保证了发展的可持续性,并且部分出版物已经实现与出版社同步出版。

⑤功能齐全,界面友好。平台界面按中图法进行书目分类,更有深度检索功能,方便查找书目,支持在线和下载两种阅读方式,通过Apabi Reader下载阅读更可具有逼真于纸书的阅读视觉,还有标记、注释、书签、摘录、书评、多种统计分析等功能。

2)数据库使用

方正Apabi电子图书的使用与书生之家类似,首先要登录订购了该数据库的单位IP地址,进入Apabi电子图书数据库,如图3.15所示。首次使用该系统要先下载、安装并注册方正Apabi Reader。然后根据系统提供的快速检索、高级检索或分类检索,对图书进行检索、下载、阅读等。

3.5.4 超星数字图书馆

超星数字图书馆成立于1993年,是国内专业的数字图书馆解决方案提供商和数字图书资源供应商,也是国家“863计划”中国数字图书馆示范工程项目。2000年1月,超星数字图书馆在互联网上正式开通,成为目前最大功能最完备的中文在线数字图书馆,拥有包括将纸本图书数字化及向用户提供专业的图书阅读器或与出版社合作进行电子出版的电子图书近200万种,内容涵盖经典理论、哲学、社会科学、自然科学、技术科学、综合性等50余个学科门类。超星在国内首家提出了一套电子图书版权解决方案,已有30多万作者与超星签约“超星数字图书馆个人作品授权书”。数据库分文本格式和图像格式两种电子图书类型,可以在同一平台下进行管理,统一检索,不限制副本、不收平台费、不限制下载打印,并有一部分图书可供免费使用。超星现已成为全国各大图书馆支持的庞大的数字图书展示推广平台,数百万的注册用户遍布世界各地。从重庆大学访问超星数字图书馆的界面如图3.16所示。

图 3.15　方正数字资源平台

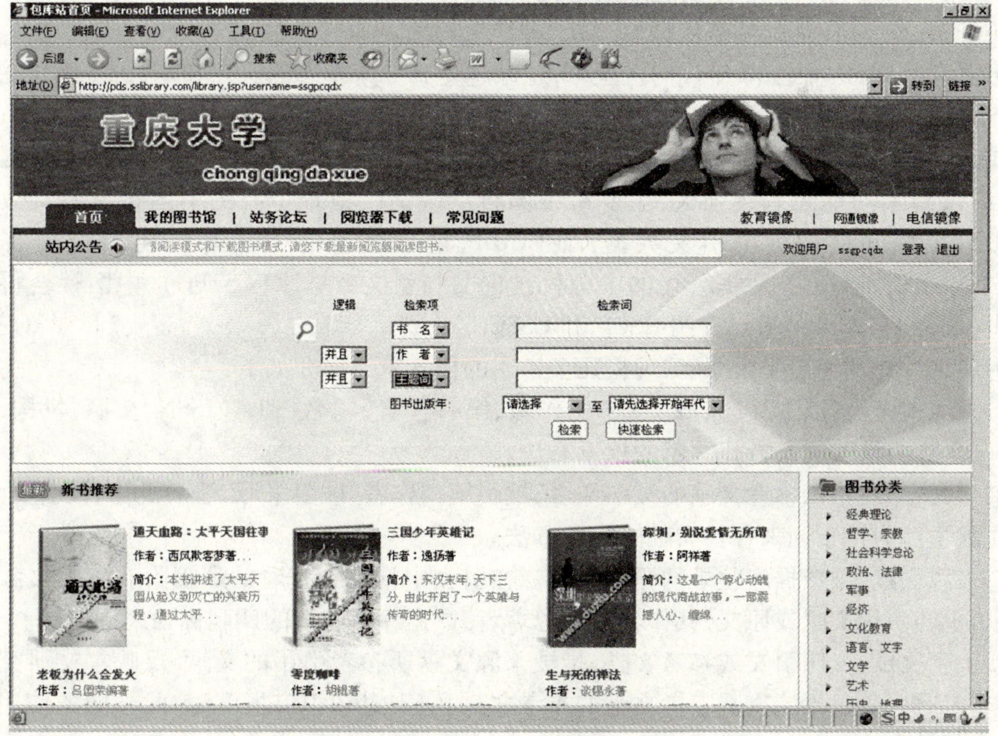

图 3.16　重庆大学远程访问界面

3.6 中国引文数据库 CSCD、CSSCI 简介

3.6.1 引文数据库概述

引文数据库也是引文索引，是指从被引文献（参考文献）去检索引用文献（来源文献）而编制的索引。其原理是基于文献之间的参考引用或被参考引用的关系，将来源文献和被引文献有序合理的组织起来，以揭示文献间的相互引证关系，通过对引文的研究能找到文献之间的内在联系。引文数据库除了有一般数据库的检索功能之外，更重要的是对科学论文、著者、期刊、机构等具有分析评价功能，从获取的统计数据中为学术研究、科研绩效、期刊质量和学科发展等方面的评价提供定量依据。

由于引文数据库是将被选用的期刊（来源期刊）上的每篇学术论文或其他来源文献后所附的参考文献一一著录，构成一种独特的数据库索引检索系统，因此它的作用远远大于一般的数据库。首先，通过来源文献与参考文献之间建立的索引与被索引的关系，获取相关的文献信息，了解学术问题或者观点的起源、发展和最新的研究成果，是检索文献的过去、现在、将来的一种有效而快捷的工具；其次，运用文献的被引频次和期刊的影响因子，它可以评价科学文献及其学术期刊的影响力及水平；再次，通过论著被引文数据库所收藏和被引用情况作为科研机构和科研人员功绩评估的参考依据。

引文索引从 20 世纪 50 年代问世至今，越来越受到专家学者的研究和重视，特别是在网络环境下，引文数据库代替了传统的手工引文索引，如美国著名的引文数据库网（ISI Web of Science）就是在手工的《科学引文索引》（SCI）的基础上演变发展起来的。国内的引文数据库也越来越多，检索功能越来越强大，主要有中国科学院文献情报中心的中国科学引文数据库（CSCD）、中国知网的中国引文数据库（CCD）、重庆维普的中文科技期刊引文数据库（CCJCD）、中信所与万方数据公司的中国科技论文与引文数据库（CSTPC）、中国社会科学引文索引（CSSCI），本章节重点介绍 CSCD 和 CSSCI。

为了更好地利用引文数据库，现将几个常用的概念术语简介如下：

①来源检索：指以本文（来源文献）的作者、第一作者、题名、刊名、ISSN、文摘、机构、关键词、基金名称为检索词来查找文献的检索方法。

②引文检索：指以参考文献的被引作者、被引第一作者、被引来源、被引机构、被引实验室、被引文献主编为检索词来查找文献的检索方法。

③来源文献：被数据库收录的原始文献。在引文中指正在查看的那篇附有参考文献的当前文献，也叫引用文献或原文，其作者为来源著者，数据库所收录的期刊称为来源期刊。

④被引文献：又叫引文或参考文献，指被来源文献所参考引用的文献，反映本文研究工作的背景和依据，通过不断查看参考文献的参考文献，实现对知识追根溯源，此方向的使用是文献越查越旧。

⑤引证文献：指引用了参考文献的来源文献，在引文数据库中，还指本来源文献又被后来

发表的其他文献所参考引用的文献;通过不断查看引证文献的引证文献,实现对知识后续利用情况的追踪,此方向是文献越查越新,是本文研究工作的继续、应用、发展或评价。

在引文数据库中来源文献既可能是一篇引证文献,也可能同时又是一篇被引文献。当来源文献A引用或参考了文献B,C,D时,则文献A称为文献B,C,D的引证文献,而文献B,C,D称为文献A的引文;当本文献A又被以后的文献E,F,G引用或参考时,则文献A称为文献E,F,G的引文,文献E,F,G称为文献A的引证文献。

⑥相关文献:是指与本文有相同参考文献的文献,表明与本文有共同研究背景或依据。文献的相关度是由与本篇文献共同引用的参考文献(被引文献)篇数决定的,共同参考文献越多,则本文与其他文献的相关度越高。

⑦同被引文献:与本文同时被作为参考文献引用的文献,是与本文共同作为进一步研究的基础。即指两篇或多篇引文文献共同被后来的一篇或多篇文献所引用,则称这两篇或多篇引文之间有同被引关系。

相关文献和同被引都是方便用户追踪某一知识的相关研究范围,使文献越查越深,所不同的是相关文献反映的是两篇引证文献之间的关系,同被引反映的是两篇被引证文献之间的。前者是由两篇文献的作者共同建立的,相关度是固定的,后者是由引用它们的作者各自建立的,同被引强度是变化的。

⑧自引:来源文献的著者引用自己以前发表的作品。

⑨影响因子:根据统计分析,一般情况下期刊论文被引用的高峰在该论文发表后的1~2年。影响因子就是期刊论文被引用高峰时的平均引文率。计算影响因子的方法为:

某年某刊影响因子=该年引用该刊前两年论文的总次数/前两年该刊发表的论文总数

⑩期刊被引率:在给定的时间内,期刊被引用的绝对数量(同一篇来源文献多次引用同一参考文献不重复计算)。这体现了某种期刊的整体影响力。

⑪平均引文率:在给定的时间内,期刊被引用的数量除以该刊载文量。这表明某种期刊所刊载的每篇文献平均影响力。

3.6.2 中国科学引文数据库(CSCD)

1)概况

中国科学引文数据库(Chinese Science Citation Database,简称CSCD)是中国科学文献服务系统(Science China)的子库,创建于1989年,是我国第一个引文数据库。该库收录了我国数学、物理、化学、天文学、地学、生物学、农林科学、医药卫生、工程技术、环境科学和管理科学等领域出版的中英文科技核心期刊和优秀期刊千余种,目前已积累从1989年到现在的论文记录300余万条,引文记录1 700余万条,年增长论文记录20余万条,引文记录约250万余条。数据库分为核心库和扩展库,其来源期刊每两年进行一次严格的评选,是各学科领域中具有权威性和代表性的核心期刊和优秀期刊,在2009年共遴选了1 123种期刊(英文刊67种,中文刊1 056种);其中核心库期刊748种(以C为标记),扩展库期刊375种(以E为标记)。值得一提的是,中国科学引文数据库凭借其建库历史悠久,内容丰富,结构科学,专业性强,数据准确规范,检索方式多样、完整、方便等优势,已经在我国科研院所、高等学校的课题查新、基金资助、项目评估、成果申报、人才选拔以及文献计量与评价研究等多方面,作为权威文献检索工具被广泛应用,被誉为“中国的SCI”。中国科学文献计量评价研究中心还依据CSCD定期作出中国学术期刊来源期刊的分析报告、中国科技期刊引用报告、科技论文统计分析报告、科学基金论文统计分析报告等。2007年CSCD与美国Thomson-Reuters Scientific合作,数据库以ISI Web of Knowledge为平台,实现与Web of Science的跨库检索,使中国科学引文数据库成为ISI Web of Knowledge平台上第一个非英文语种的数据库。

2)CSCD的特点与作用

(1)特点

①收录的期刊“少而精”,只收录国内出版编辑的部分学术性中英文核心期刊和优秀期刊,内容以发表理论研究论文为主,对选中的来源期刊实行动态淘汰管理。

②为用户构建了基于文献检索、引文链接、全文获取、网络咨询为一体的文献查找、全文获取、信息咨询的信息服务平台。

③系统提供内部链接和开放外部链接,对一篇来源文献可分别通过其被引频次、参考文献、参考文献相关的链接,查找到其引证文献、被引文献、相关文献的情况。

④每篇参考文献(期刊论文、专著、会议文献、学位论文、专利文献等)都可提供论著的被引频次。

⑤检索途径多,部分字段具有模糊和精确检索的功能,检索技术支持逻辑“与”、逻辑“或”两种,检索简单易学。

⑥对检索的结果可以进行结果限定和二次检索以及结果分析和引文分析。

⑦提供多种输出格式供下载、打印、E-mail使用,对注册用户提供个性化服务。

(2)作用

①掌握来源期刊的情况,以便为今后的科技期刊订阅和论文投稿提供依据。

②检索来源文献及其引证和被引证的情况,了解研究课题发展状况的相关文献,为进一步研究提供参考。

③通过检索结果的分析,能够分别知道不同机构的作者、不同来源期刊、不同学科、不同年份在检出文献中所占的百分比,从而帮助进行作者追踪、决定投稿刊物以及了解科研工作的跨学科交叉发展应用。

④通过引文分析报告,显示检索结果中每年出版的文献数和每年被引的文献数以及年平均引用次数,以及排除自引的他引文献,从而知晓某个作者或某个研究的论文产出的高峰时期和被引用的时间趋势。

⑤通过引文检索可以检索到数据库来源文献所引用的非来源文献(包括图书、未被选中的期刊、学位论文、会议文献、专利等)的作者、被引出处和被引频次。

3)CSCD的检索

数据库提供简单检索与高级检索方式,每种方式又分来源文献检索和引文检索两大部分,系统默认为基本检索下的来源文献检索,其检索流程如图3.17所示。

(1)简单检索

简单检索也称菜单式检索,用户根据下拉菜单选择检索字段,在选定的检索字段中输入检索词,进行快捷检索,并可以进行多个检索字段的组合检索,这种方式适用于一般非专业检索人员进行检索。

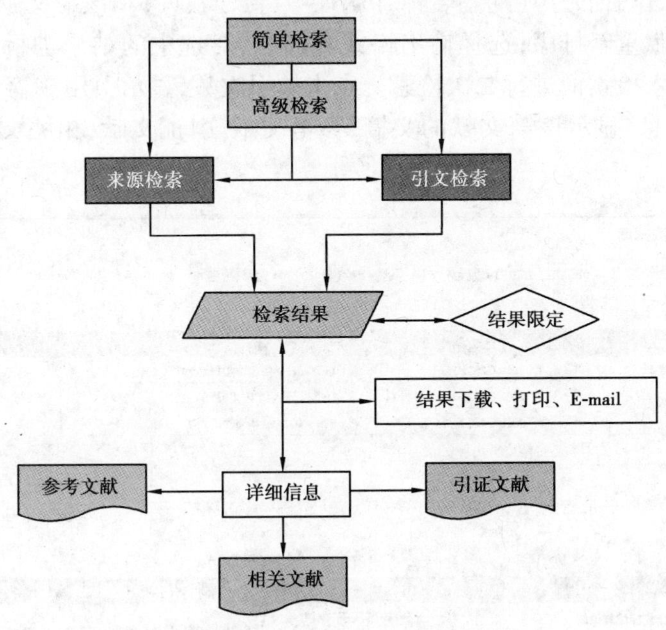

图 3.17　CSCD 检索流程图

①来源文献检索。系统提供检索途径包括题名、作者、第一作者、关键词、刊名、ISSN、文摘、机构、第一机构、实验室、基金名称共 11 个字段。在选定的字段中输入相应的检索词即可进行检索;也可对部分字段的检索词添加“”进行精确检索;或是在 3 个输入框里进行逻辑组配检索;还可以限定时间和学科范围。检索界面如图 3.18 所示。

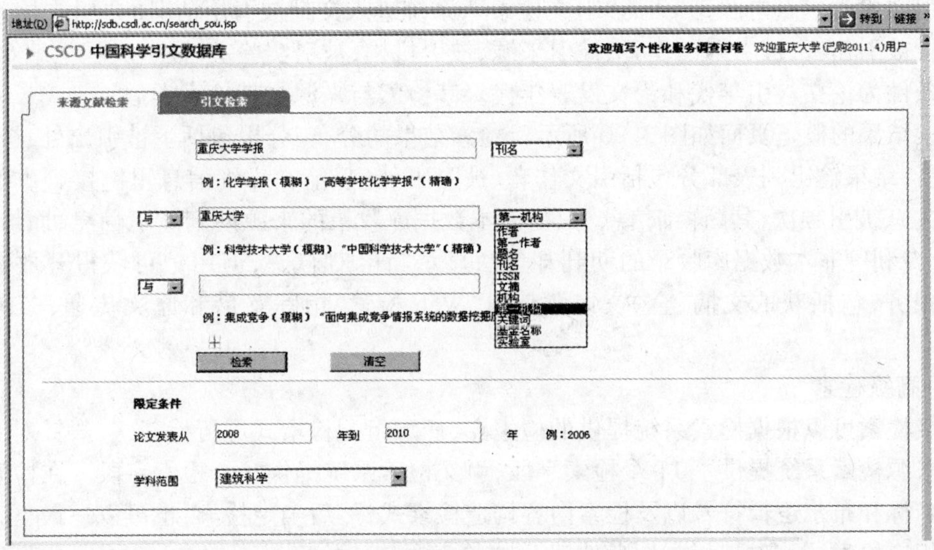

图 3.18　CSCD 检索

检索结果的概览页面分上下两部分，如图 3.19 所示。上部分是分别从来源、年代、作者、学科 4 个方面来显示结果，可分别对其进行结果限定、结果的分析和引文分析报告；下部分显示结果为论文题名、作者、来源（期刊名称、ISSN、年、卷、期、页）和该篇文献的被引次数。分别点击标题栏可对文献重新排序；选择输出格式和内容，对选中的结果进行下载、打印、E-mail；并可根据需要再输入检索词进行二次检索。点击被引次数，显示引用该篇文献的引证文献；点击题名下的详细信息，显示该篇文献的文摘、参考文献、引证文献、相关文献等信息或链接到原文。

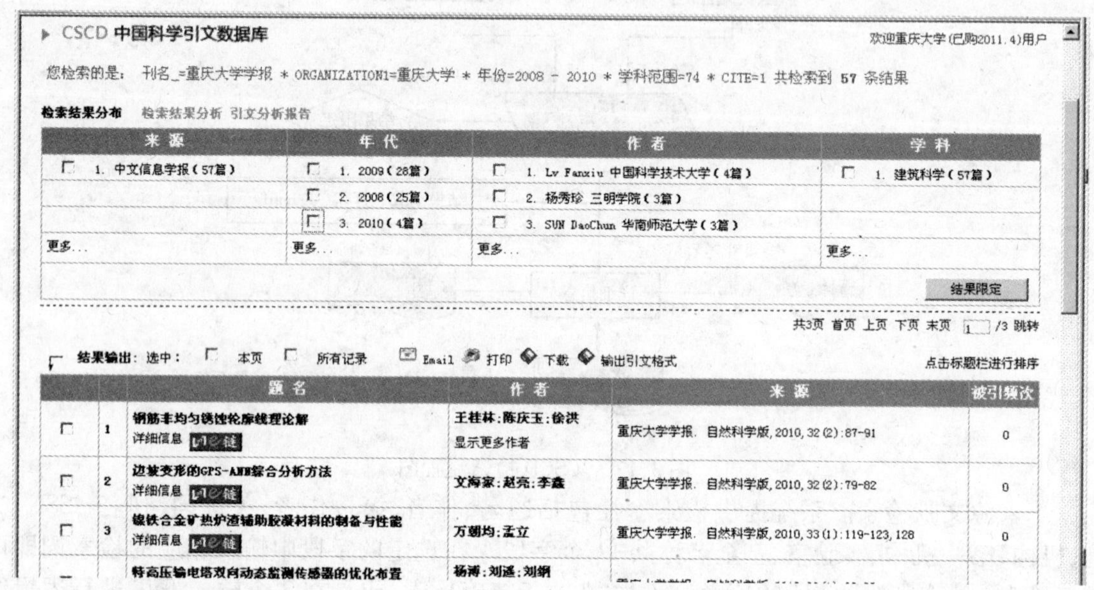

图 3.19　检索结果

②引文检索。点击图 3.19 的“引文检索”，系统进入文献被引用情况的“引文检索”界面，途径包括被引作者、被引第一作者、被引来源、被引机构、被引实验室、被引文献主编 6 个字段，可限定条件为论文被引年代和论文发表年代。其检索与来源文献检索类似。

检索结果的概览页面如图 3.20 所示。检索结果的分布、分析包括了被引出处、被引年代、被引作者；结果输出列表部分包括引文作者、被引出处（只能在详细信息里链接到本数据库收录的论文）、被引频次，其“详细信息”只能是本数据库收录的来源期刊文献信息，而像图书、学位论文、专利等非本数据库收录的期刊却无法显示“详细信息”，但用户可获得开放链接系统的扩展服务，包括获取文摘、全文、馆藏信息、Web 检索、馆际互借和原文传递、参考咨询等服务。

（2）高级检索

高级检索可以根据检索系统提供的检索点，任意组配检索式进行检索，一般针对专业检索人员。来源检索系统提供了 11 个检索字段，引文检索系统提供 9 个检索字段。在检索框中输入字段名称和布尔逻辑符号以及检索内容构造检索式，然后确定检索，也可以在最下方的检索框填入相应检索词，点击“增加”，将自动生成检索语句。检索界面如图3.21所示。

需要注意的是，引文检索只是基于本数据库收录的来源期刊文献中所参考的文献，也就是将来源文献所附的参考文献作为检索标识进行检索，其结果中的被引频次，仅仅是来源文献引证的统计，只有当参考文献和引证文献都同时出自于数据库收录的来源文献时，才能知晓引证文献的篇名、作者、来源等信息，否则，引文检索的结果就只有一个被引频次，这也是 CSCD 检索的一个不足之处。

地址(D) http://sdb.csdl.ac.cn/search_outline_ref.jsp
转到 链接
您检索的是： 被引作者=秦大同 * 被引机构=重庆大学 * 被引来源_=重庆大学学报 * 被引年份=2000 2001 2002 2003 2004 2005 2006 2007 2008 2009 2010 * 出版年份=2008 - 2008 共检索到 3 条结果
检索结果分布 检索结果分析
被引出处
年代
作者
1. '98中国商检微生物检验技术培训班教材（3篇）
1. 2008（3篇）
1. 秦大同（3篇）
2. 石万凯（2篇）
3. 姜宏伟（2篇）
更多...
结果限定
共1页 首页 上页 下页 末页 1 /1 跳转
结果输出：选中： 本页 所有记录 Email 打印 下载
点击标题栏进行排序
完成检索
作者
被引出处
被引频次
1 杨阳；褚明；秦大同 重庆大学学报，2008，31(10)：1087-1093 详细信息 1
2 姜宏伟；石万凯；秦大同 重庆大学学报，2008，31(1)：5-8 详细信息 2
3 石万凯；姜宏伟；秦大同 重庆大学学报，2008，31(11)：1209-1214 详细信息 1
结果输出：选中： 本页 所有记录 Email 打印 下载
共1页 首页 上页 下页 末页 1 /1 跳转
二次检索 被引作者 确定

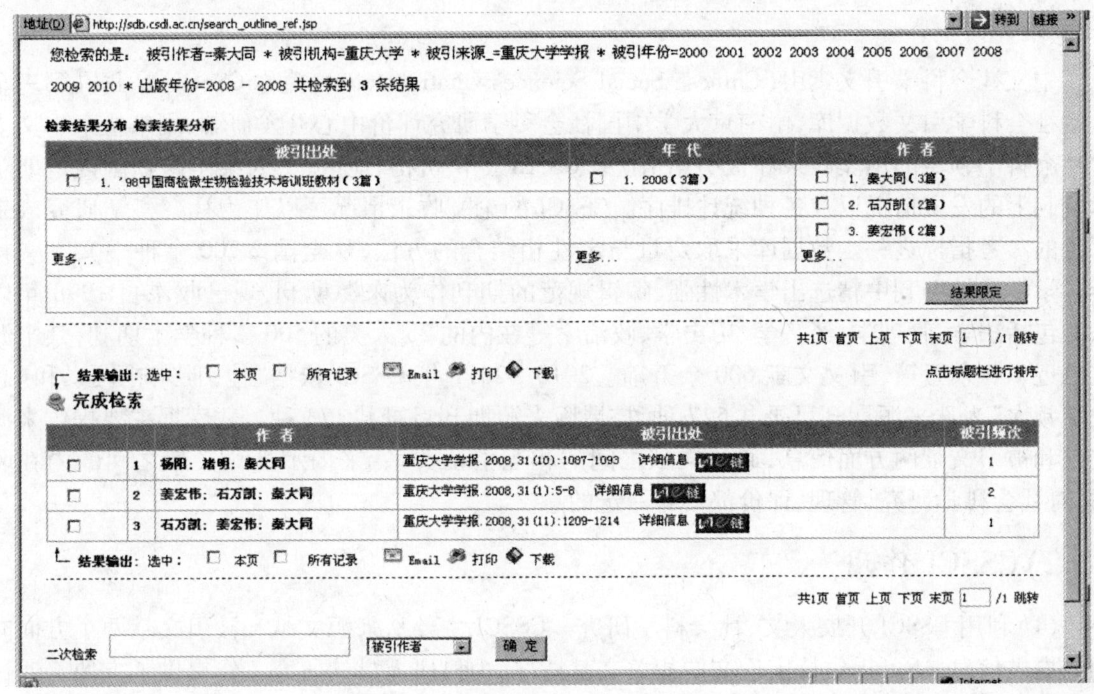

图 3.20　引文检索结果

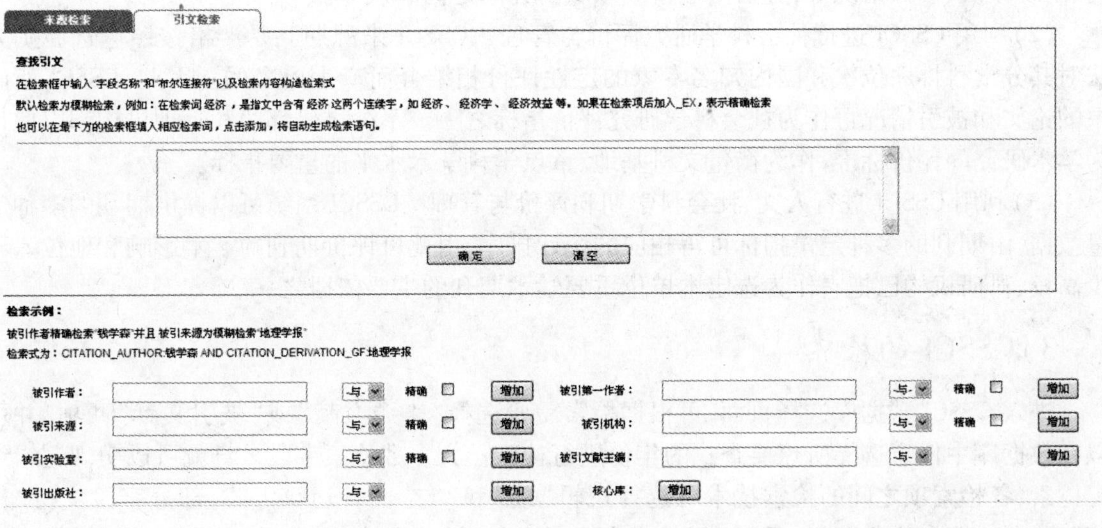

来源检索
引文检索
查找引文
在检索框中输入"字段名称"和"布尔连接符"以及检索内容构造检索式
默认检索为模糊检索，例如：在检索词 经济，是指文中含有 经济 这两个连续字，如 经济、经济学、经济效益 等。如果在检索项后加入_EX，表示精确检索
也可以在最下方的检索框填入相应检索词，点击添加，将自动生成检索语句。
确定
清空
检索示例：
被引作者精确检索"钱学森"并且 被引来源为模糊检索"地理学报"
检索式为：CITATION_AUTHOR:钱学森 AND CITATION_DERIVATION_GF:地理学报
被引作者： -与- 精确 增加
被引第一作者： -与- 精确 增加
被引来源： -与- 精确 增加
被引机构： -与- 精确 增加
被引实验室： -与- 精确 增加
被引文献主编： -与- 增加
被引出版社： -与- 增加
核心库： 增加

图 3.21　CSCD 高级检索

3.6.3 中文社会科学引文索引(CSSCI)

1)概况

中文社会科学引文索引(Chinese Social Sciences Citation Index,简称CSSCI)是我国第一个人文社会科学引文数据库,由南京大学中国社会科学研究评价中心开发研制,用来检索中文人文社会科学领域的论文收录和被引用情况。CSSCI提供机构、地区、个人某年内在国内重要学术期刊上的发文情况以及各种统计排序。CSSCI的论文收录情况可以作为社会科学研究成果评价的参考指标之一。数据库采取定量与定性相结合的方法,从全国2 700余种中文人文社会科学学术性期刊中精选出学术性强、编辑规范的期刊作为来源期刊,现已收录自1998年以来的包括法学、管理学、经济学、历史学、政治学等在内的25大类的500多种学术期刊,其来源文献近100余万篇,引文文献600余万篇。2010—2011年CSSCI依据"他引影响因子"和"总被引频次"入选来源期刊目录共527种,扩展版来源期刊目录共173种。数库据主要提供来源文献和被引文献两方面信息,通过文献之间的相互引证关系,来揭示社科文献之间的内在联系,对社会科学研究、管理、评价都具有一定的意义。

2)CSSCI作用

(1)利用CSSCI开展人文、社会科学研究　CSSCI主要从来源文献和被引文献两个方面向用户提供信息,还可提供特定论文的相关文献情况,为科研人员的研究工作提供了方便。通过CSSCI不但可以看出某一学科或领域的研究动态和发展趋势,而且可以看出这一学科或领域的核心作者群、高影响力作者和论文,还可以根据某一学术概念、某一方法、某一理论的出现时间、出现频次、衰减情况等,分析出学科或领域研究的走向和规律。

(2)利用CSSCI进行社会科学研究评价与管理　CSSCI来源期刊是严格按照遴选原则方法对其分学科排序位次和国内知名专家的定性评价相结合而产生出来的。因此,CSSCI所收录的论文和被引情况可作为社会科学研究评价指标之一。不少科研部门和管理机构都以此作为学术研究的评价标准,作为衡量文科基地、重点学科学术水平的重要指标。

(3)利用CSSCI进行人文、社会科学期刊评价与管理　CSSCI系统可以提供期刊的多种定量数据,由期刊的多种定量指标可得相应的统计排序,由此可评价期刊的学术影响和地位。不少高校、科研机构已把它作为选定本单位重要学术期刊的主要依据之一。

3)CSSCI的检索

进入CSSCI数据库选择页面,可根据检索需要选择"来源文献"或"被引文献"两项,并可以在数据库中任意选择所想要查找的年份进行检索。大多数检索字段自身就可以实现逻辑组配检索,各检索项之间的检索技术可选择逻辑"或"和"与"两种运算方式,部分字段支持"模糊"与"精确"检索或前方一致检索,检索点多,使用方便。另外CSSCI的来源文献仅提供发表于某年度该系统所制订的来源期刊刊载的论文,被引文献则不受此限制;来源文献、被引文献均分年度统计。

(1)来源文献检索

来源文献检索主要用来查询本索引所选用的来源期刊的文章的作者(所在单位)、篇名、参考文献等。其检索途径有:篇名(词)、关键词、中图类号、学科类别、学位分类、文献类型、所有字段、作者、作者机构、作者地区、期刊名称、年代卷期、基金类别、基金细节等14项,如图3.22所示。

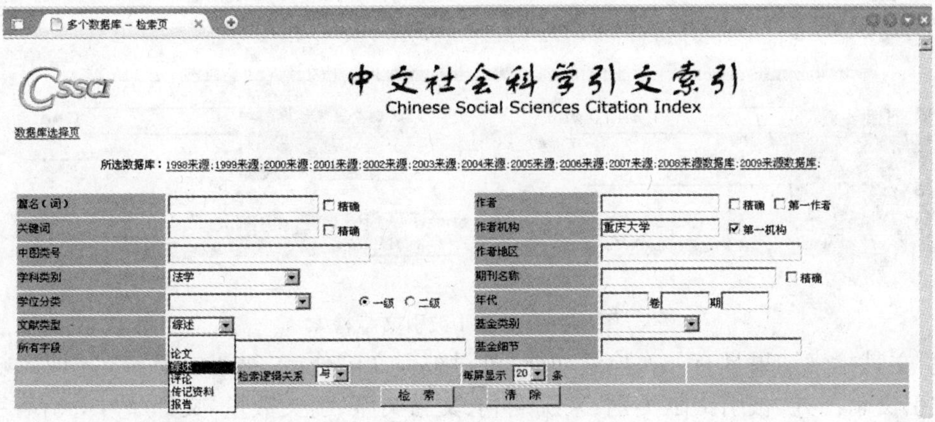

图3.22　CSSCI检索界面

系统对检索结果具有二次检索功能,可对来源作者、第一作者、作者姓名拼音、英文篇名、学位分类、学科分类、期刊、年卷期、文章类型、基金类别、基金、机构名称、第一机构、地区、标引词、标志、文件序号等所有字段进行再次检索。

在检索结果的概览页显示命中结果篇数,按年代排列,分别显示来源作者、来源篇名、期刊、年代卷期、全文(点"显示"查阅,需订购全文),如图3.23所示;可以通过下载,对选中的结果进行文本格式显示和保存;点击"来源篇名",可以看到该篇文献的详细记录和该篇文献所引用(参考文献)的题录列表。

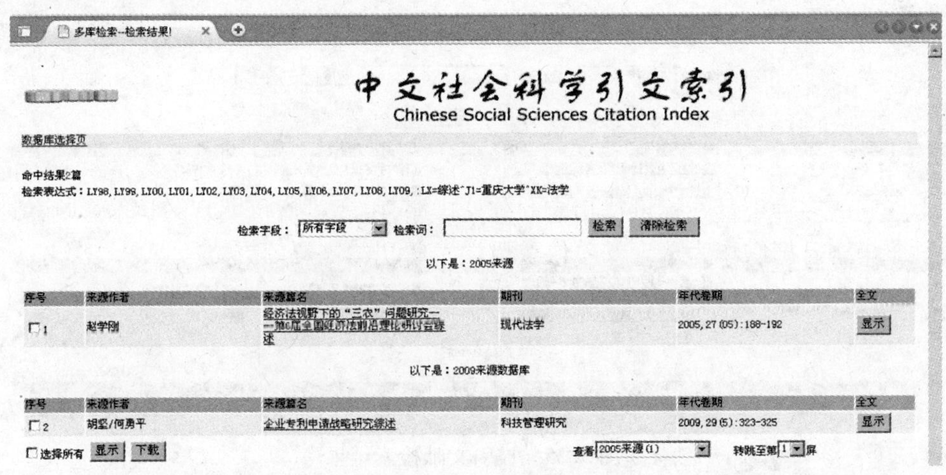

图3.23　检索结果

(2)被引文献检索

被引文献检索主要用来检索作者、论文、期刊等的被引用情况。其检索途径有:被引文献作者、被引文献篇名(词)、被引文献期刊、被引文献年代、被引文献类型和被引文献细节6项。

在查找某个作者在 CSSCI 数据库中被引用的情况时，可以选择勾选“精确”和“排除自引”来获得被引作者准确的他引信息，检索界面如图 3.24 所示。

图 3.24　CSSCI 被引文献检索

被引文献检索结果具有二次检索功能，可对被引文献作者、被引文献篇名（词）、被引文献期刊、被引文献出处、被引文献类别、来源期刊、文献类型、引文数量、文件序号等所有字段进行再次检索。

检索结果概览显示被引作者、被引文献篇名、被引期刊、被引文献出处、被引次数 5 项信息，如图 3.25 所示。点击“被引文献篇名”，可以显示引用该篇文献的来源文献（引证文献）的作者、篇名、来源出处及其年卷期等题录信息。可以通过下载，对选中的结果进行文本格式显示和保存。

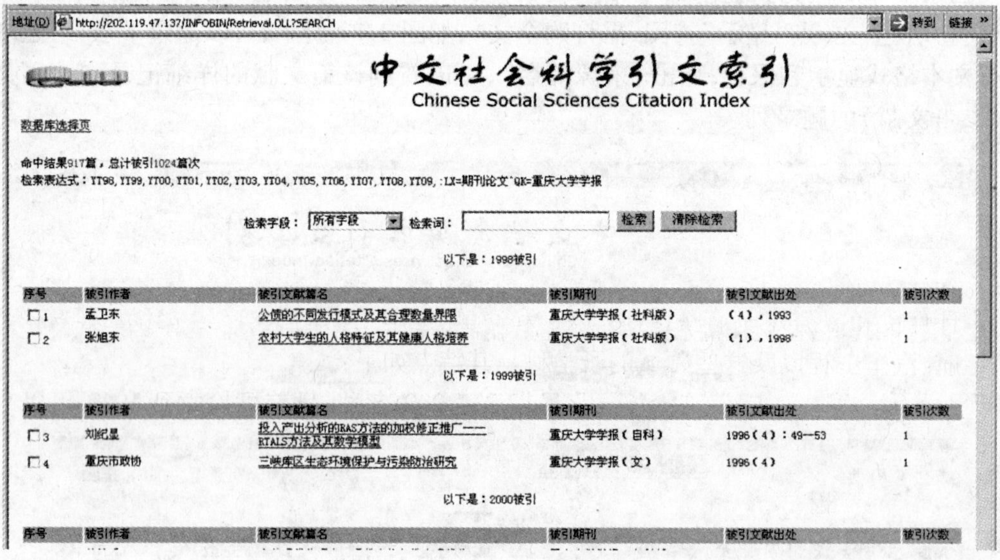

图 3.25　被引文献检索结果

在 CSSCI 被引文献检索中，只是反映了 CSSCI 内部的引用情况，CSSCI 期刊被 CSSCI 之外的期刊引用、CSSCI 之外期刊被 CSSCI 期刊引用，没有在 CSSCI 中得到反映，这是不够全面的。出版的著作被 CSSCI 来源期刊所引用有统计，而 CSSCI 来源期刊被著作所引用则没有统计进去，这也是需要改进的。

第4章 国外信息检索系统(一)

4.1 EI Compendex

4.1.1 EI的概况

美国工程索引(The Engineering Index,简称EI)创刊于1884年,是一部在全球范围内最具权威的工程技术领域的文摘类检索工具,其学科范围遍及工程技术各个领域。EI Compendex是工程索引的电子版,是Engineering Village的核心数据库,提供应用科学和工程领域的文摘索引信息,涉及核技术、生物工程、交通运输、化学和工艺工程、照明和光学技术、农业工程和食品技术、计算机和数据处理、应用物理、电子和通信、控制工程、土木工程、机械工程、材料工程、石油、宇航、汽车工程以及这些领域的子学科。其特点如下:

①收录文献数量大,时间跨度长。收录期刊5 000多种,目前可检索到1969年以来的数据800多万条,每年新增数据25万条,每周更新。

②检索功能强,有快速和高级两种检索方法。快速检索简捷高效,高级检索精确严密,易学好操作。

③多种辅助功能和超级链接便于用户提高检索效率。在检索界面有7种检索限定,检索结果有3种显示方式,可实现论文作者、刊名、ISSN号等9种链接。

④在快速检索界面和高级检索检索界面,都提供最基本的检索帮助。在首页上也可以链接到完整的使用说明并提供简体中文版,还提供周到细致的个性化服务。用户注册以后可以利用个人账户存储检索信息并享受SDI服务。

在我国学术界,EI除被用来作为检索工具以外,在EI Compendex中被收录论文的数量还被用作于评价科研机构或科研人员学术成就的一项客观指标。

4.1.2 EI Compendex 的检索

1)快速检索

(1)进入检索界面

EI 检索有 2 种检索方式:Quick Search(快速检索)和 Expert Search(专家检索)。系统默认直接进入 Quick Search 界面,如图 4.1 所示。

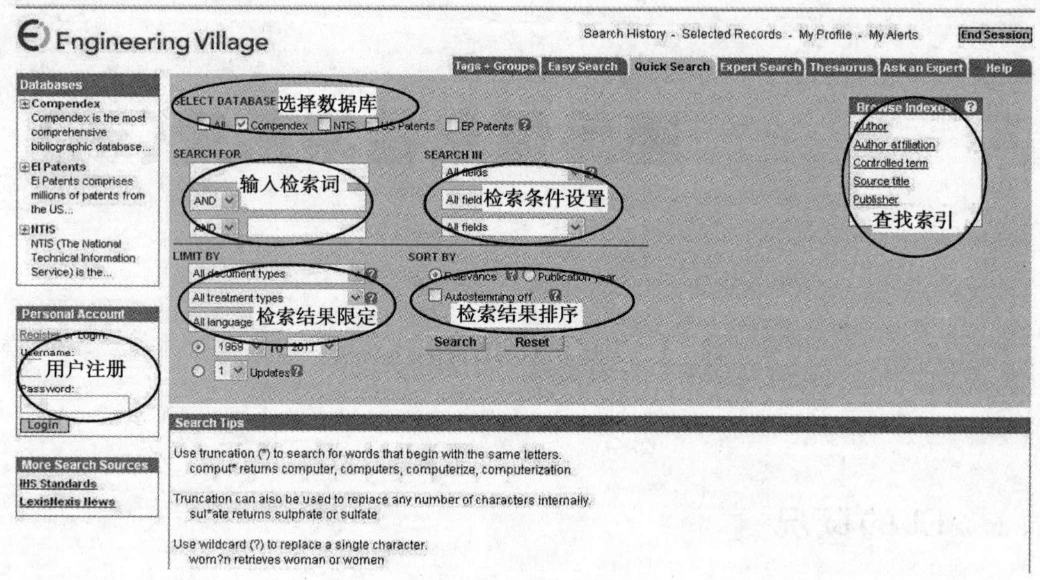

图 4.1 EI 检索界面

(2)检索条件设置

①选择检索字段,在"SEARCH IN"的下拉菜单中可以选择:All Fields(所有字段)、Subject/Title/Abstract(主题词/标题/摘要)、Abstract(摘要)、Author(作者)、Author affiliation(作者单位)、Publisher(出版者)、Serial title(刊名)、Title(标题)、EI Controlled Term(EI 受控词)等常用字段。

②输入检索词或短语,在"SEARCH FOR"输入框中输入与检索字段相应的检索词或短语。输入时要注意以下几点:

- EI Compendex 数据库有 5 种索引,见图 4.1 右侧 Browse Indexes(浏览索引),可帮助用户选择适宜的检索词,系统会自动填入选中的检索词。
- 截词:星号(*)为右截词符。可检索与截词符的前端一致,后缀不同的所有词。例如:输入 comput* 得到 computer, computerized, computation, computational, computability 等。
- 通过作者(Author)检索文献时,EI 文献的作者著录格式一般是姓在前,名在后,姓与名之间用空格或逗号隔开。作者姓名根据来源文献著录,如来源文献作者名是全称,则 EI 著录全称,如来源文献作者名使用缩写,则 EI 著录时作者名也用缩写。因不同的来源文献,作者姓名的写法不同,对同一作者,EI 在著录时没有给出统一格式,所以用户检索时,要尽可能考虑到作者姓名的各种不同格式。推荐使用浏览索引(Browse Indexes)中的作者(Author)索引,也可用截词符(＊)来扩大检索范围。

• 在 Quick Search 中,系统将自动取所输入词的词根(在作者栏的检索词除外),除非用户点击关闭"Autostemming off"(自动取词根),禁用此功能。此功能将检索以输入词的词根为基础的所有派生词。如输入 management,结果为 managing,managed,manager,manage,managers,management 等。

• 精确短语检索:如果输入的短语不带括号或引号,系统默认将检索结果按相关度排序。但如果需要做精确匹配检索,就应使用括号或引号。如果检索的短语中包含连接词(and, or, not, near),则需将此短语放入括号或引号中。

③选择逻辑关系:检索界面中有三个检索框,允许用户将输入不同检索框中的词用布尔运算符 AND,OR 和 NOT 连接起来,进行组合逻辑检索。如果三个文本框中均有输入,Quick Search 总是先组合检索前两个文本框中的词,然后再检索第三个文本框中的词。

(3)结果限定设置(Limit By)

EI 检索可对检索结果限定文献类型和处理类型。

①文献类型。文献类型(Document type)指所检索到的文献来源出版物的类型。可限定的文件类型有:

• All document types (default):全部(默认选项);
• Journal article:期刊论文;
• Conference article:会议论文;
• Conference proceeding:会议论文集;
• Monograph chapter:专题论文;
• Monograph review:专题综述;
• Report chapter:专题报告;
• Report review:综述报告;
• Dissertation 学位论文;
• Unpublished paper:未出版文献。

②处理类型。处理类型(Treatment Type)指文献的研究方法及所探讨主题的类型。可限定的处理类型有:

• All treatment types:全部;
• Applications:应用;
• Biographical:传记;
• Economic:经济;
• Experimental:实验;
• General Review:一般性综述;
• Historical:历史;
• Literature Review:文献综述;
• Management Aspects:管理方面;
• Numerical:数值;
• Theoretical:理论。

③语种(Language)。用户可在下拉式菜单中对文献的语种做如下限定:All languages,

English, Chinese, French, German, Italian, Japanese, Russian 和 Spanish。

④限定时间范围。时间范围有两个选项:一是按日期限定(Limit by Date),读者可以设定文献的年限范围;二是按最近某次更新(Updates),检索范围限定在最近1~4次所更新的内容中。

(4)检索结果排序(SORT BY)

EI Compendex 的检索结果可以按相关性(Relevance)或按出版时间进行排序。默认的排序为相关性排序。

(5)浏览索引(Browse indexes)

EI Compendex 数据库有 Author, Author Affiliation, Serial Title, Publisher, EI Controlled Term 的索引,见主页面右侧。点击所想用的索引,进入索引页面,用户选择所要检索词语的第一个字母,或者在"SEARCH FOR 栏中输入词语的前几个字母,然后点击"Find"按钮,就可浏览。当用户选择了索引中的某词后,它将自动被粘贴到第一个可用的检索框中,"SEARCH IN"栏也将切换到相应的字段。

注意:Controlled term,即受控词,它是 EI 的工作人员在对所收录的文章进行主题分类后给出的规范词,利用 Browse indexes 可以找到对应的规范词。

(6)用户注册(Personal Account)

用户注册了个人账户后,就可保存检索记录和检索式,以及接收电子邮件专题服务了。E-mail专题服务就是当数据库更新时,新增的符合保存检索条件的记录将通过 E-mail 自动发给用户。

2)专家检索

专家检索适合于专业人士。点击快速检索界面左上角的"Expert Search",进入专家检索界面,如图4.2所示。

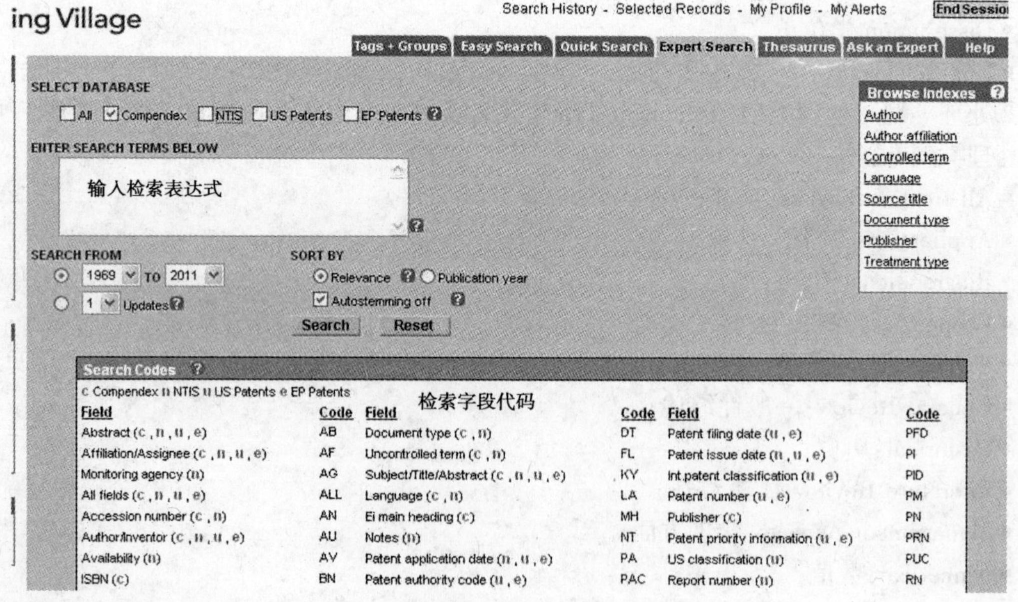

Field	Code	Field	Code	Field	Code
Abstract (c, n, u, e)	AB	Document type (c, n)	DT	Patent filing date (u, e)	PFD
Affiliation/Assignee (c, n, u, e)	AF	Uncontrolled term (c, n)	FL	Patent issue date (n, u, e)	PI
Monitoring agency (n)	AG	Subject/Title/Abstract (c, n, u, e)	KY	Int.patent classification (u, e)	PID
All fields (c, n, u, e)	ALL	Language (c, n)	LA	Patent number (u, e)	PM
Accession number (c, n)	AN	Ei main heading (c)	MH	Publisher (c)	PN
Author/Inventor (c, n, u, e)	AU	Notes (n)	NT	Patent priority information (u, e)	PRN
Availability (n)	AV	Patent application date (n, u, e)	PA	US classification (u)	PUC
ISBN (c)	BN	Patent authority code (u, e)	PAC	Report number (n)	RN

图4.2 EI专家检索界面

专家检索的步骤如下：

①输入检索表达式(ENTER SEARCH TERMS BELOW)　专业的检索用户通过专家检索方式可快速而准确地查询所需的信息。专家检索要求用户在一个检索框内输入使用检索表达式，检索表达式需要合理使用检索字段和检索运算符，如：(seatbelt * OR (seat belt *)) wn TI，其中 wn 为命令，表示在特定的字段中检索，TI 是 Title 的字段代码。各字段的代码可参见检索框下面的“Search Codes”栏。

②限定结果范围(SEARCH FROM)。

③结果排序设定(SORT BY)。

3)检索结果输出

(1)检索结果的显示

检索结果以题录的格式列出，如要浏览摘要或详细记录格式，点击每条题录下边的文摘(Abstract)或详细记录(Detailed Record)超级链接，界面上方还提供该检索策略的命中数、检索式及年代范围，如图 4.3 所示。

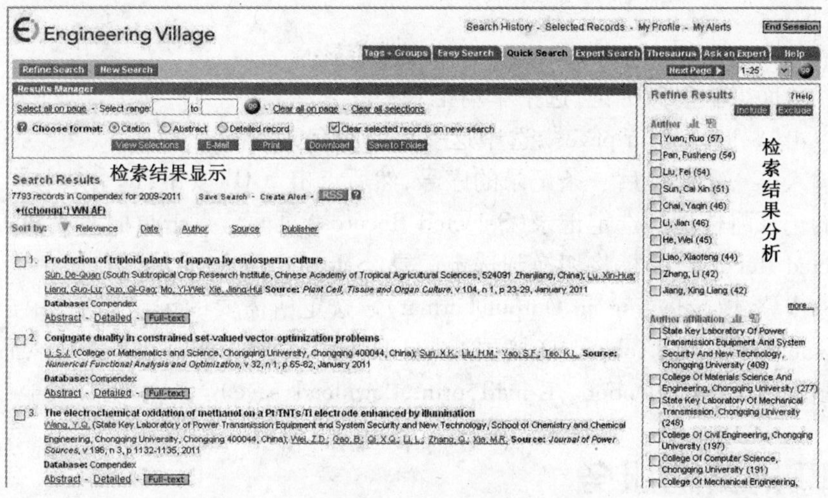

图 4.3　检索结果

当某条记录以摘要或详细内容的格式显示时，EI 的控制词及作者姓名均为超级链接形式，点击超级链接，系统将检索出数据库中含有该控制词或作者姓名的所有记录，如图 4.4 所示。

(2)检索结果的分析(Refine Results)

图 4.3 在检索结果页面的右栏“Refine Results”，系统把检索结果按字段进行了分析统计，并显示统计结果的前 10 项。提供分析统计的字段有作者(Author)、作者单位(Author Affiliation)、受控词(Controlled Vocabulary)、主题分类(Classification Code)、国家(Country)、文献类型(Document Type)、语言(Language)、出版商(Publisher)。通过该功能，用户可了解有哪些科研人员、哪些科研单位、哪些国家在从事相关专题的研究，相关的研究课题属于哪些学科分类等。选择统计项目，点击上方的“Include”按钮，可筛选并显示该统计项的检索结果，如点击“Exclude”按钮，则在检索结果中剔除属于统计项的记录。

(3)检索结果处理

①选择记录(Selecting Records)。可以选择全部记录。如果想选择某些记录，可以采取下

列三种方法之一：

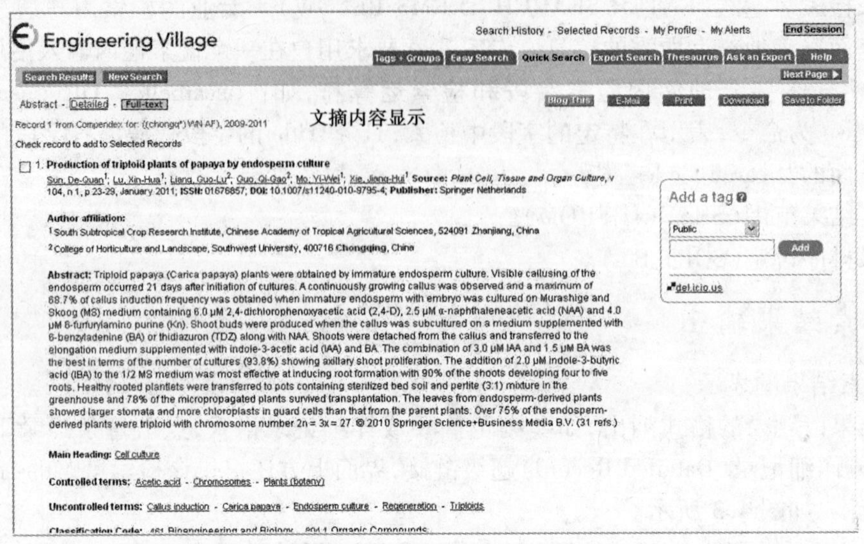

图 4.4　文摘内容显示

- 可以在前面方框内做标记，选中单篇记录；
- 可以点击"Select all on page"，选中这一页的所有文献记录；
- 可以输入第一条和最后一条记录的序号，然后点击"GO"按钮，选中某一段文献记录。

所选择的记录将传送到选定记录(Selected Records)页面。点击页面右上角工具条上的选定记录(Selected Records)图标将切换到选定记录(Selected Records)页面。

②选择输出格式(Selecting an Output Format)。选定所需要的记录以后，用户需要选择要浏览的格式(citation(引文)，abstract(摘要)或 detailed records(详细格式))，然后就可选择选定内容的输出方式(view selections，E-mail，print，download，save)。

4.1.3　EI 的其他服务

Engineering Village 2 系统将个性化服务、主动服务与文献检索相结合，不仅提供定期定题通告服务(通过 E-mail 提醒)，还可以完全按自己的要求设计个人的联机检索文档，设计进入个性化服务界面自动完成的检索等。用户注册了其个人账户后，就可使用上述服务，保存记录和检索，以及接收设置。

(1)账户注册(Personal Account)　位置在主页面左侧(Personal Account)，注册时用户需要填写 E-mail 地址以及确认一个 6～16 位的密码。

(2)账户登录(Account Login)　当用户试图保存检索和记录或设置 E-mail 提醒时，系统将提示用户登录到其个人账户，输入用户注册的 E-mail 地址和密码。如果用户忘记了密码，将用户的 E-mail 地址发给系统管理员，系统管理员就会将密码发送给用户。如果用户还未注册，点击主页面的个人账户注册链接界面即可。

(3)保存检索(Saved Searches)　用户创建个人账户后，可以使用主页面上方的个性化按钮功能，如图 4.5 所示。

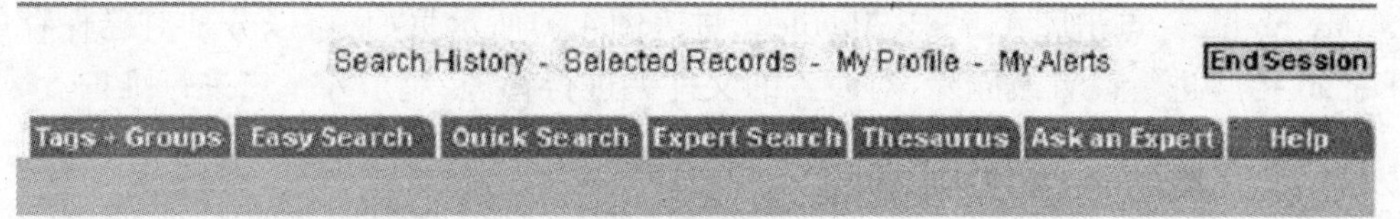

图4.5 检索界面的个性化设置

(4)显示检索历史(Search History) 检索历史可显示本次登录后所执行的所有检索,如图4.6所示。可保存检索策略,以便下次登录后重新执行同样的检索,或设置E-mail定题提醒。

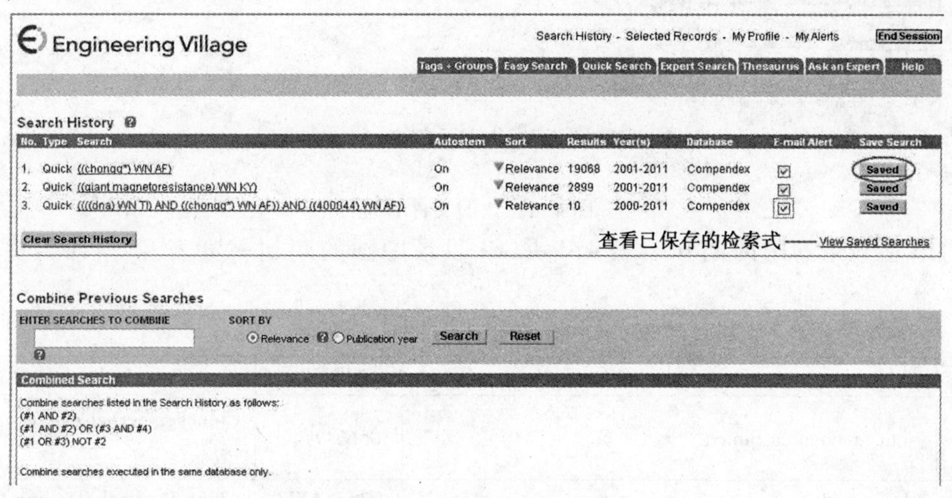

图4.6 显示检索历史

(5)浏览已保存的检索式 点击图4.6"View Saved Searches"按钮,用户所保存的检索式按保存时间的先后顺序排列,可保存多达25个检索式,如图4.7所示。在此,用户可点击"Remove"按钮删除某个已保存的检索式,也可点击"Clear All" 按钮删除全部保存的检索结果。点击任何已保存的检索式可运行此检索。

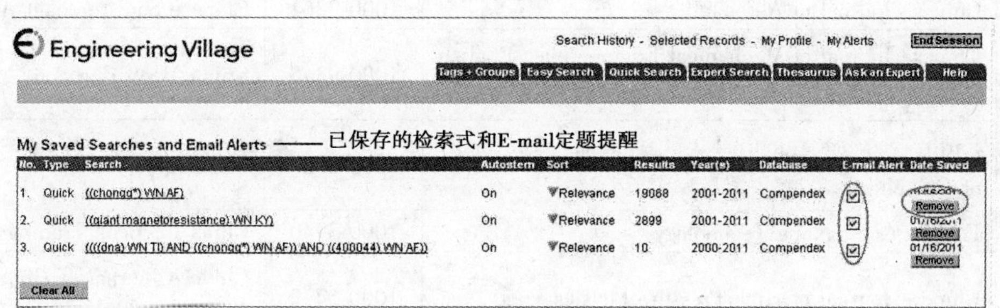

图4.7 显示已保存的检索式

(6)浏览已保存的检索记录 点击图4.5上方的"Selected Records",可显示本次登录后所选择的检索记录,用户可点击"Remove"按钮删除某个已保存的检索结果。

(7)E-mail提醒(E-mail Alerts) 即系统根据用户的设置的检索策略和检索频率定期检索数据库中更新的数据,如有新结果,即通过E-mail发送到用户的信箱。要创建E-mail提醒,需先在主页面(图4.5)点击导航工具条的检索历史(Search History),然后点击图4.6中的"E-mail Alert"下面的方框,旁边的保存(Save)按钮将自动变为已保存(Saved)。

(8)My profile　点击图 4.5“My Profile”,进入图 4.8 所示页面,可以分别对已保存的检索策略、E-mail 提醒进行设置或删除,对设置的文件夹进行管理,对个人账户进行维护。

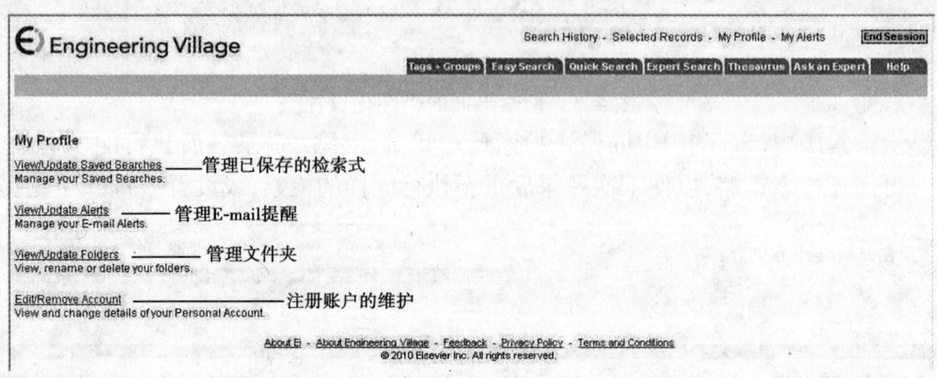

图 4.8　我的文件管理

(9)EI 所收录的国内期刊　表 4.1 是 EI 收录中国的期刊一览表,供科研人员投稿时参考。

表 4.1　EI 收录中国的期刊一览表

Number	Publication Title	ISSN	Publisher
1	Acta Mechanica Sinica	0567-7718	Chinese Journal of Mechanics Press
2	Chinese Journal of Semiconductors	0253-4177	China Int Book Trading Corp
3	Acta Armamentarii	1000-1093	China Ordnance Soc
4	China Synthetic Rubber Industry	1000-1255	China Synth Rubber Ind
5	Chinese Journal of Materials Research	1005-3093	Chinese J Mater Res
6	China Ocean Engineering	0890-5487	China Ocean Eng Soc
7	China Welding (English Edition)	1004-5341	China Welding
8	Chinese Journal of Aeronautics	1000-9361	Chinese Soc Aeronaut Astronaut
9	Chinese Journal of Mechanical Engineering (English Edition)	1000-9345	China Mech Eng Soc
10	Earth Science Journal of China University of Geoscinces	1000-2383	China Univ Geosci
11	Forging & Stamping Technology	1000-3940	China Int Book Trading Corp
12	Chinese Journal of High Pressure Physics	1000-5773	Chinese Journal of High Pressure Physics
13	Spectroscopy and Spectral Analysis	1000-0593	China Int Book Trading Corp
14	Opto-Electronic Engineering	1003-501X	Chinese Academy of Sciences
15	Acta Optica Sinica	0253-2239	Chinese Optical Soc
16	Nuclear Techniques	0253-3219	China Int Book Trading Corp
17	Journal of Infrared and Millimeter Waves	1001-9014	Chinese Opt Soc
18	Natural Sciences Journal of Hunan Normal University	1000-2537	China Int Book Trading Corp
19	Laser and Infrared	1001-5078	China Int Book Trading Corp

续表

Number	Publication Title	ISSN	Publisher
20	Transactions of Metal Heat Treatment	0254-587X	Chinese Mech Eng Soc
21	Heat Treatment of Metals	0254-6051	China Int Book Trading Corp
22	Acta Metallurgica Sinica	0412-1961	China Acad Sci
23	Chinese Journal of Mechanical Engineering	0577-6686	China Mech Eng Soc
24	Journal of China Textile University, English Edition	1000-1484	China Textile Univ
25	Journal of Hydrodynamics	1001-6058	China Ocean Press
26	Journal of Materials Science and Technology	1005-0302	Chinese Soc of Metals
27	Journal of Rare Earths	1002-0721	Chinese Rare Earth Soc
28	Journal of the Chinese Institute of Chemical Engineers	0368-1653	Chinese Inst of Chemical Engineers
29	Journal of the Chinese Institute of Electrical Engineering, Transactions of the Chinese Institute of Engineers, Series E	1023-4462	Chinese Institute of Electrical Engineering
30	Journal of the Chinese Institute of Engineers, Transactions of the Chinese Institute of Engineers, Series A	0253-3839	Chinese Inst of Engineers
31	Journal of the Chinese Society of Mechanical Engineers, Transactions of the Chinese Institute of Engineers, Series C	0257-9731	Chinese Soc of Mechanical Engineers
32	Mining & Metallurgy	1005-7854	China Soc Eng Blasting
33	Iron and Steel (Peking)	0449-749X	Chinese Soc of Metals
34	Journal of the Chinese Institute of Industrial Engineers	1017-0669	Chinese InstInd Eng
35	Journal of China Coal Society	0253-9993	China Coal Soc
36	Acta Metrologica Sinica	1000-1158	Chinese Soc Meas
37	Chinese Internal Combustion Engine Engineering	1000-0925	Chinese Socfor Internal Combustion Engines
38	Transactions of CSICE (Chinese Society for Internal Combustion Engines)	1000-0909	Chinese Socfor Internal Combustion Engines
39	Transactions of the Chinese Society of Agricultural Engineering	1002-6819	Chinese Soc Agric Eng
40	Transactions of the Chinese Society of Agricultural Machinery	1000-1298	Chinese Society of Agricultural Machinery
41	Journal of Harbin University of Civil Engineering and Architecture	1006-6780	China Educ PublImport Export Corp
42	Journal of Software	1000-9825	Chinese Acad Sci
43	Acta Acustica	0371-0025	China Int Book Trading Corp

续表

Number	Publication Title	ISSN	Publisher
44	Acta Petrolei Sinica (Petroleum Processing Section)	1001-8719	China Int Book Trading Corp
45	Advances in Water Science	1001-6791	China Water Power Press
46	Acta Energiae Solaris Sinica	0254-0096	China Int Book Trading Corp
47	Acta Electronica Sinica	0372-2112	Chinese Institute of Electronics
48	Acta Physica Sinica	1000-3290	China Int Book Trading Corp
49	Systems Engineering & Electronics	1001-506X	Chinese Institute of Electronics
50	Applied Laser Technology	1000-372X	China Int Book Trading Corp
51	Proceedings of the Chinese Society of Electrical Engineering	0258-8013	Chinese Soc of Electrical Engineering
52	Chinese Journal of Lasers	0258-7025	China Int Book Trading Corp
53	China Mechanical Engineering	1004-132X	China Mech Eng Mag Off
54	Journal of China University of Mining & Technology	1000-1964	China University of Mining and Technology
55	Chinese Journal of Biomedical Engineering	0258-8021	Chinese Soc of Biomedical Engineering
56	Foundry	1001-4977	Chinese Mech Eng Soc
57	Geological Science and Technology Information	1000-7849	China Univ Geosci
58	Journal of Ship Mechanics	1007-7294	China Ship Sci Res Center
59	Chinese Pharmaceutical Journal	1001-2494	China Pharm J
60	Journal of Vibration and Shock	1000-3835	China Natl Publ Ind Trading Corp
61	HV & AC	1002-8501	China Int Book Trading Corp
62	Journal of Computational Structural Mechanics and Applications	1000-3401	China Int Book Trading Corp
63	Journal of the Chinese Ceramic Society	0454-5648	Chinese Ceramic Society
64	Journal of Fuel Chemistry and Technology	0253-2409	China Int Book Trading Corp
65	Chinese Journal of Geotechnical Engineering	1000-4548	Chinese Soc Civil Eng
66	Journal of Building Structures	1000-6869	China Int Book Trading Corp
67	Journal of Tongji University	0253-374X	China Int Book Trading Corp
68	Journal of Astronautics	1000-1328	China Spaceflight Soc
69	Water Power	0559-9342	China Int Book Trading Corp
70	Journal of Fuxin Mining Institute (Natural Science Edition)	1000-1662	China Int Book Trading Corp
71	Manufacturing Technology & Machine Tool	1005-2402	China Int Book Trading Corp
72	Journal of Southwest Jiaotong University	0258-2724	China Int Book Trading Corp

续表

Number	Publication Title	ISSN	Publisher
73	Journal of Nuclear and Radiochemistry	0253-9950	China Int Book Trading Corp
74	Journal of Daqing Petroleum Institute	1000-1891	China Int Book Trading Corp
75	Journal of Southwestern Petroleum Institute	1000-2634	China Int Book Trading Corp
76	Acta Petrolei Sinica	0253-2697	China Int Book Trading Corp
77	Oil Geophysical Prospecting	1000-7210	China Int Book Trading Corp
78	Petroleum Engineering Construction	1001-2206	China Natl Pet Corp
79	Robot	1002-0446	Chinese Acad Sci Shenyang
80	Journal of Xidian University	1001-2400	China Int Book Trading Corp
81	Transactions of China Electrotechnical Society	1000-6753	China Machine Press
82	Semiconductor Optoelectronics	1001-5868	China Natl Publ Ind Trading Corp
83	Journal of Wuhan Iron and Steel University	1001-4985	China Educ Book Import Export-Corp
84	Coal Geology & Exploration	1001-1986	China Int Book Trading Corp
85	Large Electric Machine and Hydraulic Turbine	1000-3983	China Int Book Trading Corp
86	Electric Power	1004-9649	China Int Book Trading Corp
87	Paint & Coatings Industry	0253-4312	China Int Book Trading Corp
88	Special Steel	1003-8620	China Int Book Trading Corp
89	Special Structures	1001-3598	China Int Book Trading Corp
90	Geotechnical Investigation and Surveying	1000-1433	China Natl Publ Ind Trading Corp
91	New Building Materials	1001-702X	China Int Book Trading Corp
92	Harbour Engineering	1003-3688	China Int Book Trading Corp
93	Foundry Technology	1000-8365	China Int Book Trading Corp
94	Hot Working Technology	1001-3814	China Int Book Trading Corp
95	Heavy Machinery	1001-196X	China Int Book Trading Corp
96	Journal of Shanghai Maritime University	1000-5188	China Int Book Trading Corp
97	Electric Drive for Locomotive	1000-128X	China Int Book Trading corp
98	Journal of Xi' an Highway Transportation University	1000-2774	China Int Book Trading Corp
99	Analytical Instrumentation	1001-232X	China Int Book Trading Corp
100	Petroleum Exploration and Development	1000-0747	China Int Book Trading Corp
101	Metal Mine	1001-1250	China Int Book Trading Corp
102	Chinese Journal of Scientific Instrument	0254-3087	China Int Book Trading Corp
103	Instrument Technique and Sensor	1002-1841	China Int Book Trading Corp
104	Lubrication Engineering	0254-0150	China Int Book Trading Corp
105	Oil Drilling and Production Technology	1000-7393	China Int Book Trading Corp

续表

Number	Publication Title	ISSN	Publisher
106	Bearing	1000-3762	China Int Book Trading Corp
107	Petroleum Processing and Petrochemicals	1005-2399	China Int Book Trading Corp
108	Journal of the China Railway Society	1001-8360	China Int Book Trading Corp
109	Journal of Changsha Railway University	1000-2499	China Int Book Trading Corp
110	Journal of Wuhan Transportation University	1006-2823	China Educ Book Import Export Corp
111	Port & Waterway Engineering	1002-4972	China Int Book Trading Corp
112	High Voltage Engineering	1003-6520	China Int Book Trading Corp
113	Audio Engineering	1002-8684	China Int Book Trading Corp
114	High Energy Physics and Nuclear Physics	0254-3052	China Int Book Trading Corp
115	Water Treatment	0921-2639	China Ocean Press
116	Acta Photonica Sinica	1004-4213	Chinese Optical Soc
117	Journal of Chongqing Jianzhu University	1006-7329	China Int Publ Trading Corp
118	Journal of Xi'an University of Architecture & Technology	1006-7930	China Int Book Trading Corp
119	Chinese Journal of Radio Science	1005-0388	China Res Inst of Radiowave Propagation
120	Acta Metallurgica Sinica (English Letters)	1006-7191	China Acad Sci
121	Vacuum Scienceand Technology	0253-9748	China Int Book Trading Corp
122	Journal of Control Systems and Technology	1002-2812	China Autom Control Soc
123	Chinese Journal of Electronics	1022-4653	Chinese Institute of Electronics
124	Proceedings of the International Conference on Energy and Environment, ICEE		China Machine Press

4.2 ISI Web of Knowledge

4.2.1 Web of Knowledge 概述

ISI Web of Knowledge[SM]是 Thomson Reuters 公司的一个基于 Web 而构建的整合的数字研究环境，如图 4.9 所示。它通过强大的检索技术和基于内容的连接能力，将高质量的信息资源、独特的信息分析工具和专业的信息管理软件无缝地整合在一起，兼具知识的检索、提取、分析、评价、管理与发表等多项功能，从而大大扩展和加深了信息检索的广度与深度，加速科学发现与创新的进程。

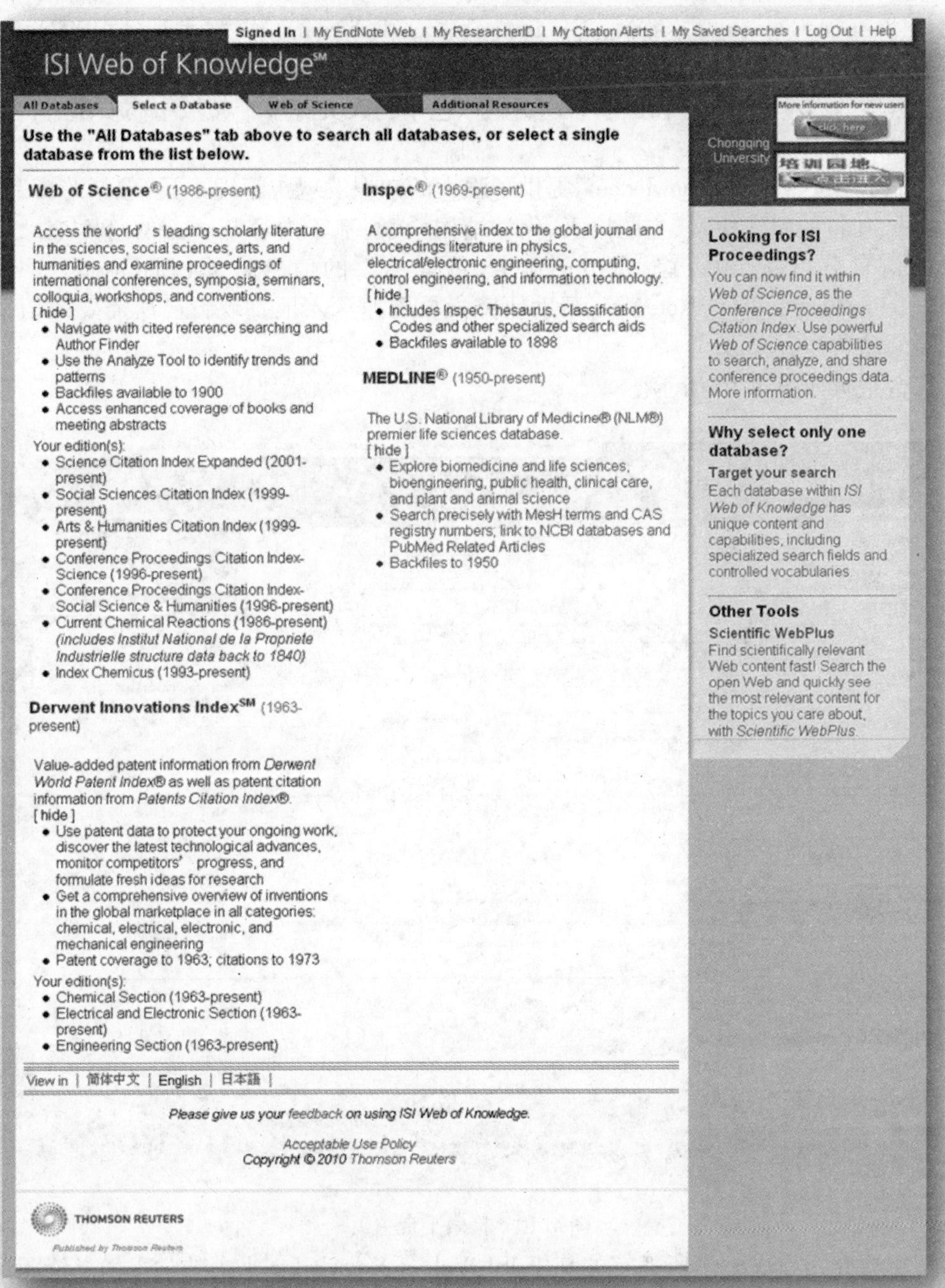

图 4.9 ISI Web of Knowledge 主页

在内容上，ISI Web of Knowledge℠ 以 Web of Science®（ISI 著名的三大引文索引 Science Citation Index Expanded®, Social Sciences Citation Index®, Arts & Humanities Citation Index®）为核心，凭借独特的引文检索机制和强大的交叉检索功能，有效地整合了学术期刊（Web of Science®——with Conference Proceedings, Current Contents Connect®）、发明专利（Derwent Innovations Index®）、化学反应（Current Chemical Reactions®, IndexChemicus）、学术专著（Current

Contents Connect®)、研究基金(ISI eSearch)、Internet 学术资源(External Collections)、学术分析与评价工具(Journal Citation Reports®, Essential Science Indicators℠)、学术社区(ISIHighly Cited.com)及其他多个重要的学术信息资源(BIOSIS Previews®, INSPEC®, FSTA™, Psyc INFO 等),提供了自然科学、工程技术、生物医学、社会科学、艺术与人文等多个领域中高质量、可信赖的学术信息。

在功能上,ISI Web of Knowledge℠提供了强大的知识发现与管理工具,包括跨库跨平台的CrossSearch、独特的引文检索、主题检索、化学结构检索、基于内容与引文的跨库交叉浏览、检索结果的信息分析、定题跟踪 Alerting 服务、检索结果的信息管理(End Note®, Reference Manager®, ProCite®, Write Note)等,帮助研究人员迅速深入地发现自己所需要的信息,把握研究发展的趋势与方向。

其平台主页如图 4.10 所示。

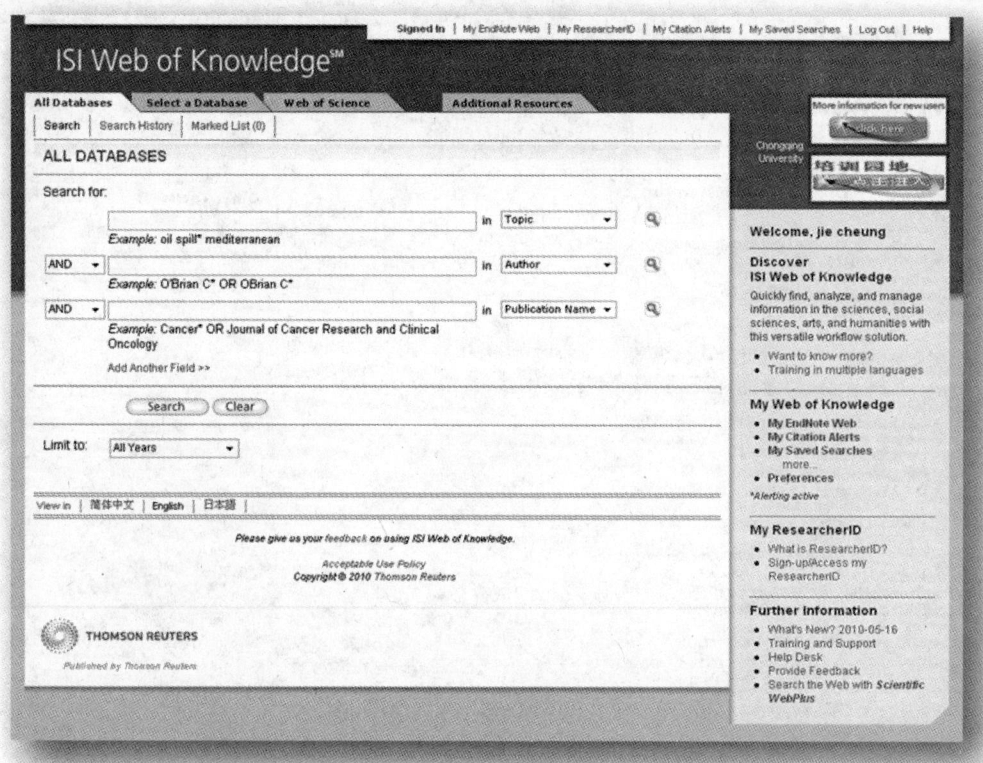

图 4.10 检索平台主页

以下主要介绍重庆大学所拥有的基于 ISI Web of Knowledge 平台的学术信息资源:

(1)Web of Science®——with Conference Proceedings Web of Science®(简称 WOS)是基于 ISI Web of Knowledge (简称 WOK)平台的综合性文摘索引数据库,收录了 10 000 多种世界权威的、高影响力的学术期刊,内容涵盖自然科学、工程技术、生物医学、社会科学、艺术与人文等领域,最早回溯至 1900 年。Web of Science®收录了论文中所引用的参考文献,并按照被引作者、出处和出版年代编成独特的引文索引。该库由 7 个子数据库组成,即 3 个引文数据库(Citation Databases)、2 个会议论文引文子数据库(Conference Proceedings Citation Databases)和 2 个化学数据库(Chemistry Databases)。收录来自各个研究领域的数千种学术期刊及会议录上的文献信息。

(2)Derwent Innovations Index^{SM} Derwent Innovations Index®结合了来自 Derwent World Patents Index®和 Derwent Patents Citation Index®的专利信息资源,支持快速而精确的专利和引文检索,内容涵盖化学、电气、电子和机械工程等领域。借助附加的描述信息和编码以及可追溯到 1963 年的专利收录内容,涵盖了来自世界上 40 个专利授权机构的 1 430 多万项基本发明。使用者能够快速了解某一专利的重要性及其与其他专利的关系。

(3)Inspec® Inspec®是由英国电气工程师协会提供的综合文献索引。它涉及的主要学科领域包括物理学、电子与电气工程、计算机与控制工程以及信息科技方面文献的综合索引。数据库涵盖了 700 多万篇科技论文,为物理学学家、工程师、信息专家、研究人与科学家提供了不可或缺的信息服务。Inspec 每周进行更新,涵盖了来自期刊、书籍、报告以及会议录的数据。

(4)Medline® 由美国国家医学图书馆 NLM®(National Library of Medicine®)出版的医学/生物医学领域的数据库。目前总记录数为 1 300 万条,主要涉及基础、临床、公共卫生、公共卫生政策、生物医学、医学教育等内容,主要来源于全球 4 900 个出版机构 30 种不同语言的期刊文献,也有一小部分来自于新闻、杂志。2004 年新增 571 000 条记录,数据可回溯到 1950 年。

(5)Journal Citation Reports® Journal Citation Reports®是一个独特的多学科期刊评价工具,网络版 JCR 是唯一提供基于引文数据的统计信息的期刊评价资源。通过对参考文献的统计汇编,JCR 可以在期刊层面衡量某项研究的影响力,显示引用和被引期刊之间的相互关系。JCR 可计量的统计数据提供了一种系统客观测定某个主题类目中大量期刊相对重要性的方法。Journal Citation Reports®有自然科学(即 JCR-SCI 版)和社会科学版(JCR-SSCI 版)两个版本。

(6)Essential Science Indicators^{SM} Essential Science Indicators^{SM}是 Thomson Reuters 在汇集和分析 Web of Science®(SCIE/SSCI)所收录的学术文献及其所引用的参考文献的基础上建立起来的分析型数据库。通过 ISI Essential Science Indicators,研究人员可以系统地、有针对性地分析国际科技文献,从而了解一些著名的科学家、研究机构(或大学)、国家(或区域)和学术期刊在某一学科领域的发展和影响;同时科研管理人员也可以利用该资源找到影响决策分析的基础数据。

本节主要介绍 ISI Web of Knowledge 平台中 Web of Science®——with Conference Proceedings 的检索方法。

4.2.2 Web of Science 的检索

1955 年,原美国情报信息研究所(ISI)的尤金·加菲尔德博士在《Science》发表论文,提出将引文索引(Citation Index)作为一种新的文献检索与分类工具。在进行了几次小规模实验性研究后,尤金·加菲尔德博士和他的团队于 1963 年出版了科学引文索引(SCI)。随后,ISI 分别在 1973 年和 1978 年相继出版了社会科学引文索引(SSCI)和艺术与人文引文索引(A & HCI),从而进一步扩大了引文索引法的应用范围。引文索引有效地揭示了科学研究之间的内在联系,协助研究人员深入了解科学研究课题的过去、现在与将来,同时也揭示了各种不同学科、不同研究领域的交叉与互动,从而为科学研究的立项、规划、发展与深入提供了最有价值的信息资源。

通过 Web of Science®,我们可以实现以下目的:找到高影响力的文献和会议录;揭示有关领域的相关结果;洞察最新课题发展趋势,帮助您开展成功的研究并获得科研基金;寻找并确定国际范围内的潜在合作者;将检索、分析、管理、写作、投稿整合在一起,创建简单工作流。

1) Web of Science®——with Conference Proceedings 的概况

Web of Science®涵盖了农业、生物科学、工程学、医学与生命科学、物理与化学科学、人类学、法律、图书馆学、建筑、舞蹈、音乐、电影和戏剧等诸多学科的信息。Web of Science®提供 7 个综合性引文数据库,其检索页面如图 4.11 所示。

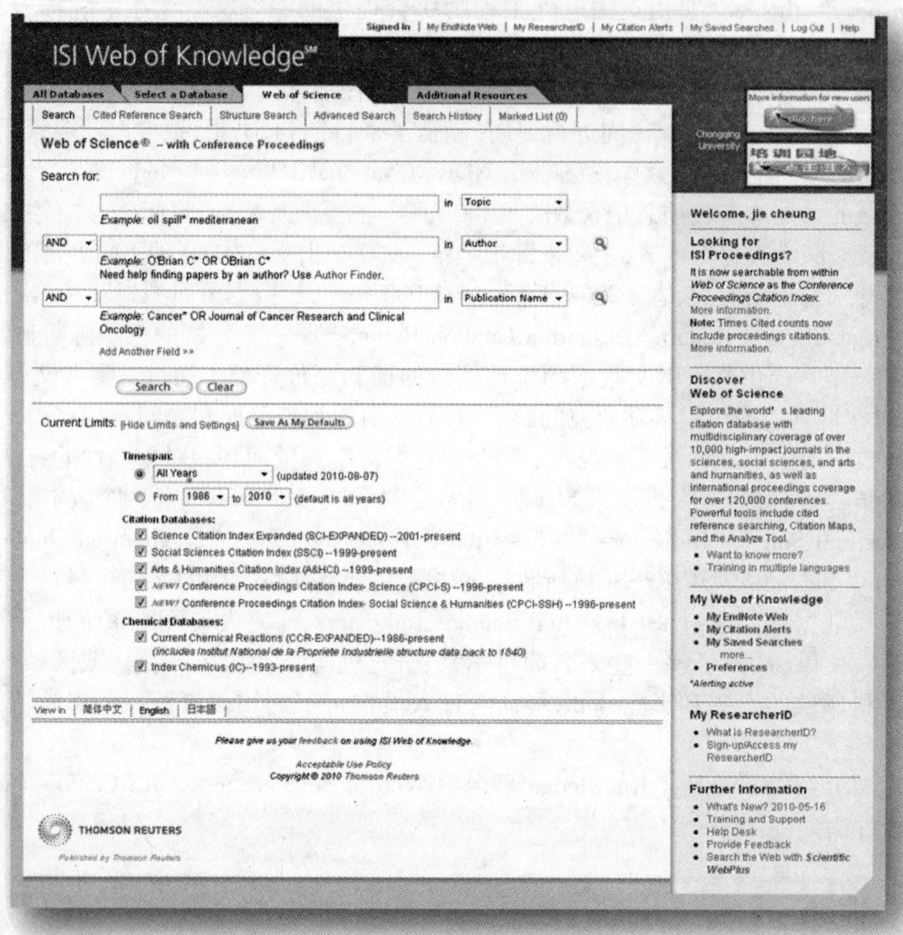

图 4.11 Web of Science 检索界面

(1)3 个期刊引文数据库

该数据库包含文献作者引用的参考文献,我们可以使用这些参考文献进行被引参考文献检索。通过这种类型的检索,可以查找引用以前发表的著作的文献。

①Science Citation Index-Expanded (SCI-Expanded)——2001 年至今。科学引文索引扩展版,涵盖 150 个学科的 7 100 多种期刊,数据最早可回溯至 1900 年。

②Social Sciences Citation Index (SSCI)——1999 年至今。社会科学引文索引,涵盖 50 个社会科学学科的 2 100 多种期刊,以及 3 500 种世界领先的科学和技术期刊,数据最早可回溯至 1956 年。

③Arts & Humanities Citation Index (A & HCI)——1999 年至今。艺术人文引文索引,包括1 200种艺术与人文期刊,以及来自 6 000 多种自然和社会科学期刊的精选内容。

(2)2 个会议录文献引文数据库(原 ISI Proceedings)

该数据库包括多种学科的最重要会议、讨论会、研讨会、学术会、专题学术讨论会和大型会议的出版文献,收录 1990 年以来,来源于图书、期刊、报告、连续出版物及预印本的超过 110 000 个会议录,有自然科学、社会科学 2 个版本,涉及 256 个学科。使用这 2 个数据库,可以在期刊文献尚未记载相关内容之前,即可跟踪特定学科领域内涌现出来的新概念和新研究。

①Conference Proceedings Citation Index-Science(CPCI-S,原 ISTP)——1996 年至今。

② Conference Proceedings Citation Index-Social Science & Humanities (CPCI-SSH, 原 ISSHP)——1996 年至今。

(3)2 个化学数据库

该数据库可以创建化学结构图以查找化合物和化学反应,也可以检索这些数据库来查找化合物和反应数据。

①Current Chemical Reactions(CCR-Expanded)——1986 年至今。该数据库收录 1840 年以来的化学反应的事实性数据,包括超过 100 万种化学反应信息,数据最早可回溯至 1986 年,以及 1840—1985 年间的 Institut National de la Propriete Industrielle 文档信息。

②Index Chemicus(IC)——1993 年至今。该数据库收录了 1993 年以来的化学物质的事实性数据,包括 260 万种化合物,数据最早可回溯至 1993 年。

2)Search(一般检索)

以 2007 年诺贝尔物理学奖获奖课题“巨磁电阻效应(Giant Magneto Resistance)”为例,利用 Web of Science 中强大的检索和分析功能揭示研究课题的发展趋势,启发研究灵感。

在图 4.12 中可以看到,Web of Science 数据库收录的“巨磁电阻效应”方面的文章共有 8 468篇,其中具有最高被引用次数的是法国物理学家 BAIBICH MN 教授于 1988 年发表在《Physical Review Letters》上的文章《Giant Magnetoresistance of (001) Fe/(001) Cr Magnetic Superlattices》,共被引用 4 442 次。

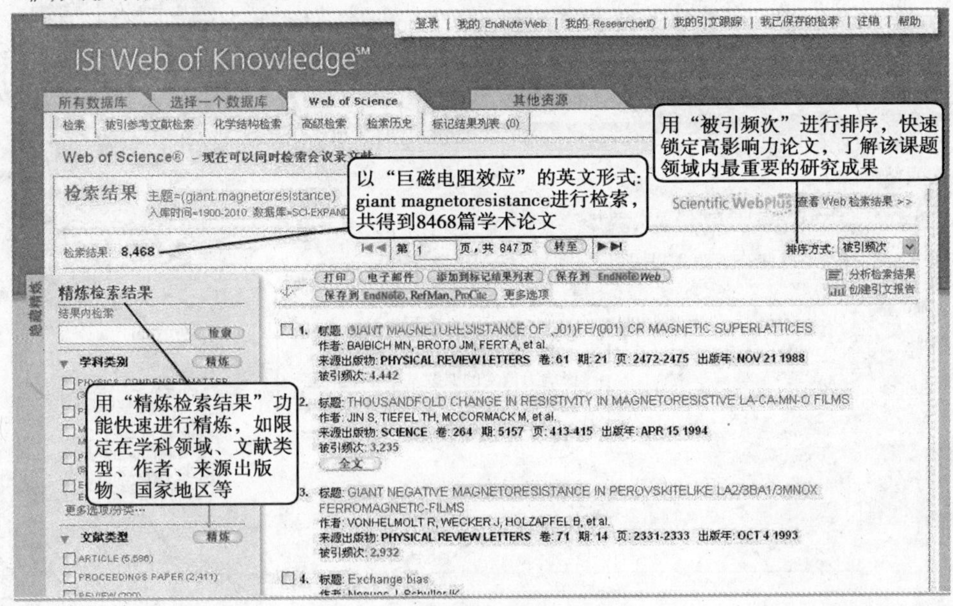

图 4.12　一般检索结果

同时，我们还可以利用 Web of Science 的 Create Citation Report 功能对检索结果进行分析，创建引证报告，帮助我们快速找到该课题的核心文章及研究轨迹，如图 4.13 所示。

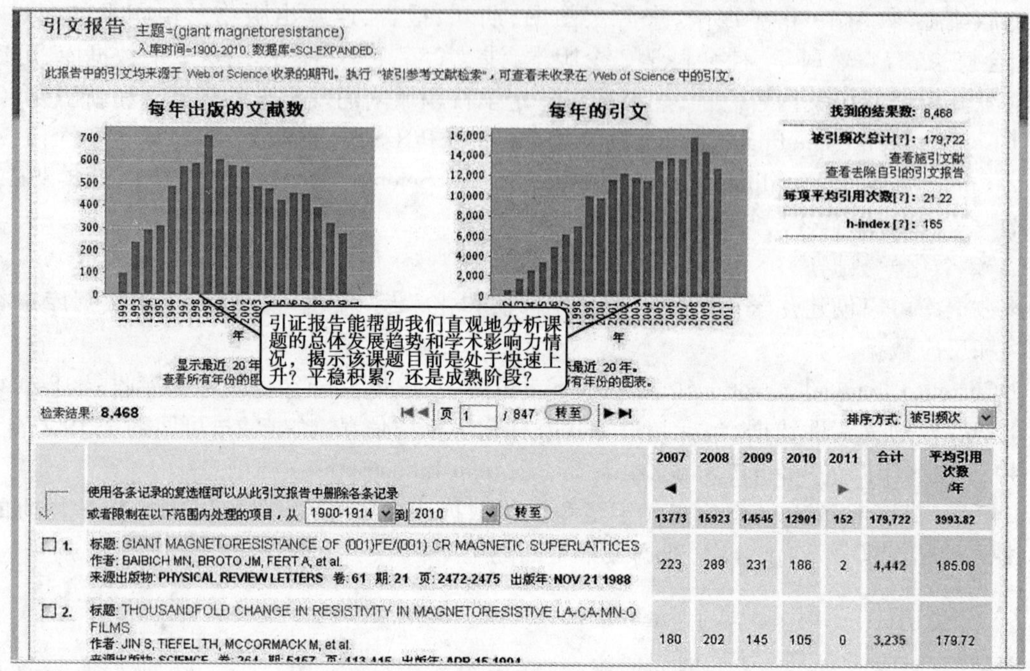

图 4.13　检索结果分析、引证报告

通过一篇文章的 References，Times Cited 和 Related Records，我们可以了解一个课题的过去、现在和将来，如图 4.14 所示。

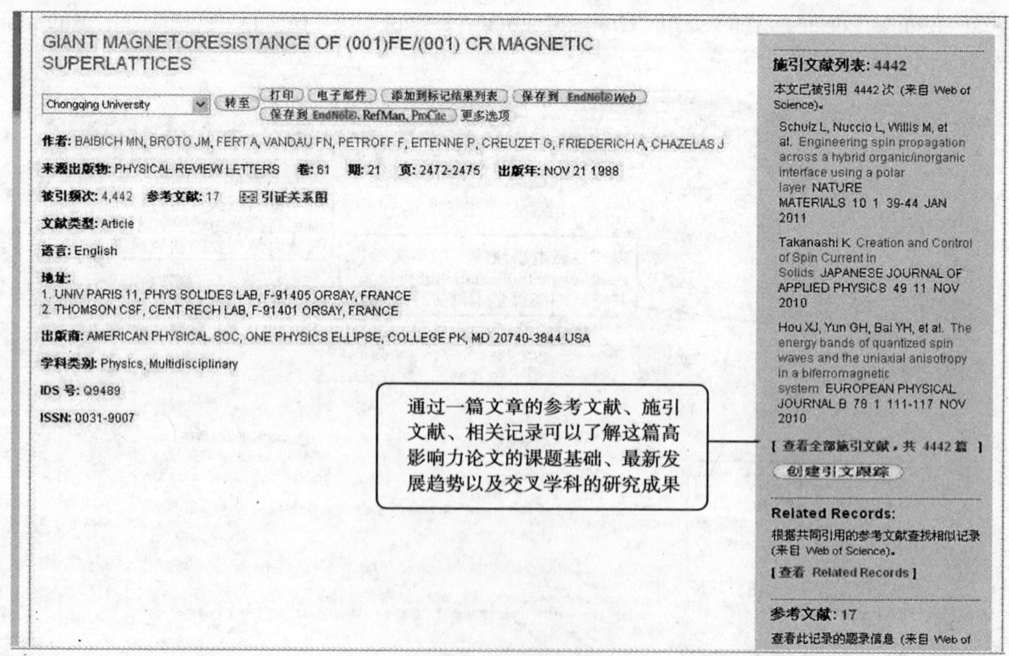

图 4.14　文摘及追踪检索

科学研究是一个在"继承"中"创新"的过程。Citation Map 以其特有的动态图形界面,揭示了科学文献间的相互继承关系,如图 4.15 所示。利用 Citation Map 我们能够快速深入理解课题发展的来龙去脉,洞悉现在,发现未来。

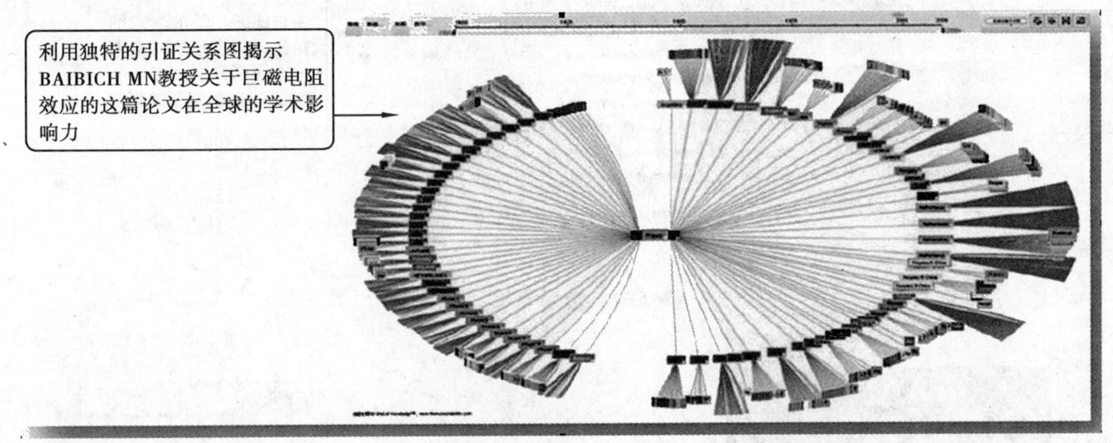

图 4.15　引证关系图

此外,还可以对检索结果进行多角度、可视化的全景分析。利用 Web of Science 的 Analyze Results 功能,将检索到的结果按作者、文献类型、出版年份、会议标题、机构名称、来源出版物、语种、学科类别以及国家/地区对最多 10 万条数据进行分析,归纳总结出相关研究领域的发展趋势。如图 4.16 显示某个特定的课题正被哪些机构研究;图 4.17 显示有哪些相关期刊供投稿等。通过多角度、全方位的深入分析,可以从宏观层面揭示学科/课题的发展趋势和现状。

→ 查看记录 ✕ 排除记录	字段: 机构名称	记录数	%,共 8468	柱状图	将分析数据保存至文件
☐	CHINESE ACAD SCI	360	4.2513 %		
☐	RUSSIAN ACAD SCI	241	2.8460 %		
☐	TOHOKU UNIV	241	2.8460 %		
☐	NANJING UNIV	217	2.5626 %		
☐	POLISH ACAD SCI	212	2.5035 %		
☐	CNRS	199	2.3500 %		
☐	IBM CORP	178	2.1020 %		
☐	INDIAN INST TECHNOL	140	1.6533 %		
☐	UNIV PARIS 11	140	1.6533 %		
☐	MOSCOW MV LOMONOSOV STATE UNIV	138	1.6297 %		
→ 查看记录 ✕ 排除记录	字段: 机构名称	记录数	%,共 8468	柱状图	将分析数据保存至文件

帮助你发现:
· 该领域高立产出的大学太研究机构
· 具有合作潜力的科研机构
· 能够进一步学术深造和任职的机构

图 4.16　检索结果分析 机构排名

3) Cited Reference Search(被引参考文献检索)

通过 Web of Science 独特的 Cited Reference Search,我们可以用一篇文章、一篇会议文献或者一本著作的名字作为检索词,从数百万条引文中查询到某篇科技文献被引用的详细情况,了解引用这些文献的论文所做的研究工作;还可以轻松的回溯某一研究文献的起源与历史,或者追踪其最新的进展,及其对交叉学科和新学科的发展研究的重要参考价值。既可以越查越旧,也可以越查越新,越查越深入,其检索原理如图 4.18 所示。

→ 查看记录 / × 排除记录	字段：来源出版物	记录数	%，共8468	柱状图	将分析数据保存至文件
□	PHYSICAL REVIEW B	1095	12.9310 %		
□	JOURNAL OF APPLIED PHYSICS	1085	12.8129 %		
□	JOURNAL OF MAGNETISM AND MAGNETIC MATERIALS	1019	12.0335 %		
□	APPLIED PHYSICS LETTERS	451	5.3259 %		
□	IEEE TRANSACTIONS ON MAGNETICS	370	4.3694 %		
□	JOURNAL OF PHYSICS-CONDENSED MATTER	289	3.4128 %		
□	PHYSICAL REVIEW LETTERS	183	2.1611 %		
□	SOLID STATE COMMUNICATIONS	167	1.9721 %		
□	JOURNAL OF ALLOYS AND COMPOUNDS	133	1.5706 %		
□	JOURNAL OF PHYSICS D-APPLIED PHYSICS	122	1.4407 %		
→ 查看记录 / × 排除记录	字段：来源出版物	记录数	%，共8468	柱状图	将分析数据保存至文件

为你提供:
·与课题相关的学术期刊列表，供投搞时参考
·连接到Joumal Citatoin Reports查看期刊的影响因子

图 4.17　检索结果分析、期刊排名

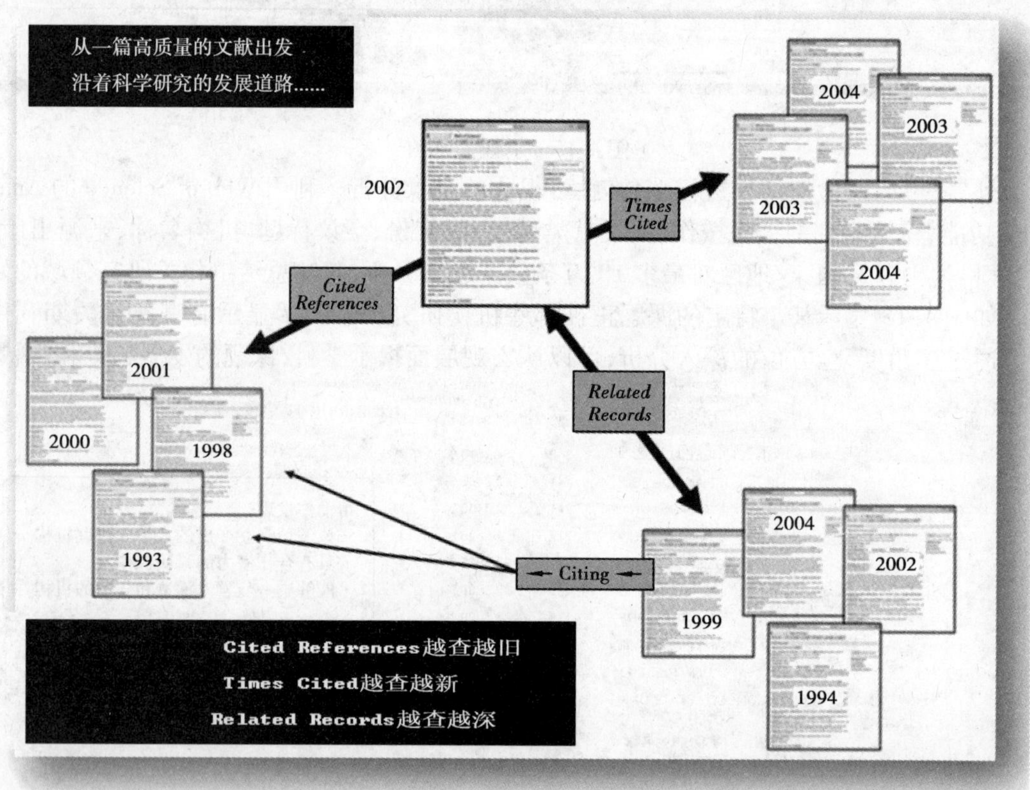

图 4.18　Web of Science 检索原理图

以重庆大学生物工程学院邓林红教授 2006 年发表在《Nature Material》上的论文为例，利用 Web of Science 中强大的引文检索功能对细胞骨架动力学这一课题在邓教授的文章发表之后的研究进展进行检索，如图 4.19 所示。

检索结果如图 4.20 所示。

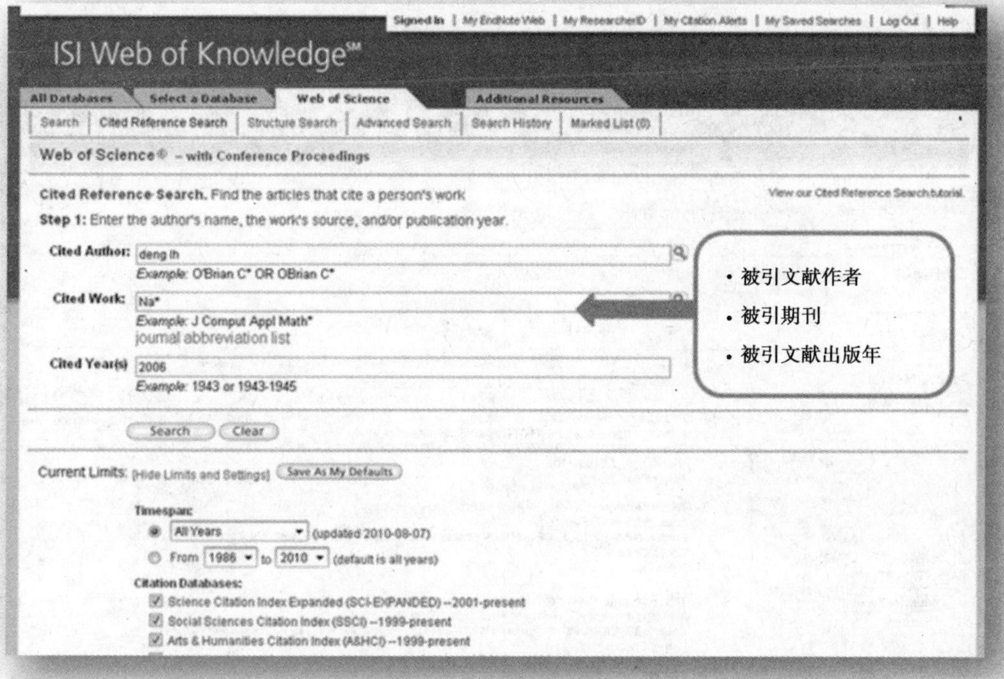

图4.19　被引参考检索界面

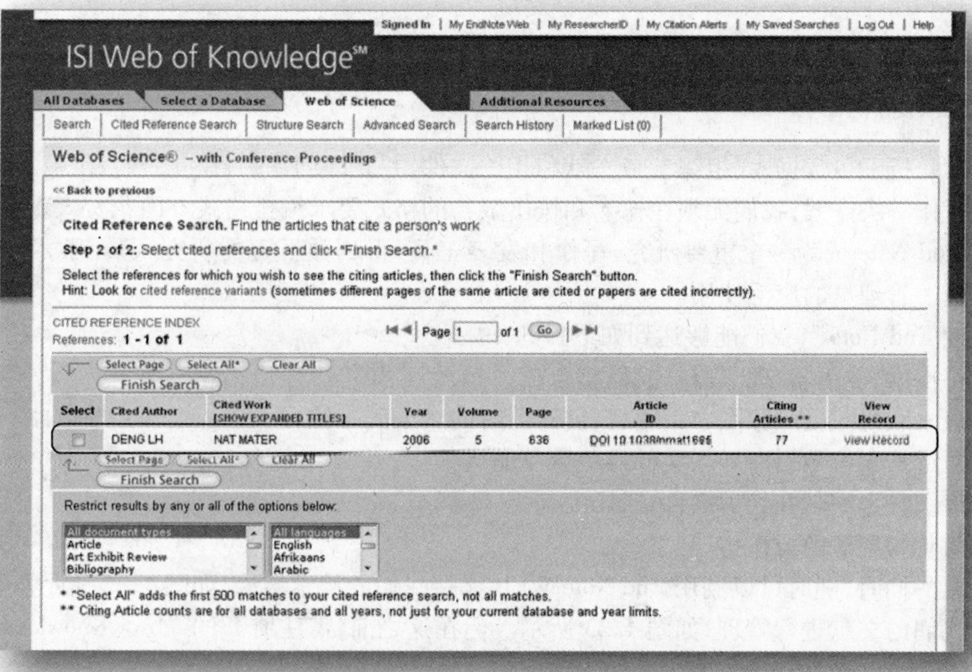

图4.20　被引参考检索结果

课题的最新进展一目了然,如图 4.21 所示。

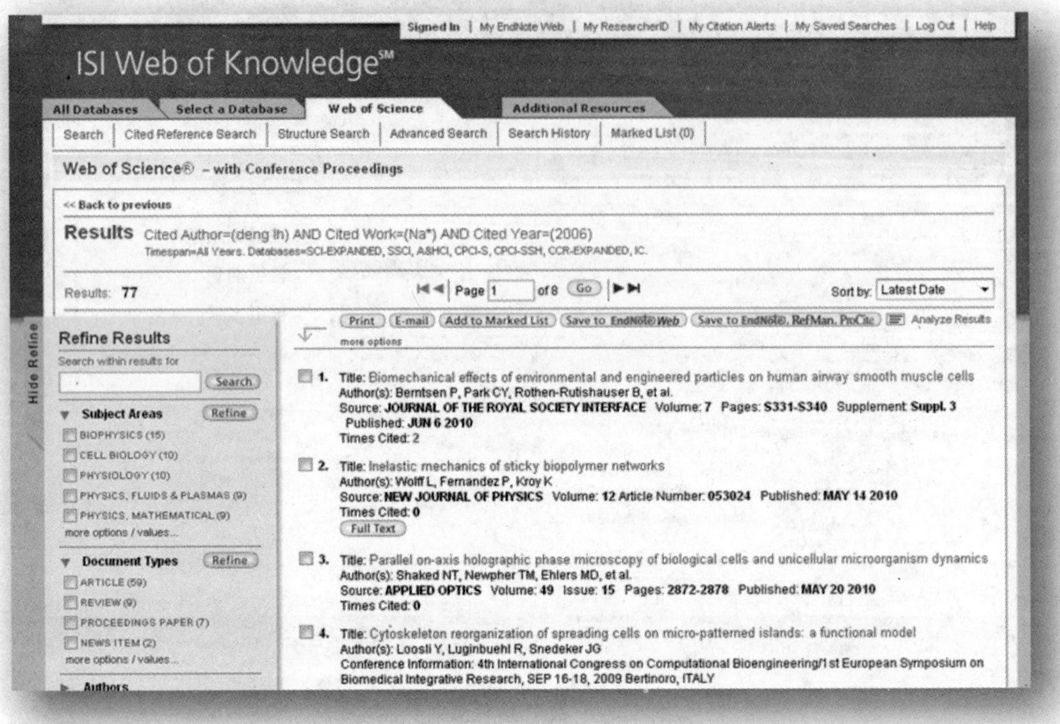

图 4.21 引用文献显示

4)End Note WEB

检索联机书目数据库、组织参考文献和相关文件,并立即创建书目和图表目录。利用这一综合的写作解决方案,我们无须在输入和按出版物的格式要求编排格式方面花费大量的时间,从而使 End Note 成为一个重要研究、写作和发表工具,得到数百万的研究人员、学术作者、学生以及图书管理员的广泛使用。

通过 End Note®,我们能够达到如下目的:

①将检索、分析、管理、写作、投稿整合在一起,创建简单工作流;

②检索联机数据库和图书馆编目,创建即时的个人图书馆;

③通过从联机数据库导入文件避免重复输入工作;

④组织参考文献和相关文件;

⑤简化与同事的合作。

检索的同时,随时可以利用 End Note WEB 保存我们的检索结果,如图 4.22 所示。并用该软件对我们的文献进行管理,如图 4.23 所示。但在这之前,需注册 ISI Web of Knowledge 平台的账号。

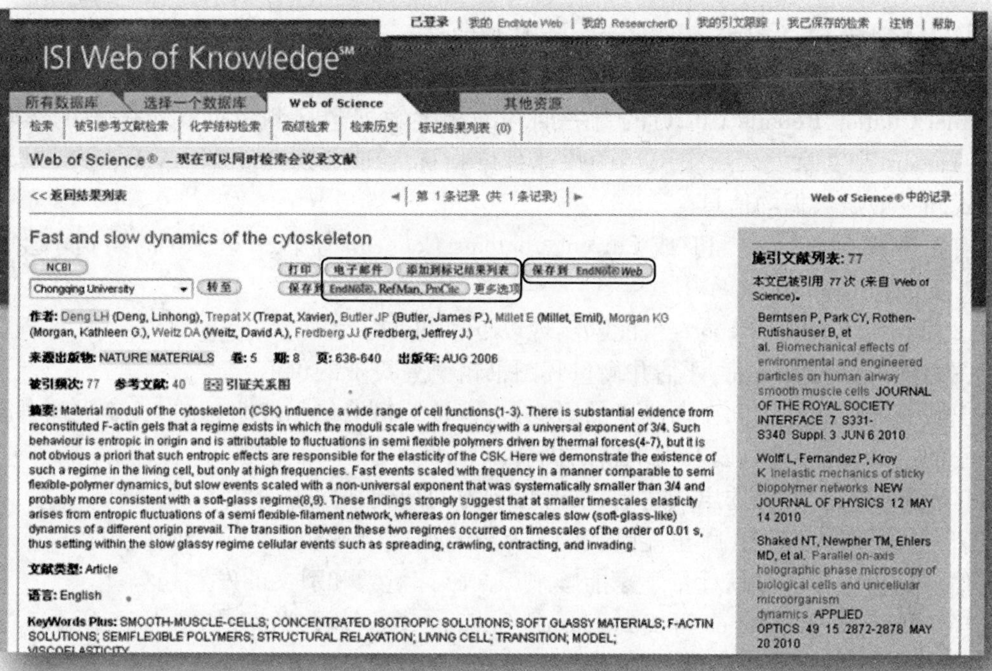

图 4.22 检索结果保存

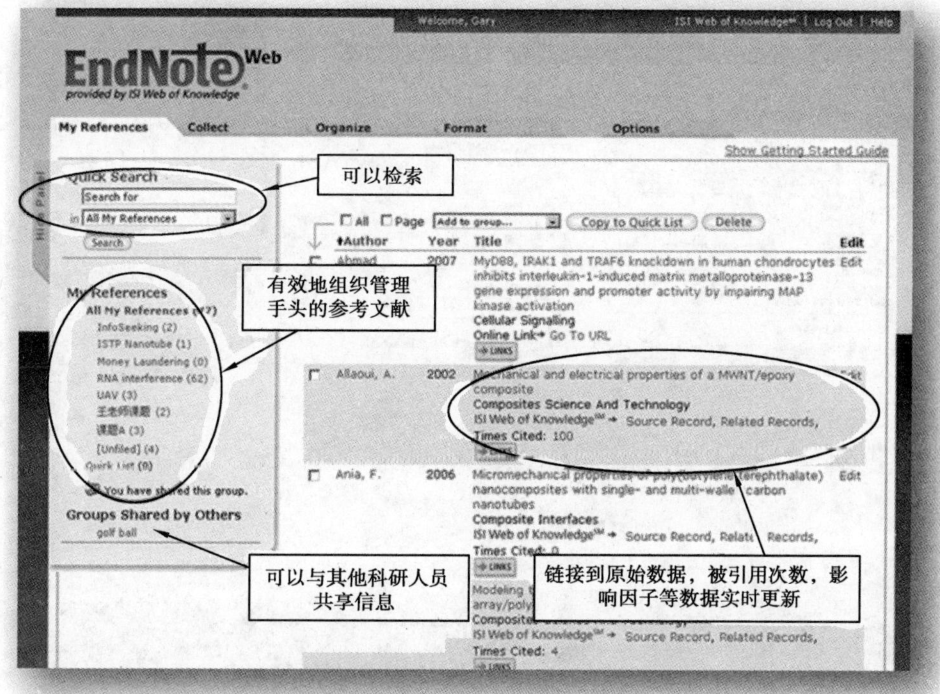

图 4.23 检索结果管理

4.2.3 Journal Citation Report 的检索

Journal Citation Reports (JCR)的每一期刊的相关数据包括测量期刊影响力的影响因子(Impact Factor)和文章发表后被引用的快速程度指标立即指数(Immediacy Index),以及有关引用模式和一般源数据的信息。

只有在 Web of Science®和/或 Current Contents Connect®上标引达 3 年的期刊才会收录到 Journal Citation Reports 数据库中。

通过 Journal Citation Reports®,能够实现以下目的:

①图书管理员能够提高、评估并衡量其图书馆研究投资的价值;

②出版商能够确定期刊在市场上的影响力,审核编辑策略和战略方向,长期跟踪自己以及竞争对手的期刊评价情况,以及发现新的机会;

③作者和编辑能够挑选出最适当、最有影响力的期刊来发表论文;

④研究人员可以发现在哪里能够找到与其各自研究领域相关的最新阅读刊物;

⑤信息分析人员和文献计量学家能够跟踪文献计量学和引文的发展趋势。

选择 Additional Resources 可找到 Journal Citation Reports 数据库,如图 4.24 所示。

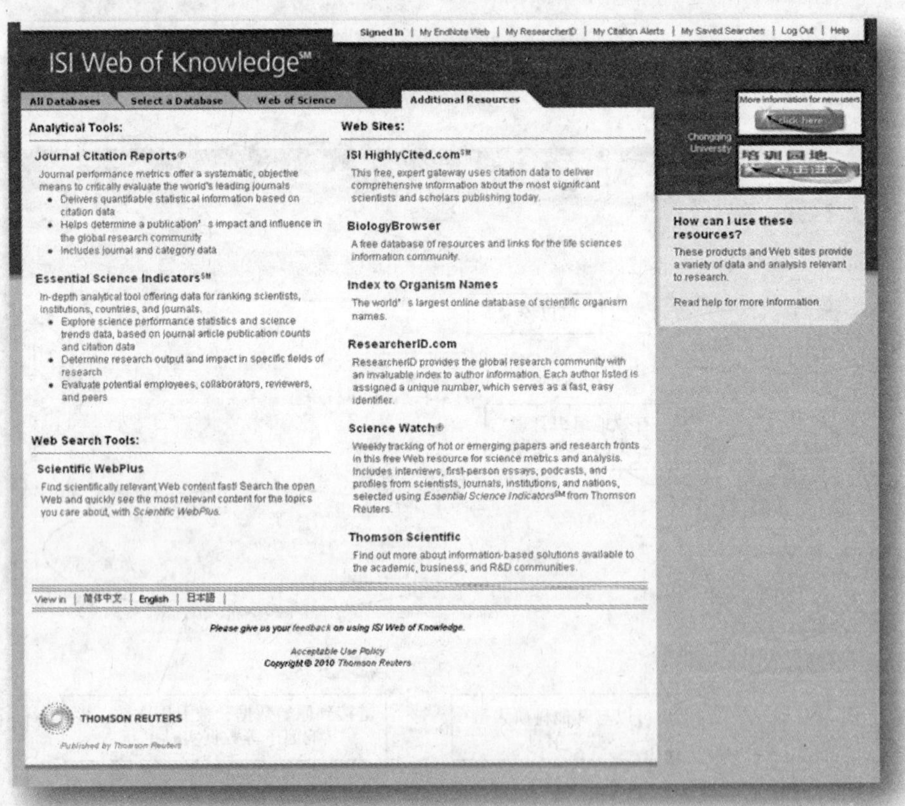

图 4.24 其他资源页面

在 JCR 数据库的主页上我们可以看到:全部期刊;通过完整的期刊名称、刊名缩写、刊名关键字或 ISSN 号检索所需的特定期刊;通过主题分类、出版商或者国别查看一组期刊,如图 4.25 所示。

ISI Web of Knowledge℠
Journal Citation Reports®
Information for New Users
Select a JCR edition and year:
JCR Science Edition 2009
JCR Social Sciences Edition 2009
Select an option:
View a group of journals by Subject Category
Search for a specific journal
View all journals
选择版本及出版年
SUBMIT
选择期刊检索/浏览方式
This product is best viewed in 800x600 or higher resolution
NOTICES
The Notices file was last updated Mon Aug 9 11:16:24 2010
Acceptable Use Policy
Copyright © 2010 Thomson Reuters.
THOMSON REUTERS

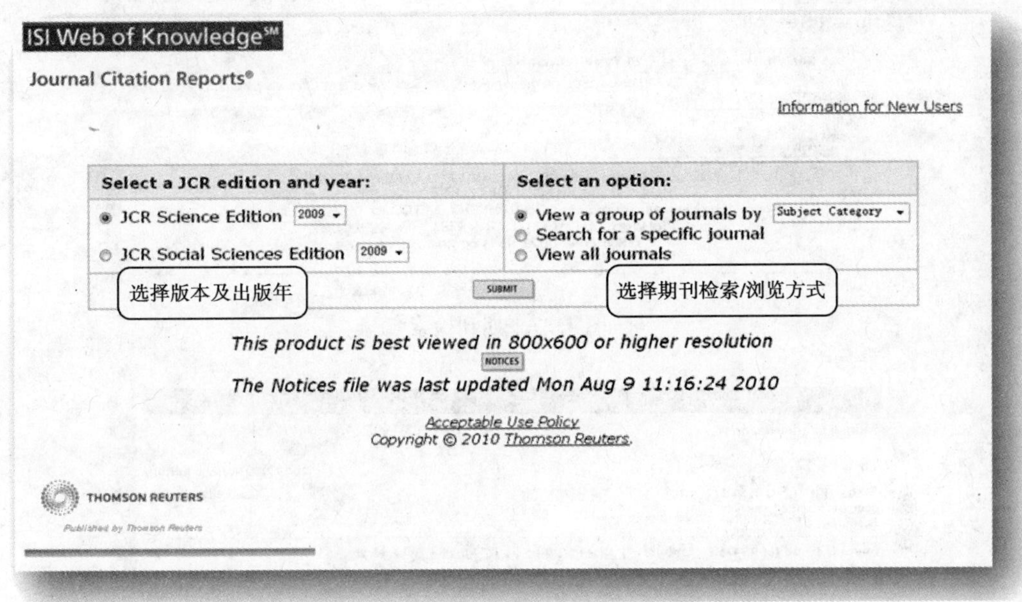

图 4.25　JCR 主页

浏览 JCR 期刊最常见的方式是通过 Subject Category Selection 主题类目进行分组浏览,如图 4.26 所示。可以在某一特定的主题类目内比较期刊的影响因子和立即指数等信息指标,也可以通过期刊全称、期刊缩写、刊名关键字或 ISSN 号检索期刊,如图 4.27 所示。

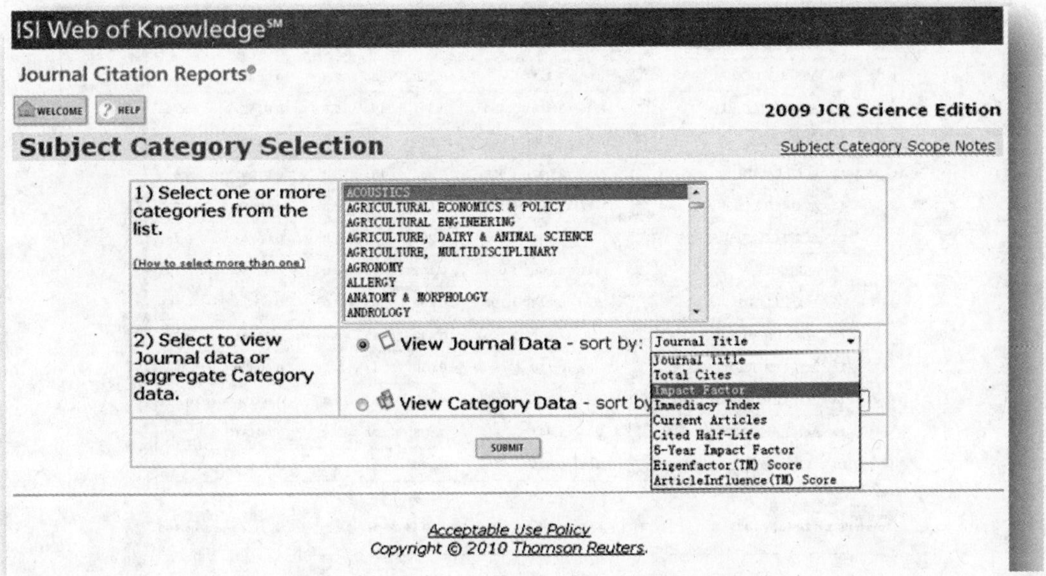

ISI Web of Knowledge℠
Journal Citation Reports®
WELCOME
HELP
2009 JCR Science Edition
Subject Category Selection
Subject Category Scope Notes
1) Select one or more categories from the list.
(How to select more than one)
ACOUSTICS
AGRICULTURAL ECONOMICS & POLICY
AGRICULTURAL ENGINEERING
AGRICULTURE, DAIRY & ANIMAL SCIENCE
AGRICULTURE, MULTIDISCIPLINARY
AGRONOMY
ALLERGY
ANATOMY & MORPHOLOGY
ANDROLOGY
2) Select to view Journal data or aggregate Category data.
View Journal Data - sort by: Journal Title
View Category Data - sort by
Journal Title
Total Cites
Impact Factor
Immediacy Index
Current Articles
Cited Half-Life
5-Year Impact Factor
Eigenfactor(TM) Score
ArticleInfluence(TM) Score
SUBMIT
Acceptable Use Policy
Copyright © 2010 Thomson Reuters.

图 4.26　主题类目浏览界面

此外,还可以对 JCR 收录的所有期刊进行浏览,如图 4.28 所示。

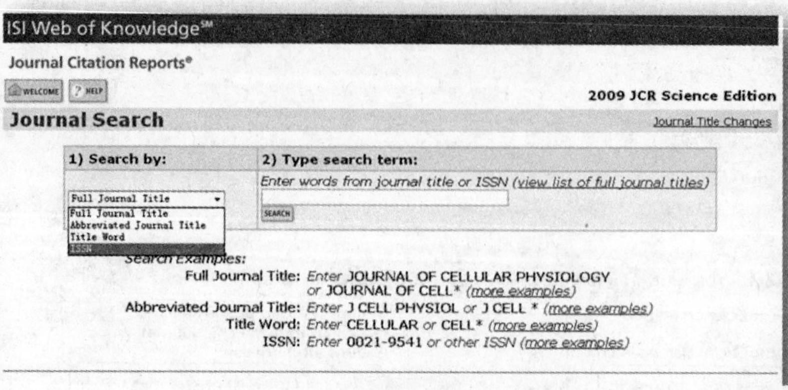

ISI Web of Knowledge℠

Journal Citation Reports®

WELCOME ? HELP

2009 JCR Science Edition

Journal Search

Journal Title Changes

1) Search by:	2) Type search term:
Full Journal Title Full Journal Title Abbreviated Journal Title Title Word ISSN	Enter words from journal title or ISSN (view list of full journal titles) SEARCH

Search Examples:

Full Journal Title: Enter JOURNAL OF CELLULAR PHYSIOLOGY or JOURNAL OF CELL* (more examples)

Abbreviated Journal Title: Enter J CELL PHYSIOL or J CELL * (more examples)

Title Word: Enter CELLULAR or CELL* (more examples)

ISSN: Enter 0021-9541 or other ISSN (more examples)

图 4.27 期刊检索

ISI Web of Knowledge℠

Journal Citation Reports®

WELCOME ? HELP

2009 JCR Science Edition

Journal Summary List

Journal Title Changes

Journals from: All Journals

Sorted by: Journal Title SORT AGAIN

Journals 1 - 20 (of 7347) |◀ ◀◀ ◀[1 | 2 | 3 | 4 | 5 | 6 | 7 | 8 | 9 | 10] ▶ ▶▶ ▶| **Page 1 of 368**

MARK ALL UPDATE MARKED LIST

Ranking is based on your journal and sort selections.

Mark	Rank	Abbreviated Journal Title (linked to journal information)	ISSN	JCR Data						Eigenfactor™ Metrics	
				Total Cites	Impact Factor	5-Year Impact Factor	Immediacy Index	Articles	Cited Half-life	Eigenfactor™ Score	Article Influence™ Score
	1	4OR-Q J OPER RES	1619-4500	130	0.750		0.000	31	4.2	0.00125	
	2	AAPG BULL	0149-1423	7204	1.448	2.548	0.522	69	>10.0	0.00666	0.858
	3	AAPS J	1550-7416	1361	3.540	4.599	0.553	76	3.5	0.00772	1.302
	4	AAPS PHARMSCITECH	1530-9932	1375	1.190	1.814	0.172	174	4.5	0.00403	0.375
	5	AATCC REV	1532-8813	261	0.293	0.352	0.000	48	6.4	0.00063	0.096
	6	ABDOM IMAGING	0942-8925	2314	1.791	1.794	0.337	98	6.4	0.00591	0.486
	7	ABH MATH SEM HAMBURG	0025-5858	496	0.391	0.312	0.062	16	>10.0	0.00060	0.371
	8	ABSTR APPL ANAL	1085-3375	506	2.221		0.369	84	2.9	0.00364	
	9	ACAD EMERG MED	1069-6563	4646	2.478	2.485	0.541	194	5.8	0.01529	0.793
	10	ACAD MED	1040-2446	6785	2.338	2.861	0.616	164	7.2	0.01902	0.974
	11	ACAD RADIOL	1076-6332	2958	2.092	1.950	0.337	181	5.3	0.01095	0.635
	12	ACCOUNTS CHEM RES	0001-4842	30727	18.203	18.439	2.826	190	7.8	0.08256	6.383
	13	ACCREDIT QUAL ASSUR	0949-1775	550	0.760	0.656	0.205	73	5.4	0.00142	0.152
	14	ACI MATER J	0889-325X	1961	0.896	1.088	0.183	60	>10.0	0.00469	0.732
	15	ACI STRUCT J	0889-3241	1859	0.874	1.197	0.202	84	>10.0	0.00678	0.789
	16	ACM COMPUT SURV	0360-0300	3640	7.667	12.700	0.842	19	9.6	0.00541	4.318
	17	ACM J EMERG TECH COM	1550-4832	72	0.758		0.059	17		0.00073	
	18	ACM SIGPLAN NOTICES	0362-1340	1036	0.280	0.289	0.000	251	9.4	0.00250	0.111
	19	ACM T APPL PERCEPT	1544-3558	204	1.447		0.536	28	3.8	0.00131	
	20	ACM T ARCHIT CODE OP	1544-3566	101	0.595		0.000	12	4.4	0.00124	

MARK ALL UPDATE MARKED LIST

Journals 1 - 20 (of 7347) |◀ ◀◀ ◀[1 | 2 | 3 | 4 | 5 | 6 | 7 | 8 | 9 | 10] ▶ ▶▶ ▶| **Page 1 of 368**

Acceptable Use Policy

图 4.28 期刊浏览

4.3　Essential Science Indicators

4.3.1　数据库介绍

Essential Science Indicators(简称 ESI)即基本科学指标数据库,是 ISI Web of Knowledge 平台下的一个深度分析工具,是 2001 年由美国科技信息研究所推出的衡量科学研究绩效、跟踪科学发展趋势的计量分析数据库。ESI 的数据来源于 SCI 和 SSCI 所收录的全球 11 000 多种学术期刊上的 1 000 多万条文献。通过对 SCI/SSCI 所收录的学术论文及其参考文献的统计分析,可以得到一系列分析数据,如科学家、研究机构、国家地区和期刊的引文排位,高被引论文,基线数据和研究前沿以及评论报道。ESI 将检索功能和分析评价功能融为一体,是基于检索基础上的评价结果的呈现。

ESI 将所有文献分为 22 个学科领域,如图 4.29 的下拉菜单所示。数据覆盖范围超过 10 年,每 2 个月更新 1 次,待时间达到 10 年 10 个月后,下次更新就把起始年份后移 1 年。

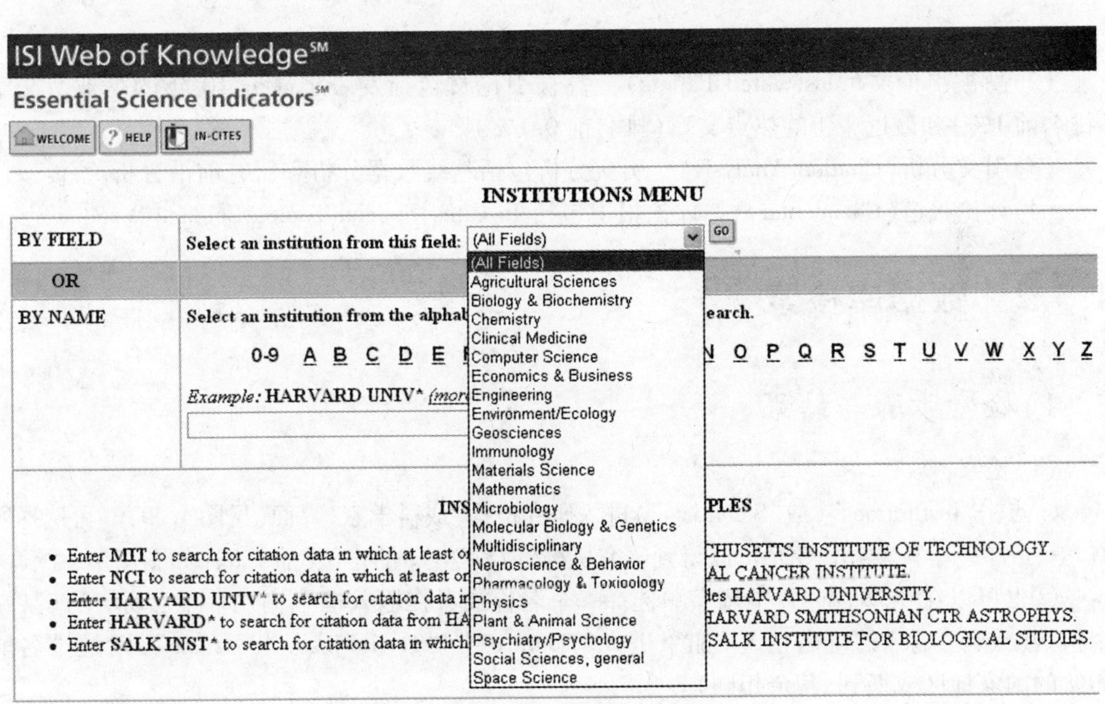

图 4.29　研究机构页面

ESI 的内容包括 3 个主要模块以及评论报道,如图 4.30 所示。

(1)引文排位(Citation Rankings)　引文排位包括科学家(排名前 1%)、研究机构(排名前 1%)、国家和地区(排名前 50%)以及期刊(排名前 50%)的排位。

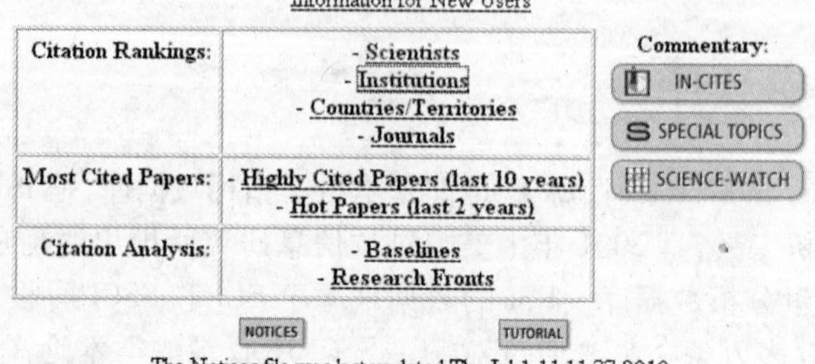

图 4.30　ESI 主页面

(2)高被引论文(Most Cited Papers)　高被引论文包括发表于最近 10 年的高被引文章(排名前 1%)和最近 2 年的热点文章(排名前 0.1%)。

(3)引文分析(Citation Analysis)　引文分析包括基线数据分析和研究前沿分析。

(4)评论报道(Commentary)　评论报道包括 In-Cites,Special Topics,Science Watch。

4.3.2　数据库检索

1)检索步骤与结果

(1)检索

①点击“Institutions”(或“Scientists”)进入研究机构(或科学家)界面(见图 4.29)。可选择所有学科或单一学科,点击“GO”可以得到研究机构(或科学家)的排位(前 1%),如图 4.31 所示。

②也可以在 0 ~ 9,A ~ Z 中按字顺选择一个名称或者在输入框里输入一个名称,了解某一个机构(或科学家)的排名情况(如果进入“Countries”/“Territories”/“Journals”,则是排名前 50% 的国家地区或期刊,其余相同)。

(2)结果显示

图 4.31 是排名前 1% 的所有机构,检索结果可以按机构名称排序,也可以按引文数、论文数或篇均被引数分别排序,还可以设置最低显示引文数(或论文数或篇均被引数)。

(3)浏览

①点击图标 View Papers 可以浏览该机构(或科学家、国家地区、期刊)对应的高被引论

文,如图4.32所示;进一步点击"Web of Science"可以链接到详细记录(直到原文)。

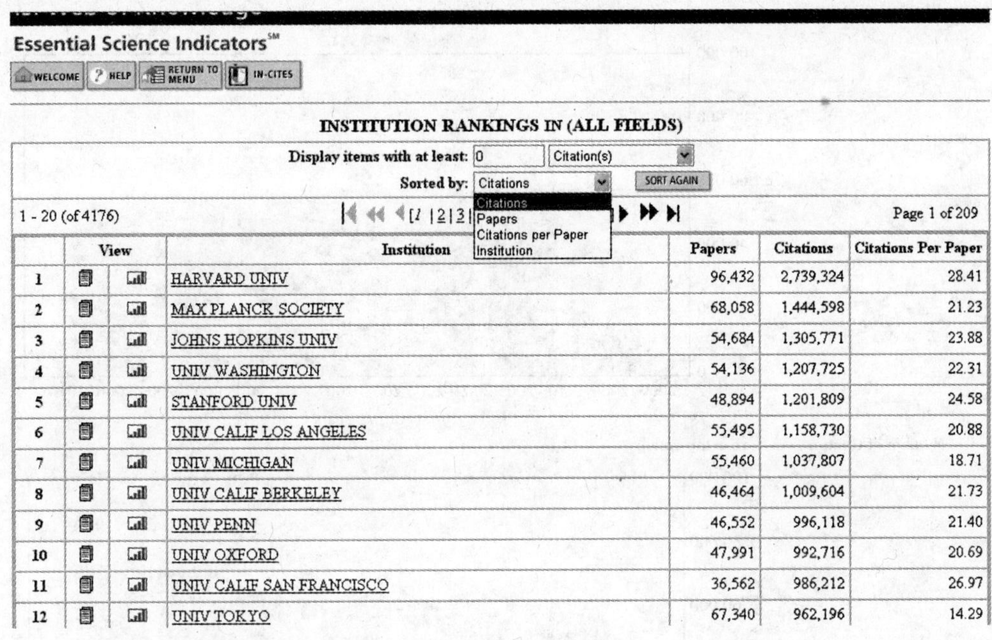

	View	Institution	Papers	Citations	Citations Per Paper
1		HARVARD UNIV	96,432	2,739,324	28.41
2		MAX PLANCK SOCIETY	68,058	1,444,598	21.23
3		JOHNS HOPKINS UNIV	54,684	1,305,771	23.88
4		UNIV WASHINGTON	54,136	1,207,725	22.31
5		STANFORD UNIV	48,894	1,201,809	24.58
6		UNIV CALIF LOS ANGELES	55,495	1,158,730	20.88
7		UNIV MICHIGAN	55,460	1,037,807	18.71
8		UNIV CALIF BERKELEY	46,464	1,009,604	21.73
9		UNIV PENN	46,552	996,118	21.40
10		UNIV OXFORD	47,991	992,716	20.69
11		UNIV CALIF SAN FRANCISCO	36,562	986,212	26.97
12		UNIV TOKYO	67,340	962,196	14.29

图4.31　研究机构排名

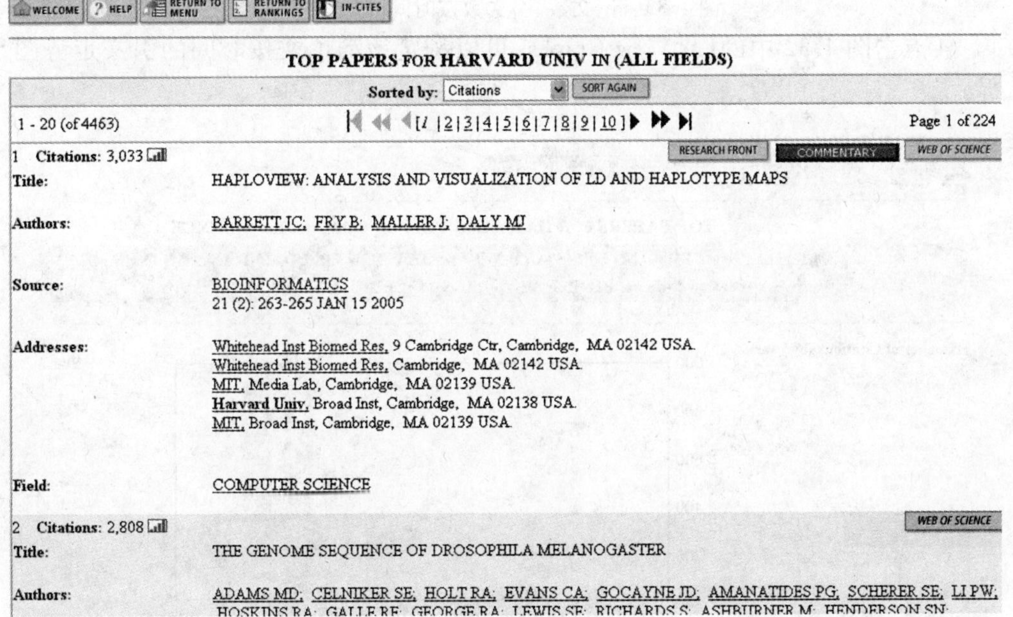

图4.32　研究机构对应的高被引论文

②点击图标 View Graphs 可以浏览按时间的走势图(以5年为时间段的平均论文数、引文数和平均被引数),如图4.33所示。

③点击机构名称可以浏览该机构进入前1%的所有学科,点击学科名称可以了解该机构

在某学科的排名。

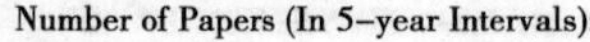

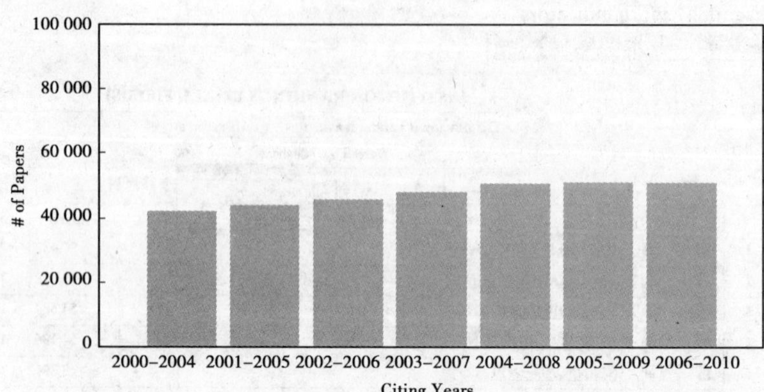

Number of Citations (In 5-year Intervals):

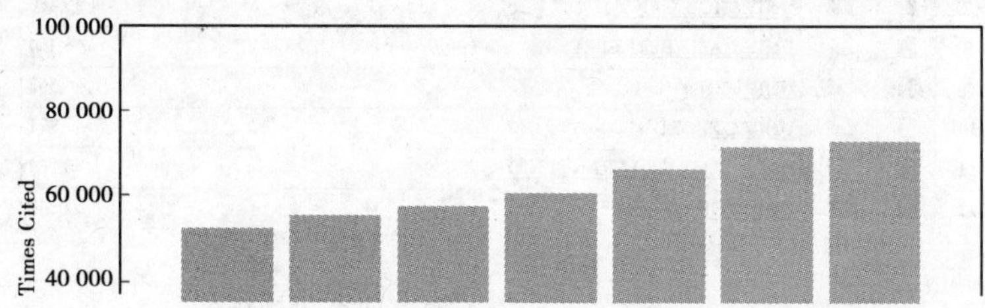

图 4.33　论文数、引文数按时间的走势图

④点击图 4.32 中的 View Graphs，可以浏览该篇论文按时间的引文走势图，如图 4.34 所示。

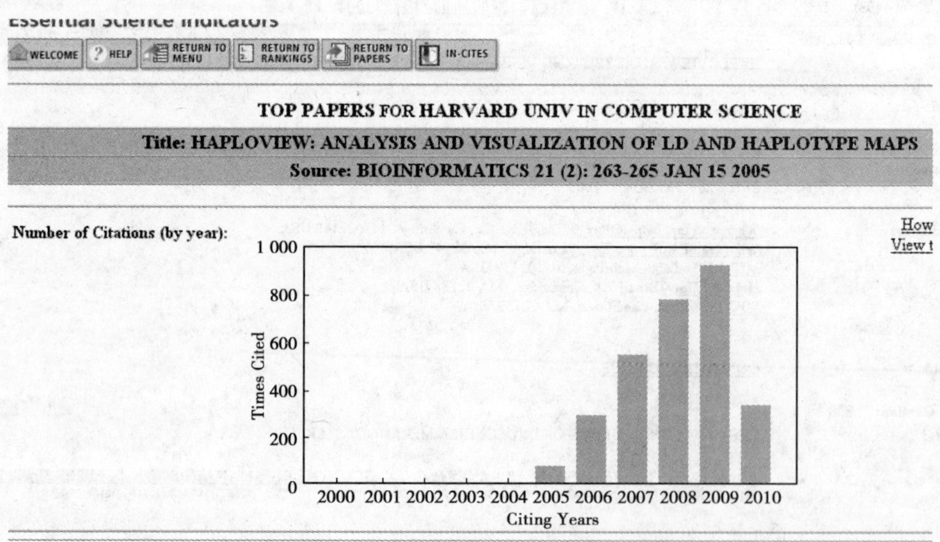

图 4.34　该篇论文按时间的引文走势图

2)高被引论文

①进入“Highly Cited Papers”(或“Hot Papers”)界面,如图4.35所示。可选择所有学科领域或者单一学科,或者某一个科学家、机构、国家地区或期刊;也可在下面输入检索词,检索浏览10年时间段的高被引论文Top1%(或两年内被高度引用的热点论文Top 0.1%)。

ISI Web of Knowledge℠

Essential Science Indicators℠

WELCOME | HELP | IN-CITES

HIGHLY CITED PAPERS MENU

BY FIELD	Display papers from this field: (All Fields) GO
OR	
BY NAME	Show alphabetic list of: Scientist GO
OR	
BY SEARCHING	Enter terms or phrases separated by the operators AND or OR in one or more of the search fields below. Search fields are automatically combined using the AND operator. Title word: example: allerg* and inflam* Scientist: example: WEINBERG R* Institution: example: SALK INST* Country/Territory: example: USA Journal: example: J Cell* (view full titles) SEARCH CLEAR

Copyright © 2010 The Thomson Corporation

THOMSON

图4.35 高被引论文检索界面

②检索结果可按引文数、出版年和期刊名称排序,如图4.36所示。点击图标 View Graphs 可浏览引文按时间的走势图,还可链接到Web of Science,浏览详细的记录。

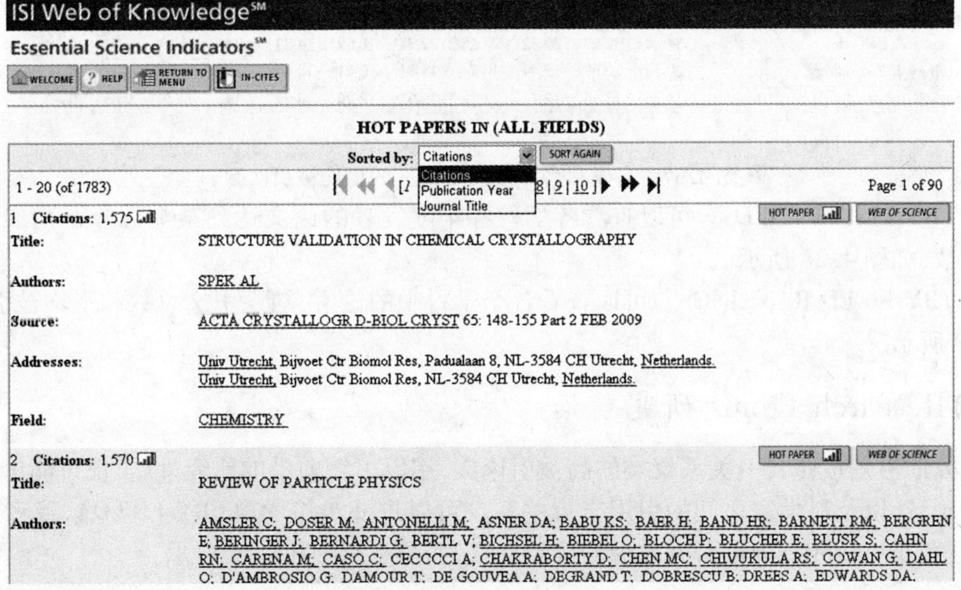

图4.36 高被引论文检索结果

4.3.3 引文分析

1) Baselines 基线数值

基线数值通过分析各学科各年度的引文状况,提供衡量科研绩效的基准,为引文统计提供数据标尺。

(1) BY AVERAGES　可以查看平均引文率按照10年间各年进行的统计,表示各学科中各年度发表论文的篇均被引次数,如图4.37所示。

Average Citation Rates
for papers published by field, 2000 - 2010
(How to read this data)

Fields	2000	2001	2002	2003	2004	2005	2006	2007	2008	2009	2010	All Years
All Fields	18.83	17.73	16.46	14.70	13.07	10.79	8.21	5.94	3.25	1.04	0.13	10.22
Agricultural Sciences	13.27	12.21	11.40	10.58	9.34	7.49	5.86	3.97	1.91	0.55	0.05	6.60
Biology & Biochemistry	30.21	27.93	25.52	22.89	19.86	15.97	11.99	8.60	4.86	1.60	0.11	16.41
Chemistry	17.93	16.56	16.36	14.73	13.40	11.48	8.90	6.57	3.92	1.33	0.08	10.52
Clinical Medicine	21.95	20.94	19.79	18.10	16.15	13.57	10.28	7.32	3.82	1.17	0.11	12.28
Computer Science	6.74	7.13	7.31	4.85	3.56	3.01	2.03	2.42	1.32	0.40	0.04	3.43
Economics & Business	11.31	10.23	10.30	8.96	7.76	6.02	4.26	2.83	1.34	0.41	0.09	5.64
Fields	2000	2001	2002	2003	2004	2005	2006	2007	2008	2009	2010	All Years
Engineering	7.68	7.52	6.93	6.37	5.90	4.83	3.72	2.89	1.56	0.51	0.04	4.41
Environment/Ecology	21.42	18.94	17.71	15.92	13.95	11.24	8.54	6.13	3.16	0.96	0.13	10.57
Geosciences	17.43	16.55	14.26	13.02	11.32	9.28	7.55	4.74	2.69	0.92	0.20	9.07
Immunology	36.61	34.74	31.44	28.35	25.76	21.07	16.31	11.94	6.70	2.26	0.21	20.80
Materials Science	11.28	10.76	9.90	9.71	8.51	7.13	5.75	4.25	2.46	0.81	0.04	6.49
Mathematics	6.28	5.57	5.46	4.83	4.23	3.59	2.76	1.91	1.10	0.39	0.04	3.24
Microbiology	28.18	26.32	24.00	21.65	19.38	16.68	12.02	8.36	4.64	1.43	0.87	14.35
Fields	2000	2001	2002	2003	2004	2005	2006	2007	2008	2009	2010	All Years
Molecular Biology & Genetics	46.98	43.93	40.06	34.94	30.65	24.61	18.88	13.32	7.55	2.52	0.22	24.50
Multidisciplinary	3.08	5.99	7.58	6.85	6.32	5.82	7.20	5.82	4.45	2.14	0.31	4.94
Neuroscience & Behavior	34.20	32.83	29.32	25.28	22.37	18.59	14.25	9.90	5.41	1.71	0.11	18.42
Pharmacology & Toxicology	20.54	20.08	19.44	16.74	15.81	12.41	10.44	7.21	4.02	1.13	0.10	11.57
Physics	14.76	13.56	12.41	11.32	10.51	8.90	6.99	4.63	2.70	0.89	0.08	8.62

图4.37　各学科各年度发表论文的篇均被引次数

(2) BY PERCENTILES　可以查看各学科各年度发表的论文达到某个百分点基准应被引用的次数,如图4.38所示。

(3) BY FIELD RANKINGS　可以查看各个学科中的论文总数、引文总数和平均被引数,如图4.39所示。

2) Research Fronts 研究前沿

研究前沿是按照共引关系聚类的高被引论文,用以了解前沿的研究,以发现可能出现新的突破的领域,以及科学家之间的引用交流关系。可以进一步按学科(BY FIFLD),或者按某个指定主题(BY NAME)浏览研究前沿的聚类文章,如图4.40、图4.41所示。

Percentiles
for papers published by field, 2000 - 2010
(How to read this data)

All Fields	2000	2001	2002	2003	2004	2005	2006	2007	2008	2009	2010	All Years
0.01 %	1398	1294	1231	980	775	662	474	353	201	81	15	835
0.10 %	504	469	422	369	311	253	189	136	78	30	8	307
1.00 %	168	156	143	124	109	88	67	48	28	11	3	100
10.00 %	44	42	39	35	31	26	20	14	8	3	1	25
20.00 %	26	24	23	21	19	16	12	9	5	2	0	14
50.00 %	8	8	8	7	6	5	4	3	2	1	0	4
Agricultural Sciences	**2000**	**2001**	**2002**	**2003**	**2004**	**2005**	**2006**	**2007**	**2008**	**2009**	**2010**	**All Years**
0.01 %	629	353	460	351	428	348	124	79	66	31	6	325
0.10 %	241	218	180	186	134	102	68	51	29	12	5	137
1.00 %	99	87	79	74	61	47	35	25	14	6	2	57
10.00 %	32	31	28	26	23	18	15	10	6	2	1	18
20.00 %	21	19	18	17	15	12	10	7	4	2	0	10
50.00 %	7	7	7	6	6	5	4	3	1	1	0	3
Biology & Biochemistry	**2000**	**2001**	**2002**	**2003**	**2004**	**2005**	**2006**	**2007**	**2008**	**2009**	**2010**	**All Years**
0.01 %	1805	1502	1619	1044	753	593	553	428	309	91	7	971
0.10 %	618	581	546	449	341	289	211	166	97	36	4	386
1.00 %	221	202	185	168	141	110	82	59	35	14	2	138
10.00 %	68	63	57	51	44	36	27	19	12	5	1	39
20.00 %	43	40	36	33	29	23	18	13	8	3	0	23
50.00 %	16	16	14	13	12	10	8	6	3	1	0	8
Chemistry	**2000**	**2001**	**2002**	**2003**	**2004**	**2005**	**2006**	**2007**	**2008**	**2009**	**2010**	**All Years**

图4.38　各学科中各年度发表论文达到某个百分点基准应被引用的次数

Field Rankings

Sorted by: Citations　SORT AGAIN

	View		Field	Papers	Citations	Citations Per Paper
1			CLINICAL MEDICINE	1,949,706	23,933,033	12.28
2			CHEMISTRY	1,114,426	11,728,794	10.52
3			BIOLOGY & BIOCHEMISTRY	533,094	8,745,673	16.41
4			PHYSICS	823,769	7,099,163	8.62
5			MOLECULAR BIOLOGY & GENETICS	262,725	6,435,720	24.50
6			NEUROSCIENCE & BEHAVIOR	283,851	5,228,052	18.42
7			PLANT & ANIMAL SCIENCE	520,768	3,780,073	7.26
8			ENGINEERING	754,628	3,330,407	4.41
9			MATERIALS SCIENCE	426,754	2,770,544	6.49
10			ENVIRONMENT/ECOLOGY	246,271	2,603,314	10.57
11			IMMUNOLOGY	117,909	2,452,153	20.80
12			PSYCHIATRY/PSYCHOLOGY	229,552	2,391,024	10.42
13			GEOSCIENCES	259,694	2,355,218	9.07
14			MICROBIOLOGY	162,793	2,335,765	14.35
15			PHARMACOLOGY & TOXICOLOGY	172,074	1,990,574	11.57
16			SOCIAL SCIENCES, GENERAL	413,219	1,792,810	4.34
17			SPACE SCIENCE	117,138	1,590,776	13.58

图4.39　各学科的论文总数、引文总数和平均被引数

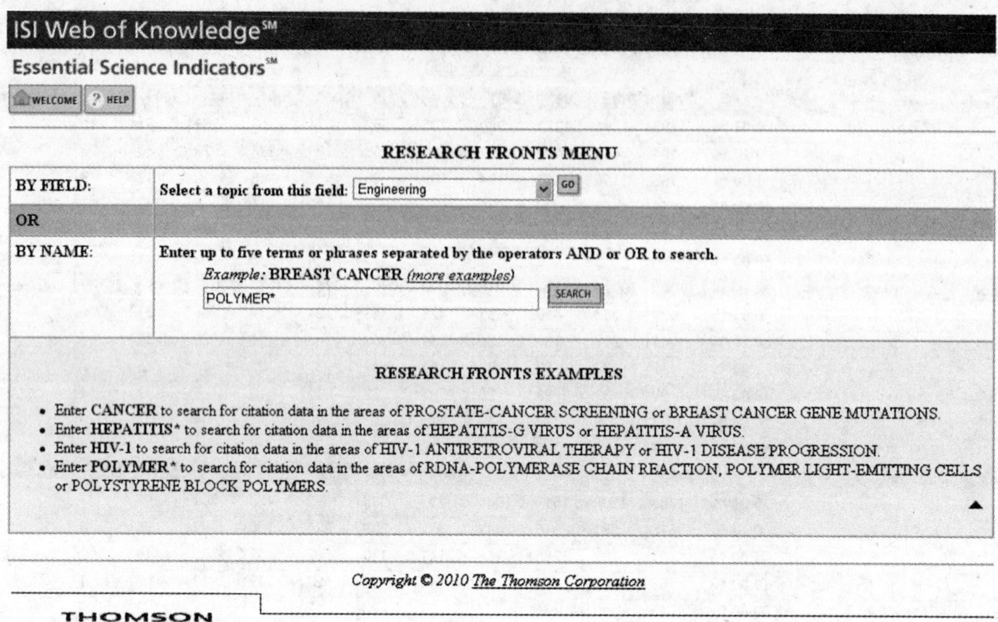

图 4.40 研究前沿界面

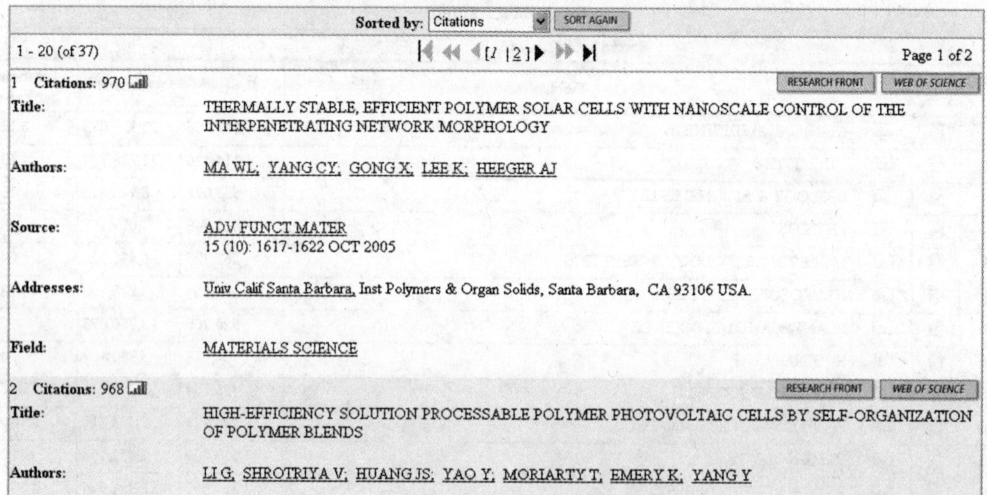

图 4.41 聚类文章

4.3.4 评论报道

(1)In-Cites 它提供进入科学社区的门户,提供多个学科领域中高被引研究人员、论文、机构、期刊和国家的采访资料等,如图 4.42 所示。

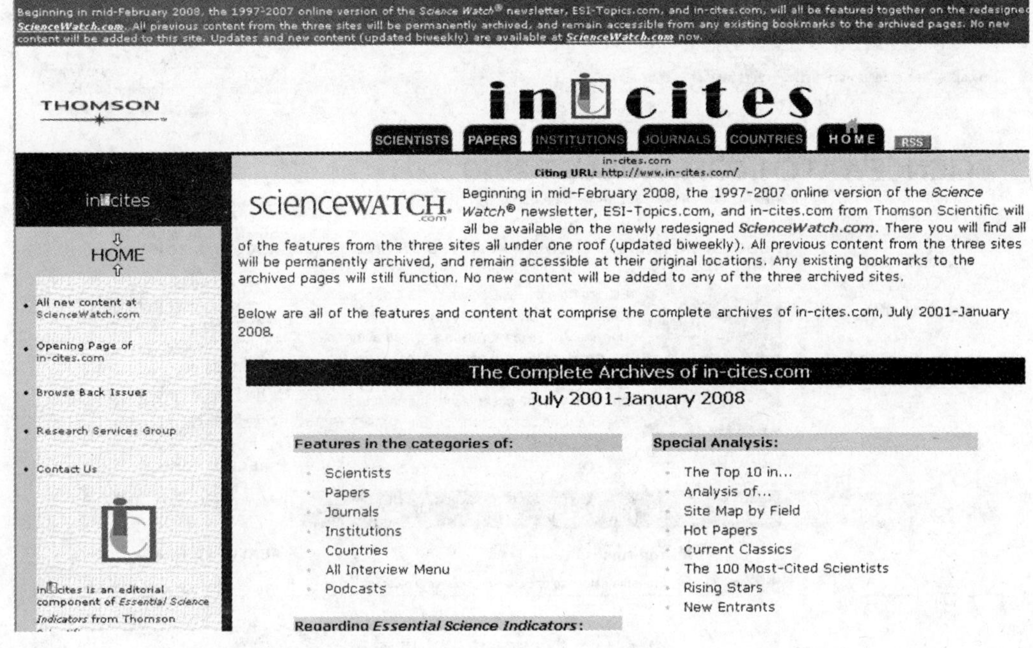

图 4.42　In-Cites 界面

(2) Special Topics　它提供在某个学科领域中取得重大研究进展或者引起特别兴趣的论文的引文分析和专家意见，如图 4.43 所示。

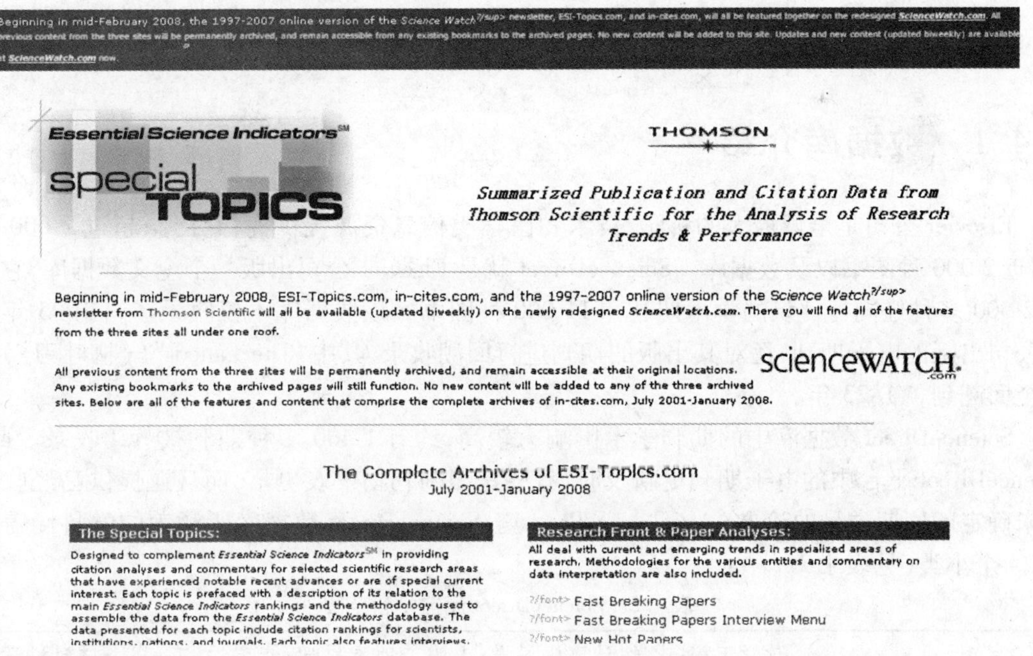

图 4.43　Special Topics 界面

(3) Science Watch　它提供 Thomson Scientific 快讯的编辑材料，如图 4.44 所示。

图 4.44 Science Watch 界面

4.4 Elsevier SD

4.4.1 数据库介绍

Elsevier 公司是全球最大的科学、技术和医学类信息资源提供商，它出版超过 2 000 种期刊，近 2 000 种图书以及数据库。ScienceDirect 就是 Elsevier 公司出版一个全文数据库，它包括了 2 500 多种经同行评议的学术期刊和 11 000 种图书。该数据库不仅收录了自 1995 年以来该公司出版的电子期刊，还对其出版的期刊进行回溯收录，其中“The Lancet”(《柳叶刀》)杂志甚至回溯到了 1823 年。

ScienceDirect 数据库中的期刊学术影响力较高，约有 1 400 多种期刊被 SCI 收录。此外，ScienceDirect 平台中的电子期刊更新及时，有些比印刷刊物发表更早，而且还提供已经收录但尚未确定印刷期卷号的论文(Articles in Press)。ScienceDirect 数据库所涵盖的学科涵盖 4 大类 24 个小类(见表 4.2)。

表 4.2 ScienceDirect 涵盖学科范围

自然科学与工程技术	化学工程；化学；计算机科学；土壤与地球科学；能源学；工程学；材料科学；数学；物理学与天文学
生命科学	农业与生物科学；生物化学、遗传学与分子生物学；环境科学；免疫学与微生物学；神经系统科学

续表

健康科学	医学与牙科;护理学;药理学、毒物学与制药学;兽医学
社会科学与人文学科	人文学科;商业、管理与会计学;决策科学;经济、计量经济与财政学;哲学;社会科学

读者访问 Elsevier 的时候,能否进行检索操作取决于 IP 是否被注册为正式用户的 IP,所能阅读和下载的论文全文的范围与数量取决于读者的访问权限。当然,ScienceDirect 平台也提供部分免费的期刊全文内容,这些免费的内容包括 3 部分:

①约 40 种期刊(称为 Free and Delayed Access Titles)长期免费开放或延迟 6~48 个月免费开放;

②很多 Elsevier 期刊当年的第一期都是免费开放的,作为样刊,可以为作者投稿提供参考,但具体到某一本期刊,开放与否是由其主编决定的;

③期刊不定期的推广宣传。

其中,第①和第③项免费的期刊可以通过访问 Elsveir 的网站进行查询。

4.4.2 数据库检索

Elsvier SD 的检索功能分为快速检索、高级检索和专家检索 3 种方式。其中,高级检索和专家检索需要点击图 4.45 页面上方的"Search"或是快速检索框右侧的"Advanced Search"和图 4.46 的"Expert Search"按钮后方能进入。

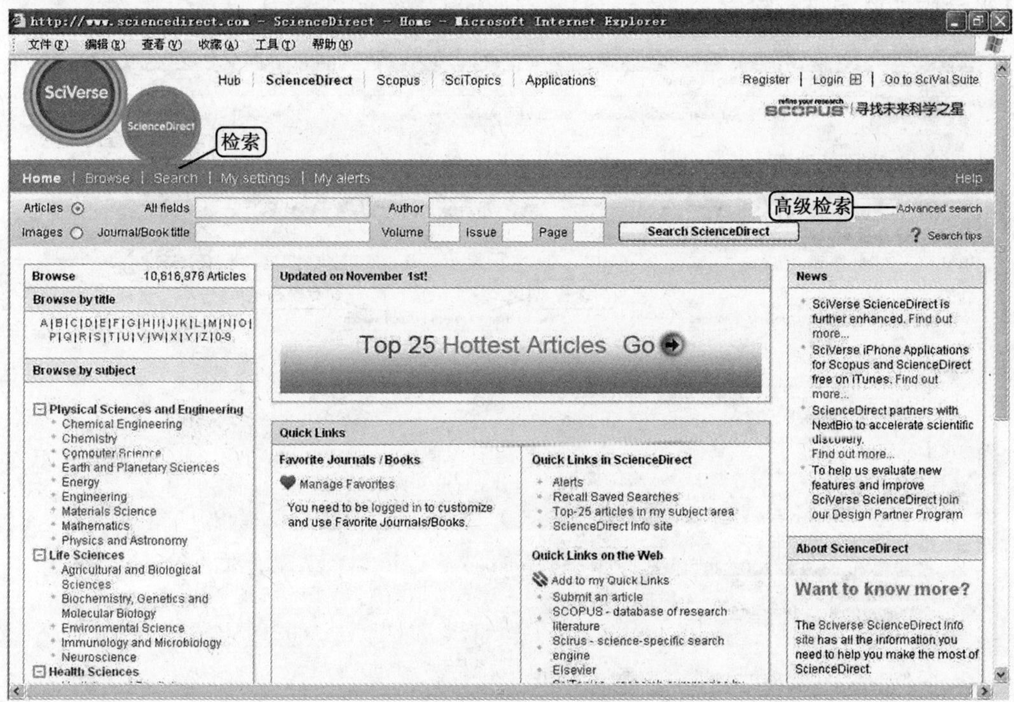

图 4.45 快速检索界面

1)快速检索(Quick Search)

快速检索可以对“全字段(all fields)”“作者(Author)”“书/刊名(Journal/book Title)”“卷(Volume)”“期(Issue)”和“页码(Page)”这6个检索项进行检索。

2)高级检索(Advanced Search)

高级检索有2个检索式输入框,右边的下拉菜单中有13个检索项(如题名、关键词、摘要、作者、作者单位、ISSN、ISBN等)可供选择。检索框中除了可输入检索词外,还可以通过使用布尔逻辑算符(AND,OR,NOT),通配符(*或?),位置算符(W/n或PRE/n)等构造检索式进行检索。

在高级检索界面,默认的检索范围是“全部资源(All sources)”和“全部学科(All Sciences)”,我们可以根据需要只选择“期刊(Journals)”或“图书(Books)”进行检索,或是选定特定的学科类别进行检索。当需要同是选定多个学科时,需要按Ctrl键进行多选。

在高级检索中,如果我们选择Journals作为检索范围,那么还可以根据期刊论文的特点,限定检索论文的类型(Article, Review Article, Short Survey, Short Communication, Correspondence, Letter, Discussion, Book Review, Product Review, Editorial, Publisher's Note, Erratum)、卷期号(Volume, Issue)以及页码(Pages)等。

3)专家检索(Expert Search)

点击页面上的Expert按钮进入专家检索,如图4.46所示。专家检索模式除了具有高级检索的功能外,还可以通过在检索式框里运用布尔逻辑算符、位置算符等组合较为复杂的检索式对SD平台内的资源进行检索。

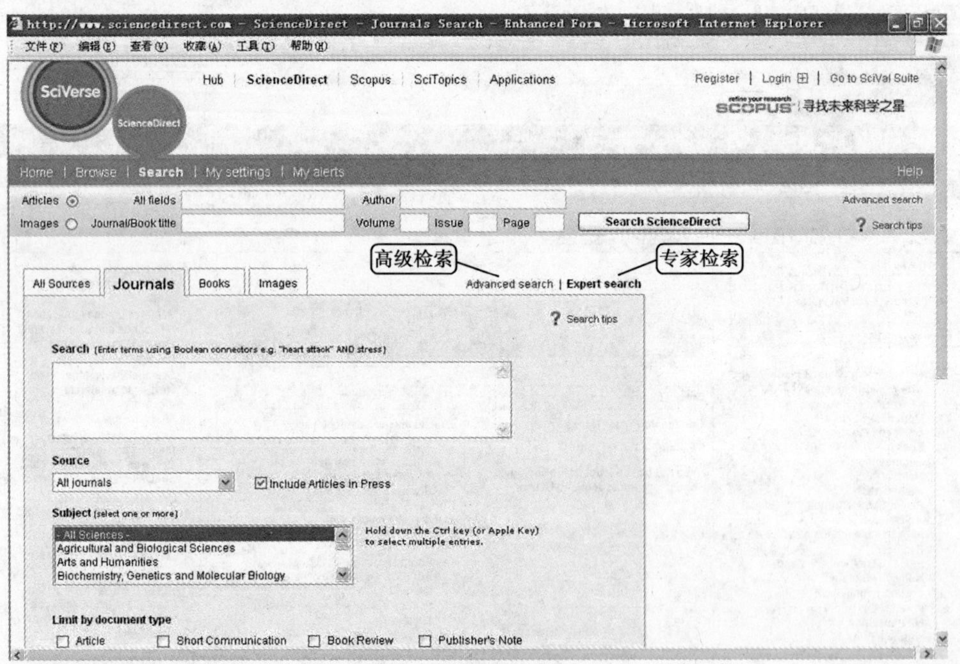

图4.46 专家检索界面

ScienceDirect 检索式的构造模式为:Field_name (Search_term),在构造检索式时,常用的检索字段(见表4.3)。这些字段名和布尔逻辑符均不区分大小写,字段名既可以用字段全称,也可以用简写编码。

表4.3　ScienceDirect 数据库常用检索字段

常用检索字段	字段名(Field_name)	
	字段全称	简写编码
所有字段	all	all
题名/摘要/关键词	title-abs-key	tak
标题	title	ttl
摘要	abstract	abs
关键词	keywords	key
作者	authors	aut
特定作者	specific-author	aus
参考文献	references	ref
期刊/图书名	srctitle	src
作者机构	affiliation	aff

表4.4是 ScienceDirect 数据库常用算符及功能。

表4.4　ScienceDirect 数据库常用算符及功能

算符名称	算符功能
AND	默认算符,要求多个检索词同时出现在文章中
OR	检索词中的任意一个或多个出现在文章中
AND NOT	后面所跟的词不出现在文章中
通配符 *	取代单词中的任意个(0,1,2,…)字母
通配符?	取代单词中的1个字母
W/nn	两词相隔不超过 n 个词,词序不定
PRE/nn	两词相隔不超过 n 个词,词序一定
" "	宽松短语检索,标点符号、连字符、停用字等会被自动忽略
{}	精确短语检索,所有符号都将被作为检索词进行严格匹配
( )	定义检测词顺序,例:(remote OR satellite) AND education
作者检索	先输入名的全称或缩写,然后输入姓

注:本表内容来自 ScienceDirect 数据库的帮助文件,可能在系统升级和更新时发生变化。

在使用 ScienceDirect 数据库构造检索式时,还应该注意以下几点:

①禁用词。在 ScienceDirect 数据库的检索平台中,诸如介词(in,at,with 等)、冠词(an,the)、代词(them,we)等均属于禁用词(Stop Words),搜索引擎在索引页面或处理搜索请求时会自动忽略某些字或词,如果我们需要以这些禁用词作为检索对象的时候,则需要使用短语控制符" "或{}。在 ScienceDirect 的检索平台"not"和"a"虽不是禁用词,但他们成为检索对象时候,需要用{}来实现,如{a}。

②位置算符。ScienceDirect 数据库中的两个位置算符 W/n 和 PRE/n 中的 n 表示两词相隔不超过 n 个词,但当检索式中包含多个临近符时,最后一个 n 值将取代所有的 n 值。例如,wastewater W/2 treatment W/5 disposal,系统会自动将其转化为 wastewater W/2 treatment W/5 disposal 检索式进行检索,但在检索界面,看到的检索式依然是您最开始输入的形式。需要注意的是,W/n 和 PRE/n 不能同时使用。

③短语检索。在检索外文文献的时候,检索对象通常由多个单词构成,这时我们应该通过短语检索来提高我们的检索效率。例如,当我们检索 wastewater treatment(污水处理)时,如果不加短语检索符,那么检索系统就默认检索 wastewater AND treatment,这显然会检索到不好与"污水处理"不太相关的文献。

④检索优先级。ScienceDirect 数据库默认检索顺序为 OR > W/n(PRE/n) > AND > AND NOT,但可使用( )限定检索次序。

⑤拼写方式。当英式与美式拼写方式不同时,可使用任何一种形式检索;使用名词单数形式可同时检索出复数形式;使用词根检索,可以检索出所有扩展单词。

(6)SDOS 数据库可以支持如下检索条件:希腊字母 α, β, γ, Ω 检索;如文章中有中文、日文等语言,可直接用相应语言检索;法语、德语中的重音、变音 符号,如 é, è, ä 均可以检索。

4.4.3 检索实例

例如,要检索与"城市生活垃圾"相关的文献,其检索步骤如下:

①进入 Elsevier 数据库;

②点击页面上方的"search"按钮进入检索界面。

③选择检索资源,本例选择的是 Journals(期刊)。

④根据选择需要选择检索字段,本例选择的是 title(题名)。

⑤输入检索词 municipal solid waste。请注意,因为 municipal solid waste 是一个整体概念,所以要加" ",即输入的检索词应为 "municipal solid waste" 的形式。

⑥根据需要选择其他检索选项,本例限定文献类型为"article",如图 4.47 所示。

⑦点击"search"按钮,即可完成检索,如图 4.48 所示。还可继续点击查看文摘,原文和相关文献。

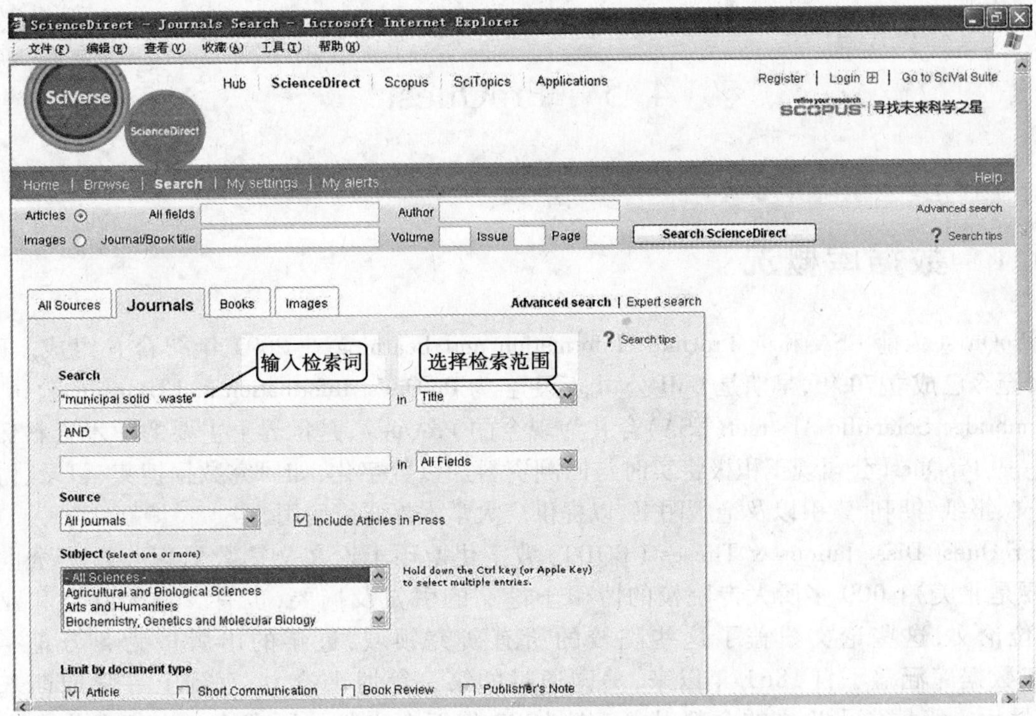

图4.47 检索实例

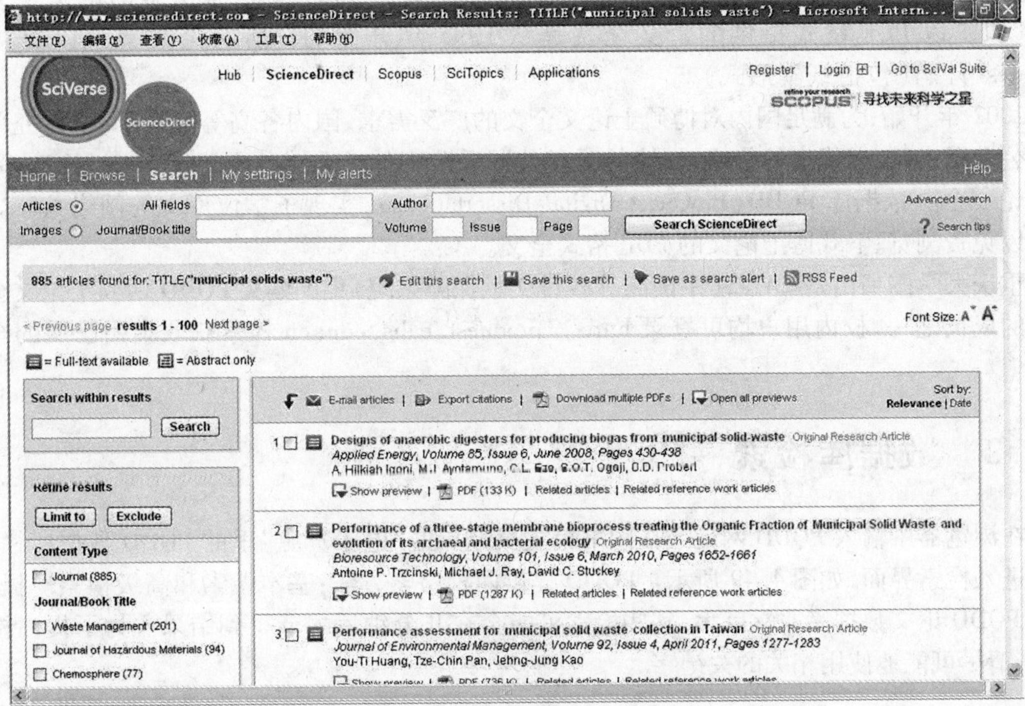

图4.48 检索结果显示

4.5 ProQuest

4.5.1 数据库概况

ProQuest 为前 CSA 和前 ProQuest Information and Learning 在 2007 年初合并组成。ProQuest 至今已成立 70 年,早期是 UMI 公司,后更名为 ProQuest Information and Learning 公司,再和 Cambridge Scientific Abstract(CSA)合并为现今的 ProQuest,是世界上主要的学术资料保存者之一。ProQuest 公司现正积极将实时与回溯资料加以数字化,如研究数据搜集、目录、博硕士论文、报纸、期刊、索引以及绝版图书,以提供广大学术界研究使用。

ProQuest Dissertations & Theses (PQDT)数字化博硕士论文文摘数据库收录了全世界(主要是北美)1 000 多所大专院校的博硕士论文的引文及摘要,也有少量的欧洲和亚洲的学位论文,这些论文覆盖了这些院校的所有研究领域,近年的出版量为 5 万篇/年。PQDT 数据库涵盖了自 1861 年以来,美国通过的第一篇博士论文,直到上一学期期末通过的最后一篇博硕士论文的全部引文。从 1980 年至今出版的所有论文中都有作者亲自撰写的 350 字的摘要,从 1988 年至今出版的所有硕士论文都含有 150 字的摘要的引文。可以免费在 PQDT 提供的多达 200 多万的条目中阅读自 1997 年以来出版的论文全文的前 24 页。以 PDF 格式提供的论文全文是从 1997 年开始的。所有论文都可以直接向 ProQuest 订购(包括纸本形式)。

2002 年开始,为满足国内对博硕士论文全文的广泛需求,国内各高等院校、学术研究单位以及公共图书馆,以优惠的价格、便捷的手段共同采购国外优秀博硕士论文,建立了 ProQuest 博士论文全文数据库 PQDD(ProQuest Digital Dissertations),实现了学位论文的网络共享。用户可以免费浏览、下载博士论文的 PDF 格式全文。

重庆大学图书馆是 CALIS(中国高等教育文献保障系统)集团购买 PQDD 博硕士论文全文数据的成员之一,校内用户均可登录 http://proquest. calis. edu. cn 检索获取集团已购的全文数据。

4.5.2 数据库检索

在浏览器中输入 PQDD 网址或在图书馆主页上点击“电子资源”里的 PQDD 数据库栏目,即可进入检索界面,如图 4.49 所示。PQDD 提供两种检索方法:基本检索和高级检索。提示:由于 PQDD 论文数据库非常巨大,某些检索可能会在几分钟后才能得到结果。为了提高检索性能,请尽可能地使用相关的关键字。

1)基本检索

PQDD 主页面默认为基本检索界面。在基本检索界面,提供了摘要、作者、论文名称、学校、学科、指导老师、学位、论文卷期次、ISBN、语种、论文号等11个字段的选择，只需要在输入框内输入检索词，在字段选择框中确定检索字段，选定布尔逻辑算符，限定检索年代范围，点击“查询”按钮，即可开始检索，如图4.50所示。

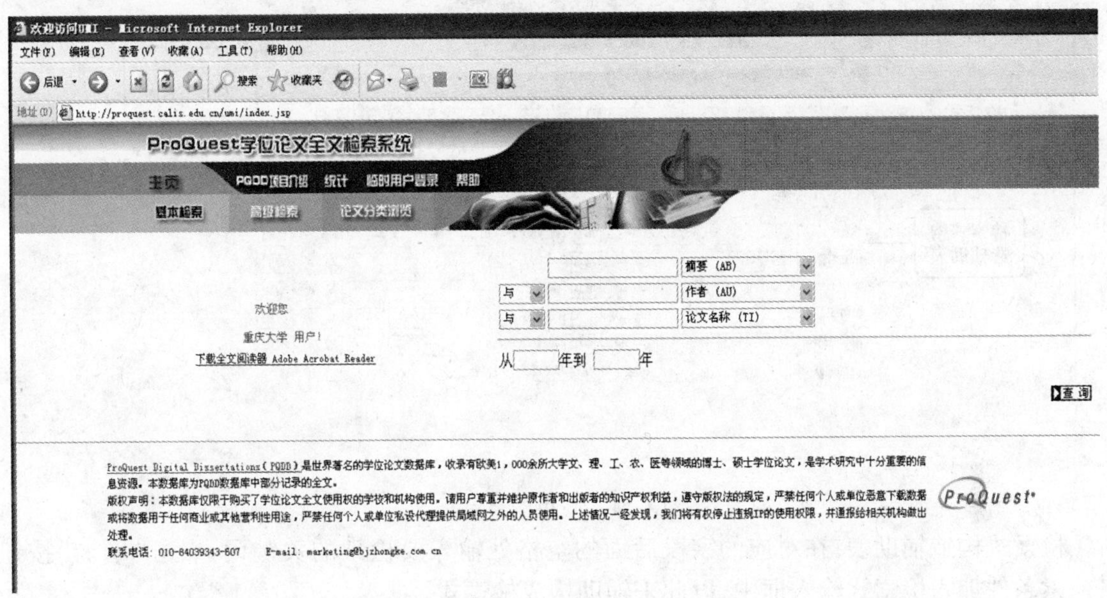

图4.49 PQDD主页

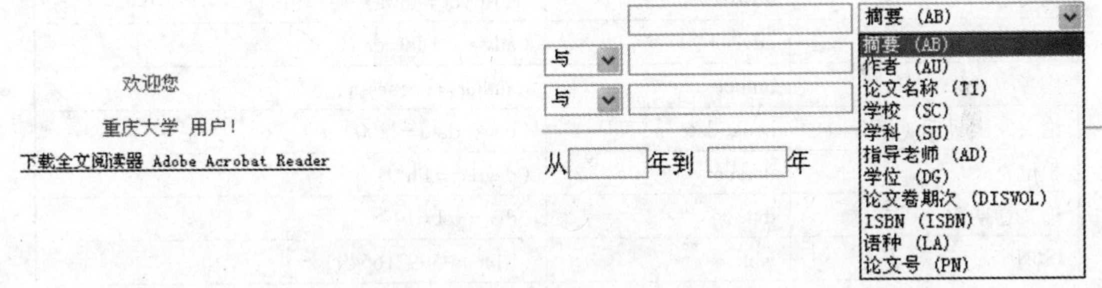

图4.50 检索字段显示

2)高级检索

在PQDD主界面标签栏选择“高级检索”即可进入高级检索界面，如图4.51所示。

如果需要进行更多字段的布尔逻辑组配检索时，可以采用高级检索。高级检索界面分为上下两部分：检索式输入框和检索式构造辅助表。

检索式输入框：可以输入所需的检索式。检索式的构成，可以是字段名，例如：abstract = gear；也可以是同一字段的逻辑组配，例如：(t_title = energy) NOT (t_title = nuclear energy)；还可以是不同字段间的逻辑组配，例如(abstract = gear) AND (t_title = energy)。表4.5及表4.6分别列出了检索字段及示例和禁用词。

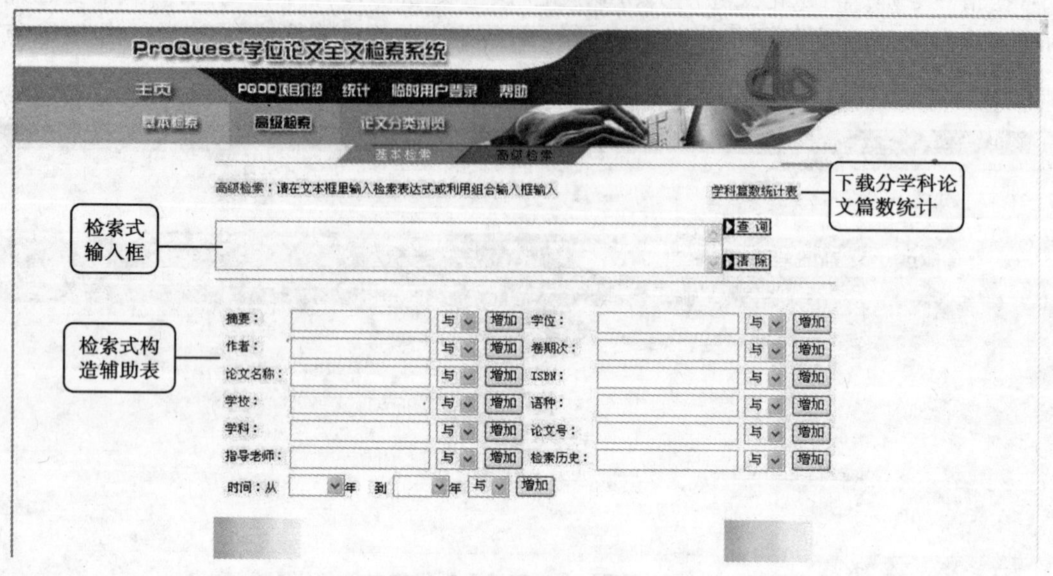

图 4.51　高级检索界面

检索式构造辅助表：在对应的字段后面的空格处输入要检索的关键词，点击"增加"按钮将检索条件加入检索式输入框中，以此来辅助构成检索式。

表 4.5　检索字段及使用示例

字段名称	查询标志	举　例
摘要	abstract	(abstract = Iowa)
指导老师	adviser	(adviser = Jagoda)
作者	author	(author = Leonessa)
论文发表日期（年/月）	book_date	(book_date = '2002/7')
学位	degree	(degree = Ph. D.)
论文卷期次	dvi	(dvi = vol 61)
ISBN	isbn	(isbn = 0599716649)
语种	t_language	(t_language = english)
论文号	pub_number	(pub_number = AAI9969238)
学校代码、名称	school	(school = Stanford) or (school_code = 0212)
学科代码、名称	subject	(subject = Environmental) or (subject = 0543)
论文名称	t_ title	(t_title = Tnonlinear finite)

表 4.6　PQDD 数据库禁用词

ALSO	BY	SOME	THIS
AN	DID	SUCH	THOSE
AND	FROM	THAN	THROUGH
ARE	HAS	THAT	TO

续表

AS	HAVE	THE	USING
BE	INTO	THEIR	WERE
BEEN	NOT	THEM	WHEN
BETWEEN	OF	THEMSELVES	WHICH
BOTH	OR	THESE	WITH
BUT	SHOULD	THEY	WOULD

3)论文分类浏览

PQDD 还提供论文分类浏览功能,在 PQDD 主界面标签栏选择“论文分类浏览”即可进入。论文分类浏览界面分为左右两个部分,左边为3层分类导航树,计11个大学科,右半部分显示的是该分类下所有论文的题录,如图4.52所示。

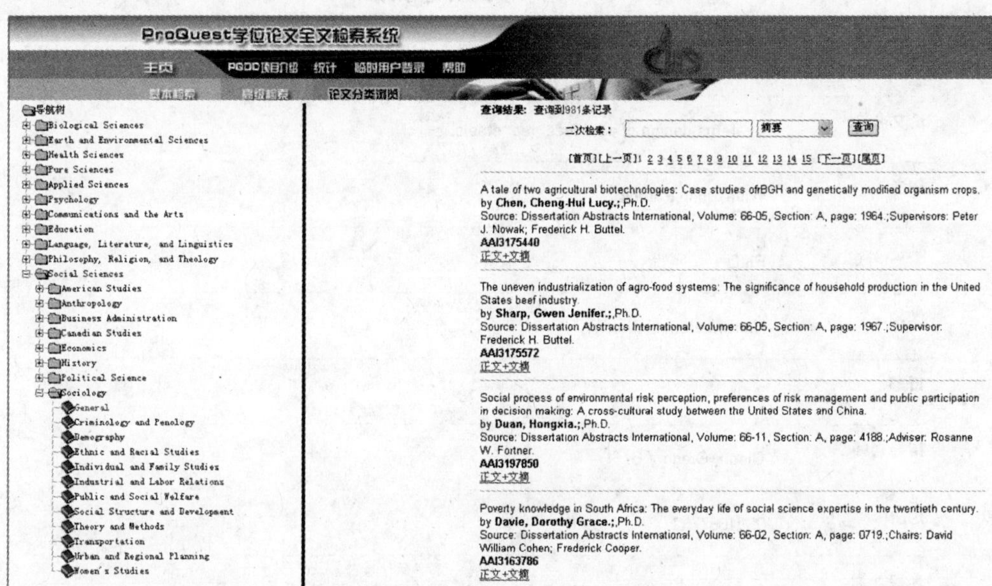

图4.52 分类浏览

4)检索结果显示、输出

图4.53是检索结果的题录格式。

点击每条记录下边的“正文+文摘”,可以看到该记录的全书目和文摘,如图4.54所示。用户还可以在页面上方进行“二次检索”,即在第一次检索结果中通过进一步限定查询条件,继续检索,得到精确查询结果;在全书目和文摘显示页面,点击“下载PDF文件”即可看到学位论文的PDF格式全文。

查询结果:您的查询条件 ((t_title=gear) AND (book_date=2000 to 2003)) 查询到21条记录

二次检索: [ ] 摘要 查询

[首页][上一页]1 2 [下一页][尾页]

Systems design of advanced gear steels.
by **Wise, John Patrick.**;,Ph.D.
Source: Dissertation Abstracts International, Volume: 59-05, Section: B, page: 2382.;Adviser: Gregory B. Olson.
AAI9832717
正文+文摘

Parallel finite element simulator of planetary gear trains.
by **Bajer, Andrzej.**;,Ph.D.
Source: Dissertation Abstracts International, Volume: 62-11, Section: B, page: 5326.;Supervisor: Leszek F. Demkowicz.
AAI3032969
正文+文摘

Computerized design of new type spur, helical, spiral bevel and hypoid gear drives.
by **Fan, Qi.**;,Ph.D.
Source: Dissertation Abstracts International, Volume: 63-03, Section: B, page: 1527.;Adviser: Faydor L. Litvin.
AAI3047851
正文+文摘

图 4.53 题录格式的检索结果

出版号	AAI9832717
论文名称	Systems design of advanced gear steels.
作者	Wise, John Patrick.;
学位	Ph.D.
学校	Northwestern University.
日期	2001
指导老师	Olson, Gregory B.
ISBN	0591857782
来源	Source: Dissertation Abstracts International, Volume: 59-05, Section: B, page: 2382.;Adviser: Gregory B. Olson.
学科	Engineering, Materials Science.;Engineering, Metallurgy. 0794;0743
全文	5819KB image-only PDF 点击此处下载PDF文件
摘要	A new generation of Ni-Co secondary hardening gear steels has been developed using a systems approach. These high toughness ultrahigh-strength martensitic steels show great promise for demanding gear applications. Quantitative science-based modeling was used to create prototype alloys of superior strength and fatigue

图 4.54 书目和文摘

第5章 国外信息检索系统(二)

5.1 SpringerLink

5.1.1 数据库概况

德国施普林格(Springer-Verlag)是世界上著名的科技出版集团，通过 SpringerLink 系统提供电子期刊和电子图书的在线服务。2002 年 7 月开始，Springer 公司和 EBSCO/Metapress 公司在国内开通了 SpringerLink 服务。目前 SpringerLink 所提供的全文电子期刊共包含近 2 200 多种学术期刊，按学科分为：建筑学，设计和艺术，行为科学，生物医学和生命科学，商业和经济，化学和材料科学，计算机科学，地球和环境科学，工程学，人文、社科和法律，数学和统计学，医学，物理和天文学等 12 个大类，是科研人员的重要信息源。此外，SpringerLink 还有 750 多套电子丛书，16 000 多本电子图书和 80 多套参考工具书可供检索。SpringerLink 的网址是 http://springerlink.lib.tsinghua.edu.cn，主页如图 5.1 所示。

5.1.2 数据库检索

1)浏览查找

内容包括期刊浏览和学科浏览。

(1)期刊浏览

期刊浏览如图 5.2 所示。

期刊前面的符号含义如下：

■代表该文献可以查看全文；

◩代表该文献可以查看到1997年以后的全文(部分查看全文)；

□表示该文献不可以查看全文,只可看到摘要。

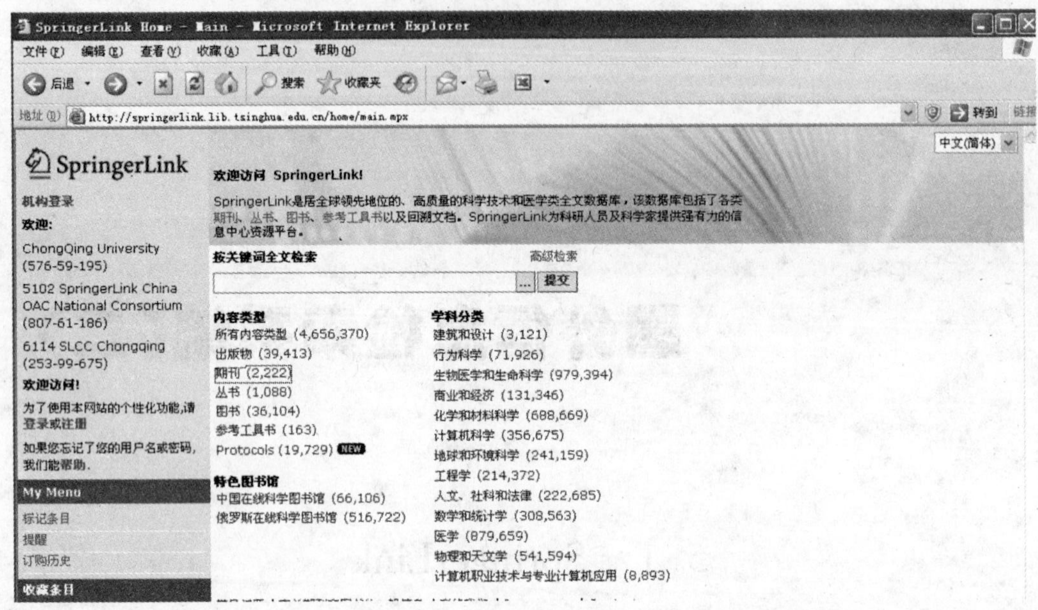

图5.1 SpringerLink主页

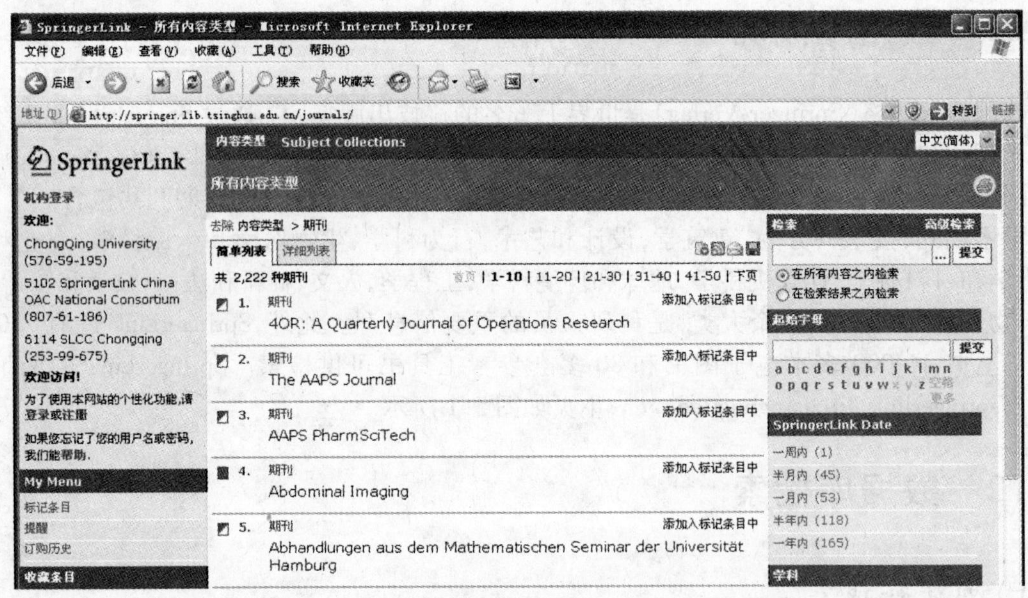

图5.2 期刊浏览

点击期刊名称可以浏览该期刊,并可以选择年、期,具体浏览某一期期刊的文献基本情况,并可以下载全文(根据授权情况)。

(2)学科浏览

主页面上有“学科”,点击其中的任何一个学科主题的名称,就可以进入主题浏览检索。如点击其中的“化学和材料科学”,即可检索相关文献。在学科主题下还可进行简单检索和高级检索。

2)简单检索

进入 SpringerLink 的期刊检索界面之后,主页面上有一个工具栏,可以通过此工具栏进行搜索,在右上方的检索入口输入检索词,按提交按钮提交,也可以构建检索表达式。如果需要扩大或者缩小搜索范围,可以通过打开“…”,通过组配 AND,OR,NOT 等逻辑关系符进行搜索,查得所需文献,如图 5.3 所示。

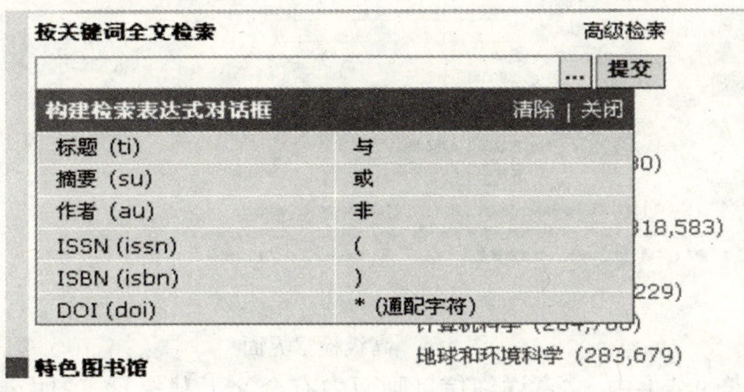

图 5.3　简单检索界面

在提交前面的文字输入框内输入关键词。关键词可以是一个单词,也可以是多个单词;关键词可以进行字段限定。

①关键词之间的逻辑关系:根据检索者选择的检索策略,检索者可以在关键词之间输入逻辑运算符,若不输入逻辑运算符,则默认的逻辑运算关系为“与”——AND 。

②“ * ”截词符——前方一致:用于关键词的末尾,以代替多个字符。

③优先级运算符“( )”:可使系统按照检索者要求的运算次序,而不是默认的逻辑运算优先级次序进行检索。

3)高级检索

点击图 5.2 页面中的“高级检索”按钮可进入高级检索页面,如图 5.4 所示。

在这里可以按全文、标题、摘要、作者、编辑、ISSN、ISBN、DOI 进行组合查询,还可以限定日期和排序。

在相应的字段后面的输入框中输入检索词,点击检索进行高级检索。各检索字段之间默认“AND”关系,同字段检索词支持逻辑组配(详见简单检索)。

二次检索:在检索结果中再次检索,可以起到缩检作用,提高检准率。在检索结果页面的右边有检索框,检索框下面有两个选项,选择“在所有内容之内检索”是进行全新检索,选择“在检索结果之内检索”是进行二次检索。

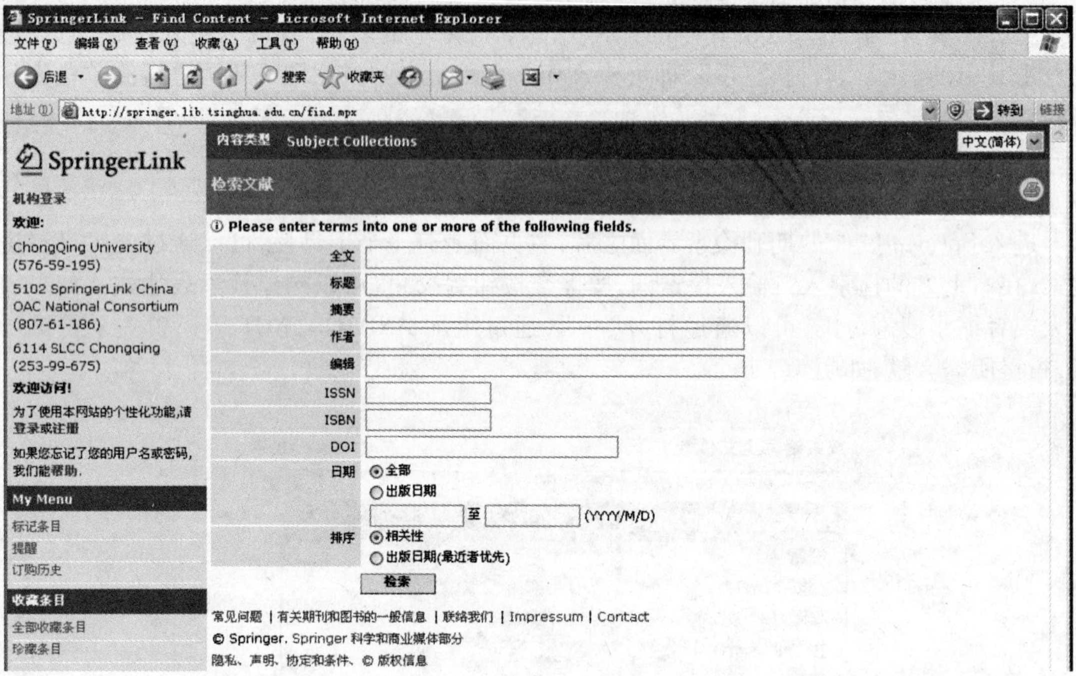

图 5.4　高级检索界面

在每一种检索的结果中,文章详细信息画面中有全文下载提示,说明全文的收录情况,对于有全文的文章可以点击“全文”打开 PDF 全文,利用 PDF 浏览器可以实现对文章的复制、编辑、打印等。

5.2　EBSCO

5.2.1　数据库介绍

EBSCO 检索平台提供如下 8 个数据库,如图 5.5 所示。但使用权限与用户所购买的限权有关。

1) Academic Source Premier (ASP)

Academic Source Premier (ASP) 提供了近 4 700 种出版物全文,其中包括 3 600 多种同行评审期刊。它为 100 多种期刊提供了可追溯到 1975 年或更早年代的 PDF 回溯资料,并提供了 1 000 多个题名的可检索参考文献。此数据库通过 EBSCOhost 每日进行更新。

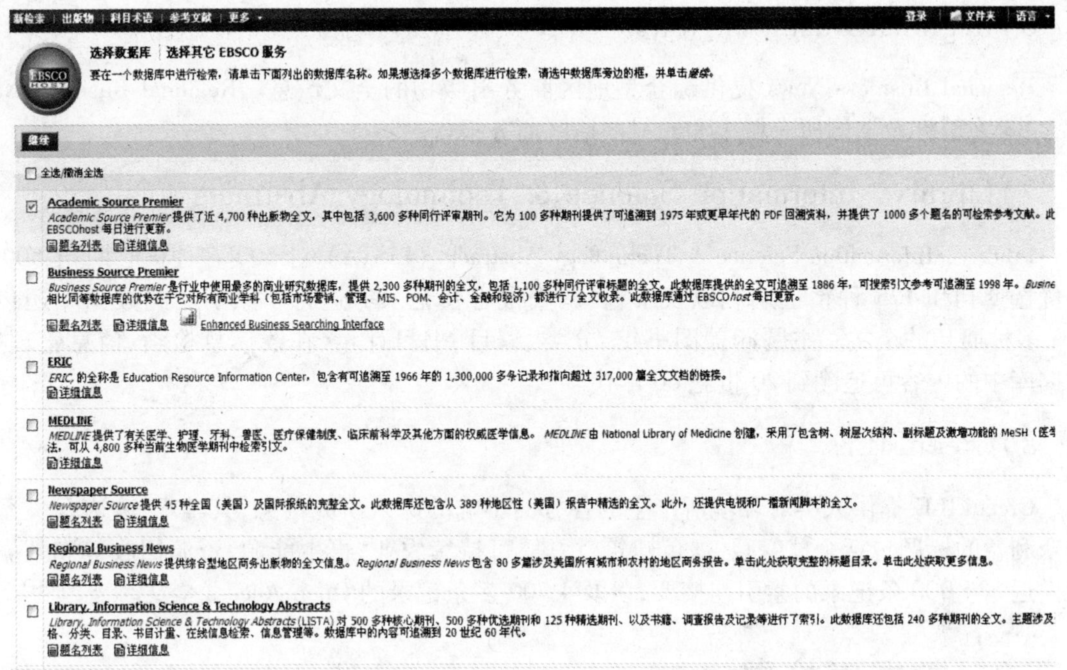

图 5.5 EBSCO 的 8 个数据库

2) Business Source Premier

Business Source Premier 是行业中使用最多的商业研究数据库，提供 2 300 多种期刊的全文，包括 1 100 多种同行评审标题的全文。此数据库提供的全文可追溯至 1886 年，可搜索引文参考可追溯至 1998 年。Business Source Premier 相比同等数据库的优势在于它对所有商业学科（包括市场营销、管理、MIS、POM、会计、金融和经济）都进行了全文收录。此数据库通过 EBSCOhost 每日更新。

3) ERIC

ERIC 的全称是 Education Resource Information Center，包含有可追溯至 1966 年的 1 300 000多条记录和指向超过 317 000 篇全文文档的链接。

4) MEDLINE

MEDLINE 提供了有关医学、护理、牙科、兽医、医疗保健制度、临床前科学及其他方面的权威医学信息。MEDLINE 由 National Library of Medicine 创建，采用了包含树、树层次结构、副标题及激增功能的 MeSH（医学主题词表）索引方法，可从 4 800 多种当前生物医学期刊中检索引文。

5) Newspaper Source

Newspaper Source 提供 45 种全国（美国）及国际报纸的完整全文。此数据库还包含从 389 种地区性（美国）报告中精选的全文。此外，还提供电视和广播新闻脚本的全文。

6) Regional Business News

Regional Business News 提供综合型地区商务出版物的全文信息。Regional Business News 包含 80 多篇涉及美国所有城市和农村的地区商务报告。

7) Library, Information Science & Technology Abstracts

Library, Information Science & Technology Abstracts (LISTA) 对 500 多种核心期刊、500 多种优选期刊和 125 种精选期刊以及书籍、调查报告及记录等进行了索引。此数据库还包括 240 多种期刊的全文。主题涵盖图书馆、分类、编目、书目计量、在线信息检索、信息管理等。数据库中的内容可追溯到 20 世纪 60 年代。

8) GreenFILE

GreenFILE 提供人类对环境所产生的各方面影响的深入研究信息,其学术、政府及关系到公众利益的标题包括全球变暖、绿色建筑、污染、可持续农业、再生能源、资源回收等。数据库提供近 384 000 条记录的索引与摘要,以及 4 700 多条记录的 Open Access 全文。

5.2.2 数据库检索

以 ASP 为例,简要介绍 EBSCO 数据库的检索功能,检索界面如图 5.6 所示。

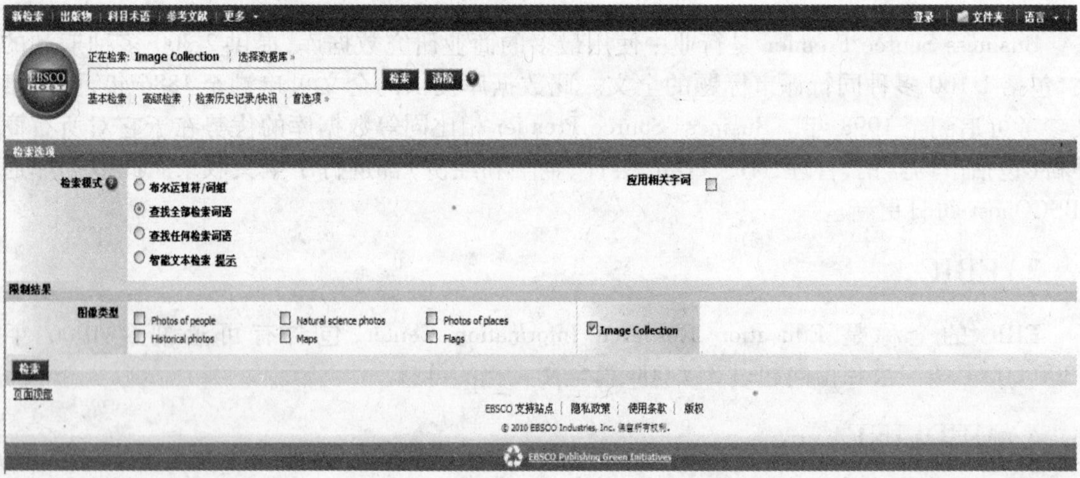

图 5.6 EBSCO 检索界面

EBSCO 数据库中的检索方式与其他外文数据库较为接近。该数据库提供了基本检索、高级检索、检索历史记录查询等功能。

基本检索提供的检索模式有:布尔逻辑运算符/词组、查找全部检索词语、查找任何检索词语、智能文本检索提示等 4 种,以及对检索结果的一些限制方式。例如,可以用"全文""同行评审""出版物"等条件限制检索结果,还可以限制出版物的类型、页数、出版时间等,如图5.7 所示。

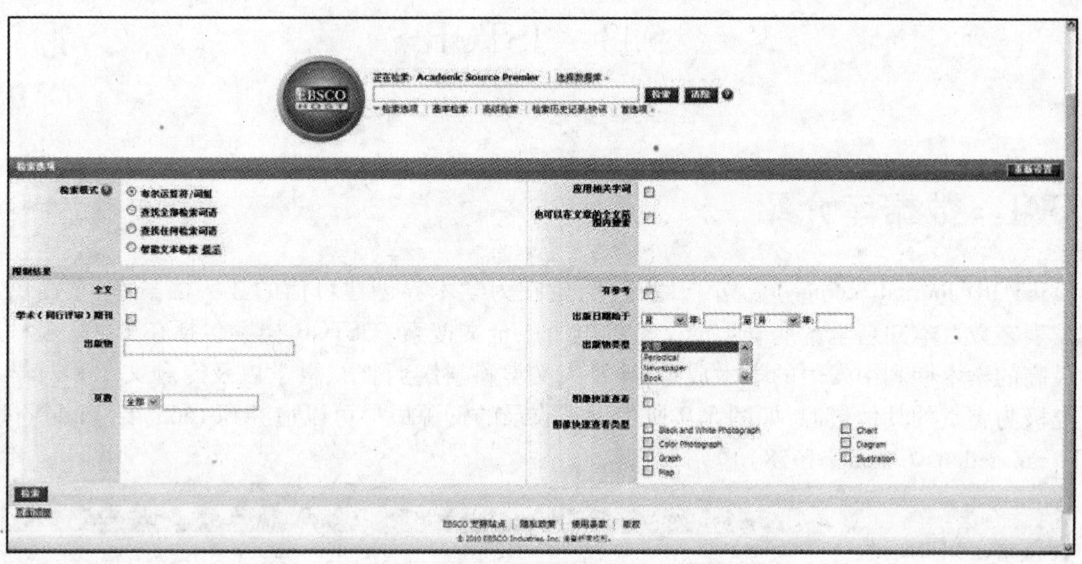

图 5.7 基本检索

在高级检索模式下,除了可以增删检索字段外,其余功能与"基本检索"模式大致相同,如图 5.8 所示。

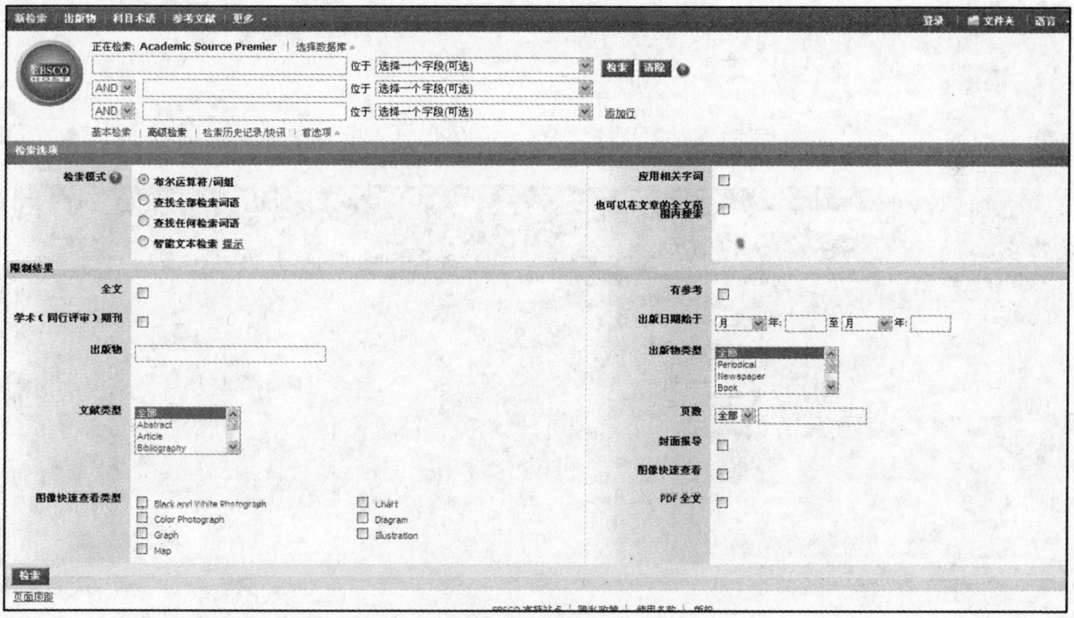

图 5.8 高级检索

5.3 JSTOR

5.3.1 数据库介绍

JSTOR(Journal Storage)成立于1995年,旨在为学术界创建可信的数字档案库,它提供了对发表在数百本知名学术期刊上的文章的电子版全文搜索。JSTOR档案包括在1 000多种质量最高的学术期刊中发表的学术成果,涉及人文学科、社会科学、科学以及专题文章和对学术研究极为宝贵的其他资源,如图5.9所示。其收录的资源最早可以追溯到1665年(Philosophical Transactions (1665—1678))。

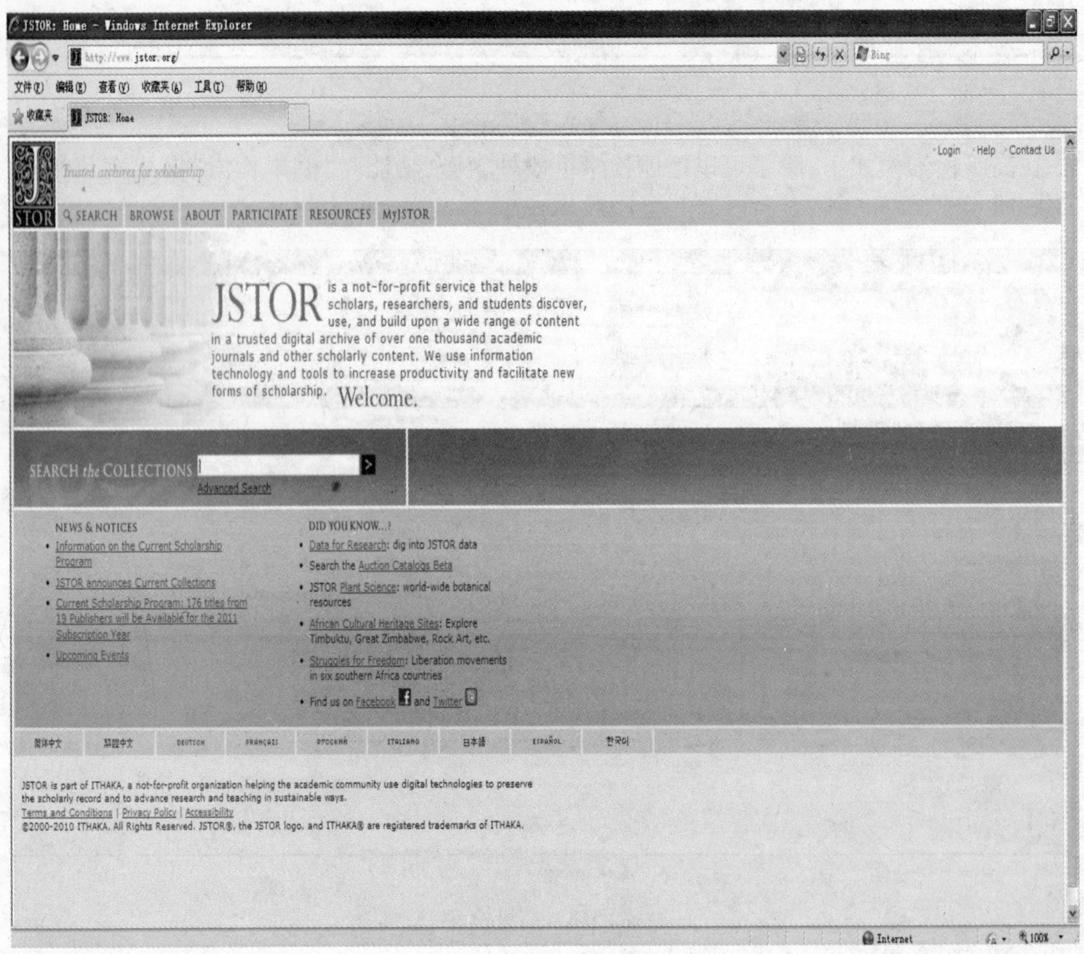

图5.9 JSTOR主页

由于 JSTOR 是一个过刊数据库,其收录的期刊有“推迟时间间隔”,即最新出版的期刊和 JSTOR 中内容之间存在的时间间隔。一般来说,JSTOR 档案库中大多数期刊的推迟时间间隔是 3 ~ 5 年,但出版商可选择 0 ~ 10 年的时间间隔。

5.3.2　数据库检索

JSTOR 检索模式分为 Basic Search(基本检索)、Advanced Search(高级检索)和 Citation Locator(文献查找)3 种模式,如图 5.10 所示。

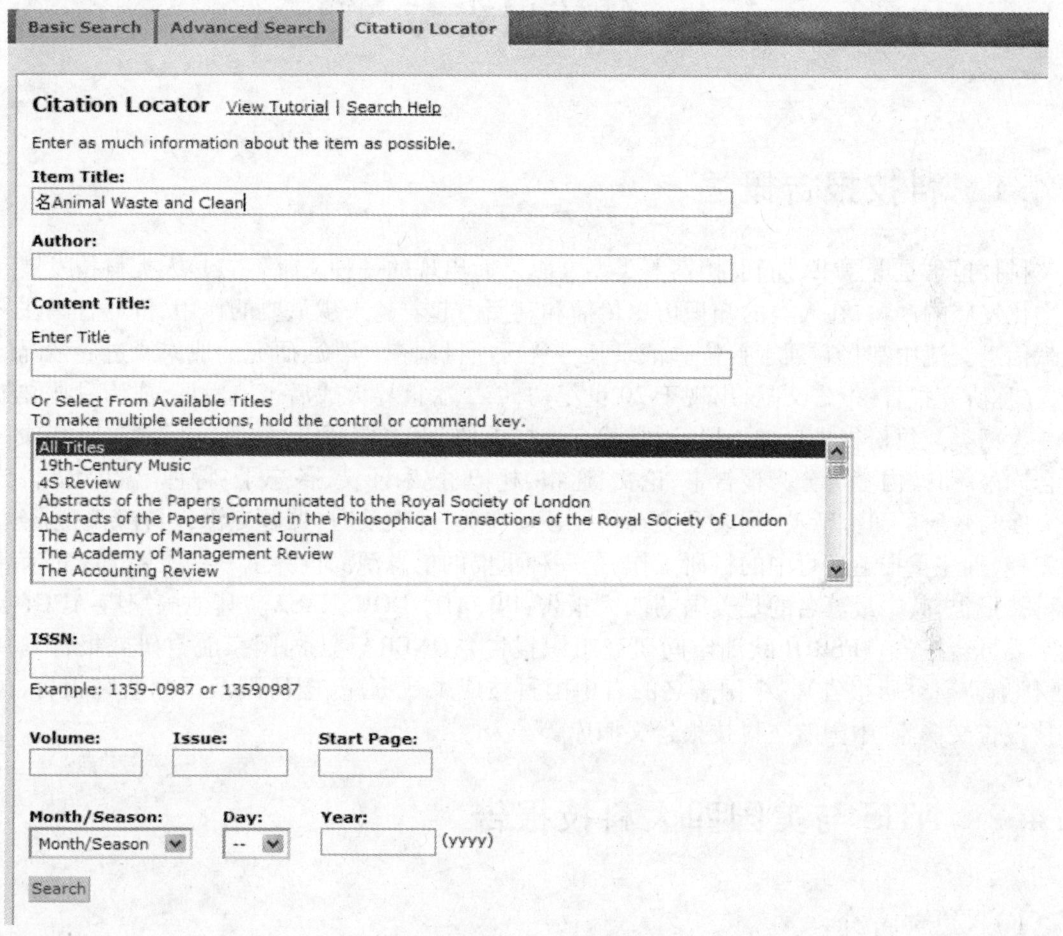

图 5.10　JSTOR 检索界面

(1)Basic Search(基本检索)　该模式可以对 JSTOR 中的资源中的作者(au:)和题名(ti:)进行检索,并能同时使用逻辑算符。如,要在标题中检索 waste water,则应该在检索框中输入 ti:(waste water)。这里需要注意用( )将短语括起来,以免系统将短语中的概念进行拆分,从而降低查准率。

(2)Advanced Search(高级检索)　相对于基本检索而言,高级检索提供了多个检索框,并且提供了一些可以限制检索范围的选项,如限制文献的类型、文献的日期、主题或期刊等。

(3)Citation Locator(文献查找)　在该模式下,读者可以输入已知文献的题名、作者、期刊名称等信息,从而可以查找特定的文献。由于是查找特定的文献,因此在输入检索对象的时候,就要保证拼写正确。在这种模式下,可以不必将所有的信息都全部输入,只需要输入可以查到该文献的信息即可。例如,我们如果要查找文献 Sheldon B. Cohen. Animal Waste and Clean[J]. Water Environmental Health Perspectives, 2000,108(9):A394,可以只输入题名 Animal Waste and Clean 进行检索。

5.4 科技报告与 NTIS

5.4.1 科技报告概述

科技报告是继图书、期刊、档案等类型文献之后出现的一种文献。它是人类科技发展和信息文化发展的产物,在人类的知识信息传播和利用中起着越来越重要的作用,世界各国在科技文献信息交流中都将它列于首位。记录某一科研项目调查、实验、研究的成果或进展情况的报告,又称研究报告、报告文献,出现于20世纪初,第二次世界大战后迅速发展,成为科技文献中的一大门类。每份报告自成一册,通常载有主持单位、报告撰写者、密级、报告号、研究项目号和合同号等,按内容可分为报告书、论文、通报、札记、技术译文、备忘录、特种出版物。科技报告大多与政府的研究活动、国防及尖端科技领域有关,发表及时,课题专深,内容新颖、成熟,数据完整,且注重报道进行中的科研工作,是一种重要的信息源。世界上一些主要国家都有各自的科技报告,其中最著名的是美国的四大报告:PB,AD, DOE,NASA。其他国家有 ARC(英国航空委员会报告)、ESRO(欧洲空间研究组织报告)、ONERA(法国国家航空研究报告)、DVR(德国航空研究所报告)。中国著名的有中国科技成果数据库、国研网及系列研究报告、国防科技报告文摘库、中国航空科技报告文摘库等。

5.4.2 NTIS 与美国四大科技报告

1)NTIS 简介

NTIS(National Technical Information Service)是美国商务部国家技术情报服务局的简称,NTIS 出版的美国政府报告通报与索引数据库是一个重要的信息资源,主要收集了1964年以来美国国防部、能源部、内务部、宇航局(NASA)、环境保护局、国家标准局等国家、州及地方政府部门立项研究完成的项目报告,少量收录世界各国(如加拿大、法国、日本、芬兰、英国、瑞典、澳大利亚、荷兰、意大利)和国际组织的科学研究报告,包括项目进展过程中所做的初期报告、中期报告和最终报告等,能够及时反映科技的最新进展。

2)美国政府四大科技报告

美国政府四大科技报告一直为我国自然科学、工程技术领域的研究人员所重视,从20世纪60年代起就引进了美国政府四大科技报告的主要检索工具《美国政府报告通报与索引》(Government Reports Announcements and Index,简称GRA & I)。四大科技报告包括政府系统的PB报告、军事系统的AD报告、能源系统的DOE报告和航空航天系统的NASA报告。

(1)PB报告　美国1945年6月成立了商务部出版局(Office of the Publication Board,U. S Department of Commerce),专门负责整理从德国、日本、意大利等国搜集的科技资料,并在这些资料上冠以PB(Publication Board)字样,即PB报告。这批资料编至10万号就已编完,之后的PB报告,文献内容也从整理科技资料转向报道美国本国科研成果,但代号仍沿用PB号。自1970年9月起,美国国家技术情报服务局(NTIS)负责收集、整理、报道和发行美国研究单位的公开报告,并继续使用PB报告号。

(2)AD报告　AD报告产生于1951年,原为美国军事技术情报局(Armed Services Technical Information Agency, ASTIA)的报告文献,有ASTIA统一编号,称为ASTIA Documents,即AD报告。凡国防系统及合同单位的技术报告,均由该局整理、分类,编入AD报告。AD报告分两部分,一部分是保密的,不对外报道;另一部分是公开的或从保密文献中解密出来的报告,交NTIS公开发行。

(3)DOE报告　DOE报告是美国能源部(Department of Energy, DOE)及其所属科研机构、能源情报中心、公司企业、学术团体发表的技术报告文献。DOE报告内容包括能源保护、矿物燃料、环境与安全、核能、太阳能与地热能、国家安全等方面。

(4)NASA报告　NASA是美国航空航天局(National Aeronautics and Space Administration)的简称,NASA为了搞好情报资料交流工作,专门设有科学技术情报处(NASA—Scientific and Technical Information Office)。其任务是搜集、通报、发行有关航空航天方面的情报资料。其情报主要来源是NASA所属各科研机构和它的合同单位、资助单位,这些报告的编号前都冠有NASA字样,故称NASA报告。NASA报告的内容主要包括地球大气层内、外飞行问题的研究,宇宙飞船的试验研究,空间开发活动研究等。

3)美国《政府报告通报及索引》

美国《政府报告通报及索引》(Government Reports Announcement and Index,简称GRA & I)是系统地检索美国政府四大科技报告的主要工具。GRA & I于1946年创刊,现由美国商务部国家技术情报处(National Technical Information Service ,简称NTIS)编辑出版,双周刊。它不仅报道美国政府四大科技报告、政府研究机构和合同户的研究报告,也报道搜集到的其他国家的科技报告。目前GRA & I的出版物包括印刷型出版物、缩微胶片、磁带版和声像资料、光盘版、国际联机数据库和网络数据库,因此通过手工、缩微胶片、光盘及网络均可检索GRA & I。下面介绍网络版NTIS的使用。

5.4.3 NTIS 的检索

1) NTIS 数据库简介

NTIS 近年来推出了自己的网络平台,内容包括 200 万篇书目记录。NTIS 数据库拥有卓越的资源,可以查询美国政府资助的最新研究和一些美国以外的国家的最新研究成果。完整的电子文档可以回溯检索到 1964 年。在过去 10 年中,NTIS 每年新增 6 万条记录,大多数记录都包含有文摘,若要阅读报告全文一般需要订购。

NTIS 主页面(http://www.ntis.gov/),如图 5.11 所示。

图 5.11 NTIS 主页

2) NTIS 检索页面

(1)快速检索

如图 5.12 所示,点击快速检索框,提供篇名、作者、关键词、摘要、产品编号和 NTIS 编号几种常规的字段查询方式。

(2)高级检索

高级检索的界面如图 5.13 所示,检索的注意事项如下:

①可以通过限定检索字段、时间、排列等级、收集处归属等进行搜索;

②不能够选择多个检索字段,只能逐个字段检索,逐条排除;

③NTIS 的搜索结果只提供报告编码、题名,需要点击才能看到摘要、作者、年份、收集处。

图 5.12　快速检索页面

图 5.13　高级检索界面

3)EI Village 平台中的 NTIS 的检索举例

(1)检索题目　检索有关激光隐身技术方面的科技报告。

(2)英文关键词　laser stealth, laser stealthy。

(3)检索式　laser and stealth * 。

(4)检索界面　如图 5.14 所示。

(5)检索结果

①题录格式,如图 5.15 所示;

②详细记录格式：点击“Detailed”图标可阅读报告的详细文摘等信息，如图 5.16 所示；

③全文链接：点击“full-text”图标可链接到 NTIS 网站的数据库界面，查看全文价格，从而决定是否订购全文，如图 5.17 所示。

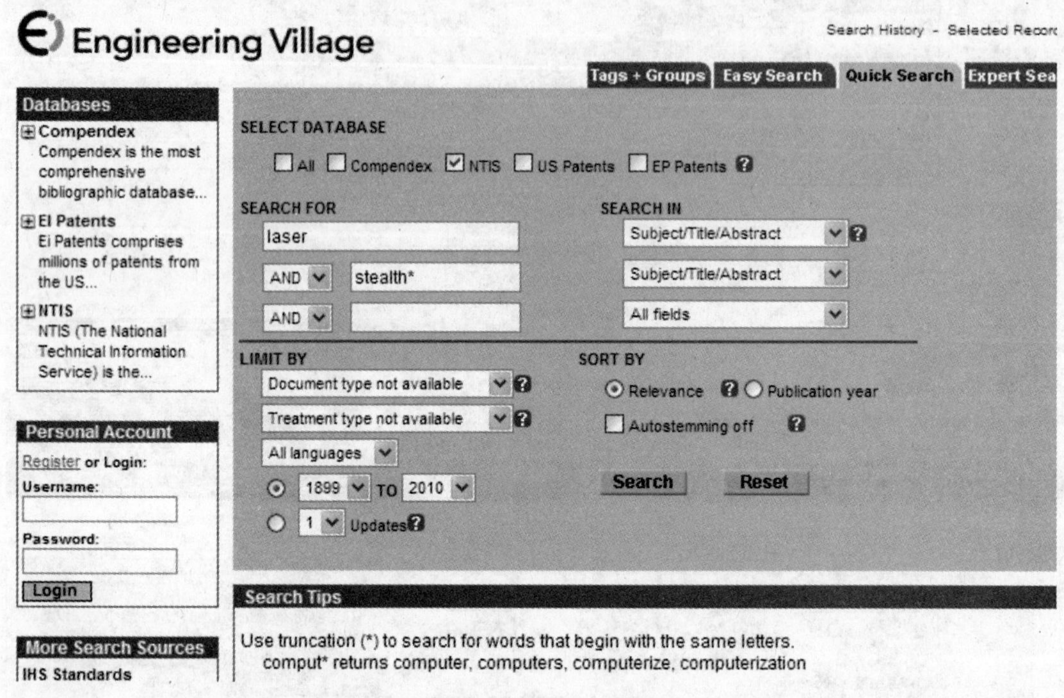

图 5.14 EI Village 平台中的 NTIS 数据库

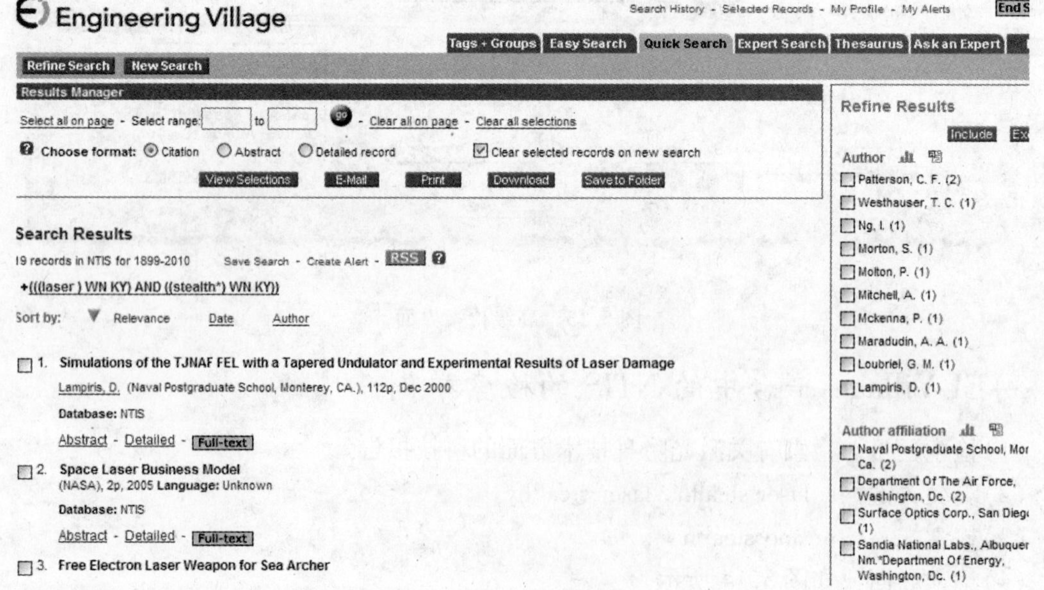

图 5.15 题录格式的检索结果

Selected Records

1 - 19 of 19 selected records

Remove 1.

Accession number:	ADA386569
Title:	Simulations of the TJNAF FEL with a Tapered Undulator and Experimental Results of Laser Damage
Authors:	Lampiris, D.
Author affiliation:	Naval Postgraduate School, Monterey, CA.
Author affiliation codes:	019895000 251450
Publication year:	Dec 2000
Pages:	112p
Language:	English
Country of origin:	United States
Document type:	Master's thesis
Abstract:	The modern maritime battlefield is dominated by the new generation of sea-skimming, high-speed, stealthy and highly agile anti-ship missiles. Anti- ship cruise missile technology continues to evolve, overcoming the performance of the existing ship self-defense weapon systems. The Free Electron Laser (FEL) could be the ultimate speed-of-light, hard-kill weapon system, offering unique features such as tunability, high power, pinpoint accuracy and infinite magazine. Multimode computer simulations were used to explore the operation of the Thomas Jefferson National Acceleration Facility (TJNAF) FEL with untapered and positively tapered undulator. The final steady-state power, the steady-state gain and the electron energy spread as a function of desynchronism were determined for both 34.5 Mev and 47.5 Mev electron beam energies. This thesis also includes an experimental study of damage induced to Polyimide Fiberglass and F2 Epoxy samples, by the TJNAF FEL. Irradiations of the samples were conducted changing various parameters such as the wavelength, average power, pulse repetition frequency, cross wind and spot size in order to explore the damage mechanism. At this stage of evolution, TJNAF FEL is capable of 500W output average power, and in order to achieve the required intensity of 10 kW/ cm2 the beam was focused to a small radius. Scaling guidelines were developed in order to predict the damage caused by a high power laser over a large area.
Availability:	Product reproduced from digital image. Order this product from NTIS by: phone at 1-800-553-NTIS (U.S. customers); (703)605-6000 (other countries); fax at (703)605-6900; and email at orders@ntis.gov. NTIS is located at 5285 Port Royal Road, Springfield, VA, 22161, USA.
NTIS price code:	PC A07/MF A02

图 5.16 详细记录格式

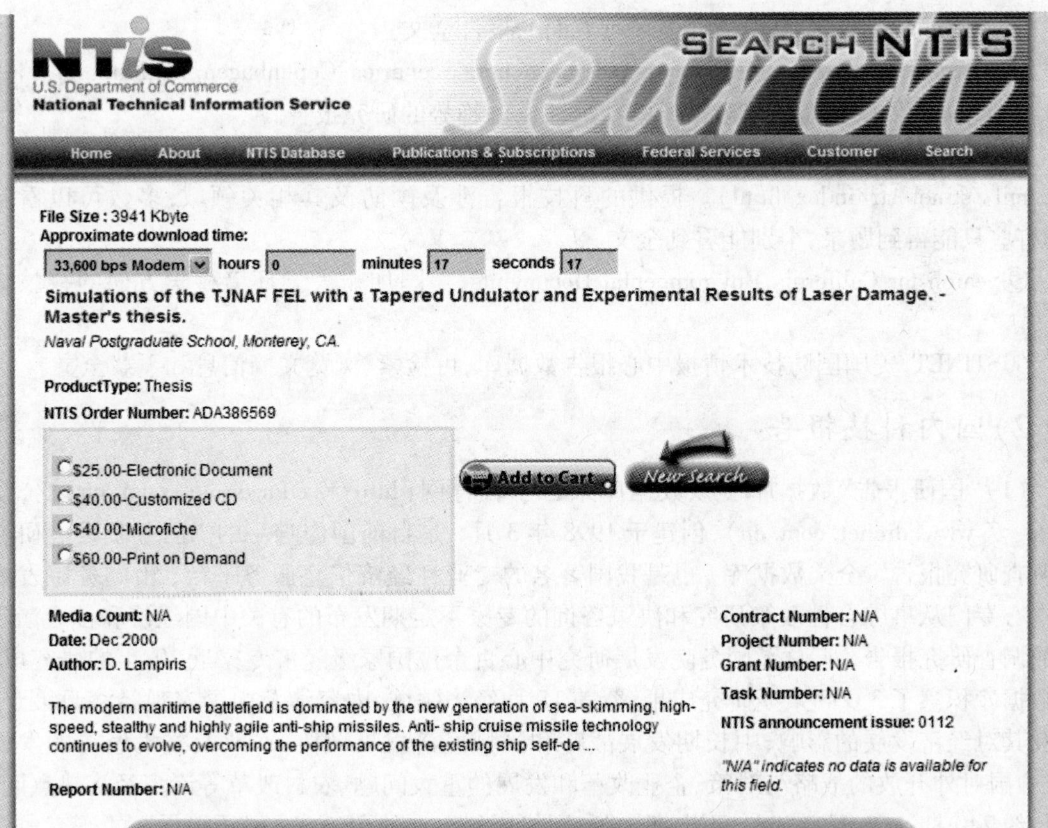

图 5.17 NTIS 数据库界面

5.4.4 科技报告的其他机构或网站

1)国外科技报告

①Documents & Reports of the WorldBank Group(世界银行组织的文件与报告库),可以免费看全文。

②Economics WPA,由华盛顿大学经济系提供的经济学科的报告,其中包括许多大学的研究成果,多数可以免费得到全文。

③美国商务部 FedWorld 信息网(http://www.FedWorld.gov)有200多万篇文献可供检索,时间范围从1964年至今,文献内容为美国政府机构及其资助的研究报告。可免费检索美国政府科技报告(NTIS)的文摘及题录,全文需订购。

④NBER Working Paper,这是美国国家经济研究局(National Bureau of Economic Research)的研究报告,提供摘要。

⑤Networked Computer Science Technical Reports Library(NCSTRL)。汇集了世界上许多大学以及研究实验室有关计算机学科的科技报告,可以浏览或检索,也可免费得到全文。

⑥The Congressional Research Service Reports。它是 Committee for the National Institute for the Environment 的站点,提供了许多环境方面的报告全文。

⑦Russian Prospects——Political and Economic Scenarios Copenhagen Institute for Futures Studies,免费提供俄罗斯当前政治经济状况与发展趋势的研究报告。

⑧美国国防部科技报告服务(Scientific and Technical Report Collection,网站:http://www.dtic.mil/stinet/str/index.html)。提供的科技报告涉及国防及其相关领域,多数可以看到摘要,有些只能得到题录,个别能看到全文。

⑨Search for California Environmental Documents,美国加州大学环境科学方面的科技报告全文。

⑩STINET,美国国防技术情报中心报告数据库,可检索、浏览文摘信息和下载全文。

2)国内科技报告

(1)"国研报告"数据库　该数据库来自于教育网(http://edu.drcnet.com.cn)、公众网(http://www.drcnet.com.cn),创建于1998年3月,是目前国内唯一的"国务院发展研究中心调查研究报告"全文数据库,也是我国著名的专业性经济信息服务平台,由国务院发展研究中心专门从事综合性政策研究和决策咨询的专家不定期发布的有关中国经济和社会诸多领域的调查研究报告,汇总了国务院发展研究中心百余位国家级经济专家近20年的研究成果。该数据库积累了3 000余期研究成果,覆盖15种经济领域,内容涉及中国宏观经济政策走向,以及其对经济发展的影响、中长期发展战略和区域经济发展政策、产业及技术经济的发展动态、中国对外开放的战略与对策、企业改革和发展的重大问题、农村改革等诸多经济热点问题。每年约240期,160万字左右,不定期出版,网络版每天在线更新。"国研报告"的研究成果具有很高的预见性和权威性,是中国政府和企业决策的重要参考依据。

(2)中国商业报告库　中国商业报告库是中国资讯行(China Info Bank)的子库之一,收录了经济专家及学者关于中国宏观经济、金融、市场、行业等的分析研究文献,以及政府部门颁布的各项年度报告全文,主要为用户的商业研究提供专家意见等资讯,数据库每日更新。

(3)中国科技成果系列数据库 中国科技成果系列数据库是万方数据资源系统的子库,收录了自1964年至今的历年各省市部委鉴定后上报国家科技部的科技成果及星火科技成果,共有约53万条记录,包括高新技术和实用技术成果、可转让的适用技术成果以及获得国家科技奖励的成果项目,专业范围涉及化工、生物、医药、机械、电子、农林、能源、轻纺、建筑、交通、矿冶等,这些记录分成4个部分:实用技术、重大成果、中国科技成果和科技奖励项目。

5.5 网络学术资源

5.5.1 网络学术搜索引擎

1)google scholar

Google scholar是Google公司推出的专门面向学术资源的免费搜索工具(见图5.18),可以搜索众多学科和资料来源,包括学术著作出版商、专业性社团、预印本、各大学及其他学术组织的经同行评论的文章、论文、图书、摘要和文章等,内容涵盖自然科学、人文科学、社会科学等多种学科。

图5.18 Google scholar主页

Google scholar除了提供一站式检索外,还有高级检索功能,通过添加优化搜索字词的“操作符”,以提高Google学术搜索的准确性和有效性。在高级检索中,可以对作者、出版物和日期等检索项进行限制。

需要注意的是,Google scholar只是搜索引擎,并不提供全文。

2) scirus

Scirus(www. scirus. com)是一个免费的专为科学家、研究人员和学生开发的网络检索引擎(见图5. 19),可以使得每位想要检索科学信息的人员快捷精准地查找到所需信息——包括专家评审刊物、发明专利信息、作者主页以及大学网站等。

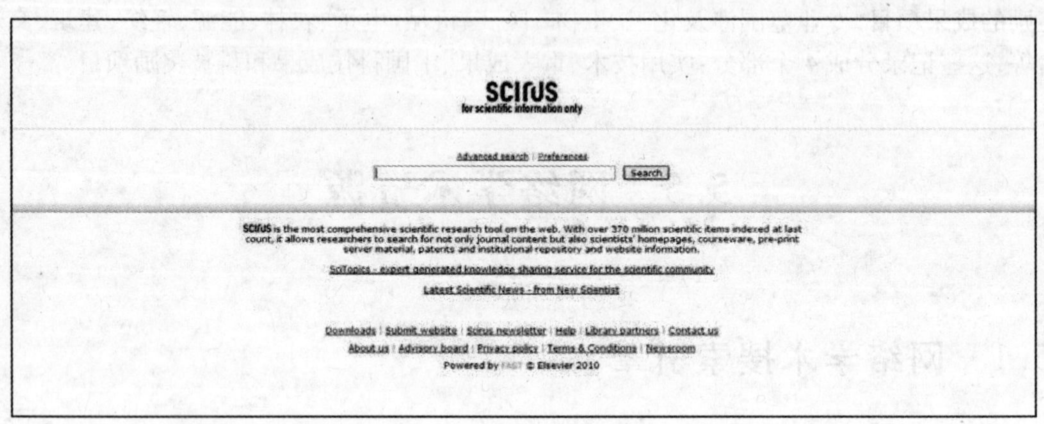

图5. 19　Scirus 主页

Scirus 检索的文献类型包括论文、专利、技术报告、新闻等,覆盖的学科范围包括:农业与生物学,天文学,生物科学,化学与化工,计算机科学,地球与行星科学,经济、金融与管理科学,工程、能源与技术,环境科学,语言学,法学,生命科学,材料科学,数学,医学,神经系统科学,药理学,物理学,心理学,社会与行为科学,社会学等。

Scirus 提供基本检索和高级检索两种模式。相对于基本检索而言,高级检索增加了检索范围的限制,可以缩小要查找的范围,例如,可以将检索范围限定在某一个特定的学科,但是,和 google scholar 一样,Scirus 只提供检索服务,并不提供全文下载。

5.5.2　Open Access

Open Access 是互联网的一种新型科技论文出版方式,其中文译名比较多,通常被译作开放存取、开放获取、开放共享、开放访问、开放近取、开放阅览等。

ISI 对它下了一个简单的定义:任何经由同行评论的电子期刊,以免费的方式提供给读者或机构取用、下载、复制、打印、发行或检索文章。作者可保有著作权,但在出版前需付 500 ~ 1 500美元予出版社。OA 的出版方式包含很广,有出版后完全免费利用全文的,有的则限于出版后一年才公开使用的全文,有的出版社甚至仅提供免费的目录或摘要内容。

目前,有不少 Open Access 资源集成平台为读者提供国内外各学科领域 OA 文献和 OA 仓储信息,并提供学科、语种等多种浏览方式。

1) DOAJ

DOAJ 是"Directory of Open Access Journals"(开放获取期刊目录,网址 http://www. doaj. org/)的缩写,由瑞典隆德大学图书馆(Lund University Libraries)主办,并得到其他机构的资助。

DOAJ 是一项提供获取具有质量控制(即经过同行评议或编辑编审)的开放期刊的服务(见图 5.20)。其目标是全面综合地覆盖所有具有质量控制系统的开放获取学术期刊,且不局限于某个特定语种或主题。DOAJ 的期刊目录就是为了增加开放获取学术期刊的影响力并提高其使用性。

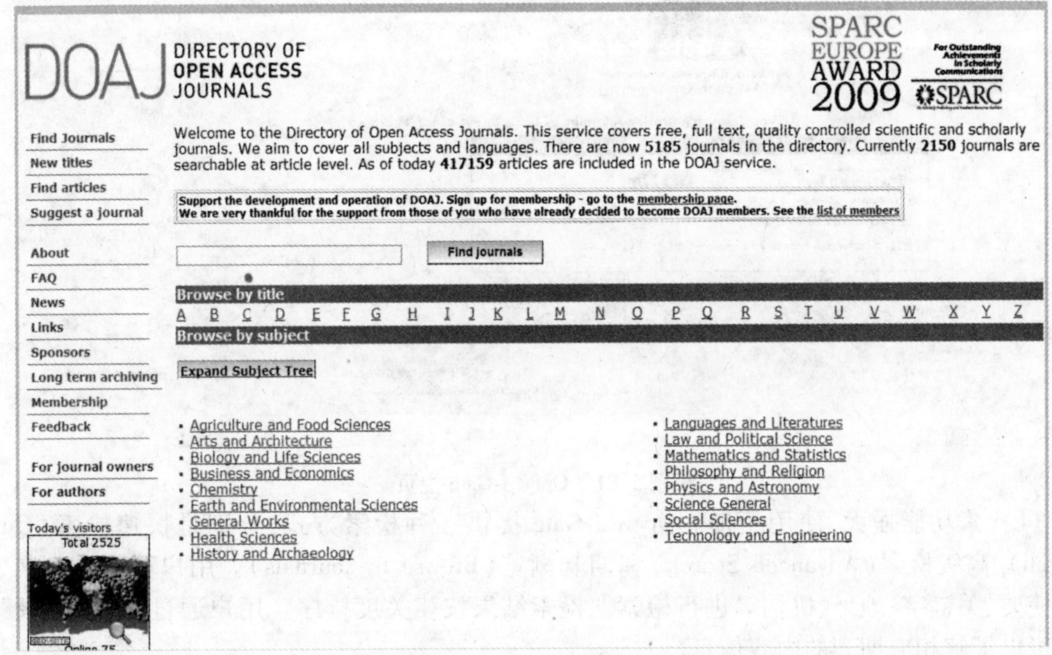

图 5.20 DOAJ 主页

在 DOAJ 系统里,可以通过期刊名称(Journal Title)、ISSN 或 EISSN 、主题(Subject)、出版者(Publisher)、出版国(Country)、语种(Language)、关键词(Keywords)、年份(包括期刊开始提供开放获取全文服务的 Start Year 和期刊停刊的 End Year)等检索项进行检索。

DOAJ 按照学科分为:农业与食品科学、艺术与建筑学、生物与生命科学、管理与经济学、化学、地球与环境科学、健康科学、历史与考古、General Works、语言学与文学、法律与政治学、数学与统计学、Philosophy and Religion、物理学与天文学、Science General、社会科学、工程技术学等。

2) Open J-Gate

Open J-Gate(http://www.openj-gate.com)由 Informatics (India) Ltd 于2006 年创建并开始提供服务。其主要目的是保障读者免费和不受限制地获取学术及研究领域的期刊和相关文献(见图 5.21)。

Open J-Gate 的主要特点有:

①电子期刊资源量大。截至 2010 年,Open J-Gate 收集了约 7 481 种来自科研机构和行业期刊,其中 4 424 种期刊经过同行评议(Peer-Reviewed)。

②全文链接、更新及时。Open J-Gate 每日更新,每年新增文献超过 30 万篇,并提供全文检索。

③分类合理。Open J-Gate 中所有期刊经过三级分类,方便用户查找。

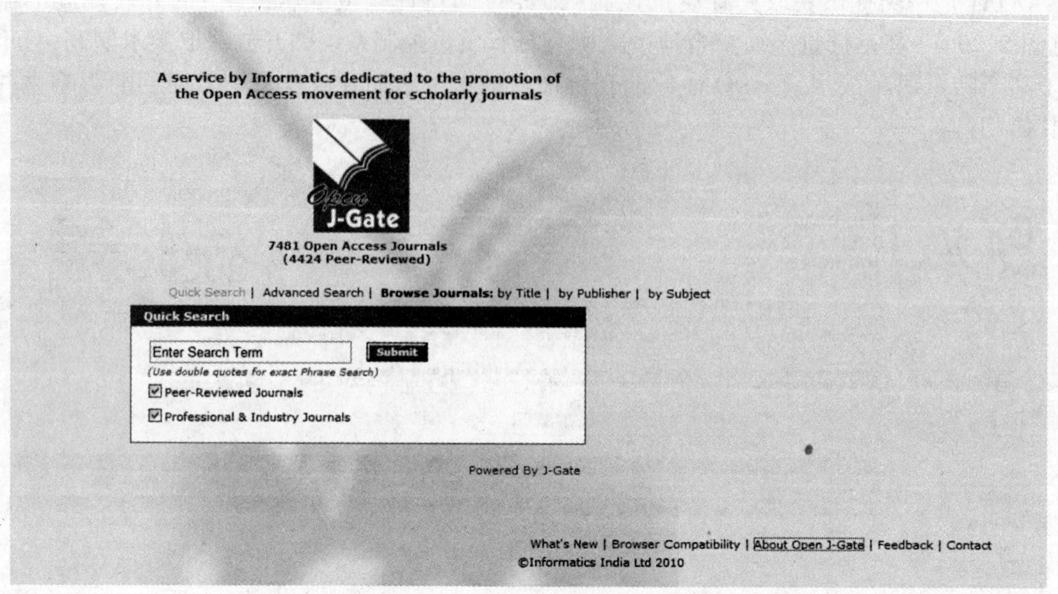

图 5.21　Open J-Gate 主页

④检索功能强大，使用便捷。Open J-Gate 提供三种检索方式，分别是快速检索（Quick Search）、高级检索（Advanced Search）和期刊浏览（Browse by journals）。用户可通过刊名、作者、摘要、关键字、地址、机构等进行检索。检索结果按相关度排序。用户通过期刊"目录"浏览，可以了解相应期刊的内容信息。

第6章

国际联机检索系统

6.1 国际联机检索系统简介

6.1.1 国际联机检索的沿革和发展

1954年美国海军兵器中心图书馆建立了世界上第一个计算机信息检索系统,国际联机检索系统就是在计算机检索的基础上发展起来的,20世纪70年代开始在发达国家普及。国际联机检索系统是指用户利用终端设备,通过通信网络,使用特定的指令和算符,以人机对话方式,查询远程计算机系统的核心数据库,从中获取索需信息的全过程。它是计算机技术、数据库技术和卫星通讯技术共同发展和结合的产物。联机检索的发展,促进了世界科技和经济的进步,同时也为全球的信息高速公路计划打下了坚实的基础。全世界开展联机数据库检索的系统和机构有200多个,其中属于商业性的规模较大的著名国际联机系统有美国的DIALOG系统、ORBIT-BRS系统、MDELINE系统、OCLC系统;欧洲空间组织的ESA-IRS系统;英国的INFOLINE系统;日本的JICST系统,以及美、德、日共同开发的STN系统等。目前通过互联网,可以检索传统的国际联机数据库系统。本章主要介绍DIALOG国际联机检索系统。

6.1.2 国际联机检索的主要特点和作用

1)国际联机检索的主要特点

①检索速度快,检索效率高。一般课题均可以在几分钟内完成检索,且在一系列系统的检

索技术、检索策略的保证下能达到较为理想的查全率和查准率。

②信息资源丰富且质量较高。各大联机检索系统不仅是数据库经销商,而且也是数据库生产者,检索系统提供的一般是各领域的核心、权威数据库,数量从几十到数百个不等,信息资源丰富且经过严格的加工、处理和组织,质量较高且及时提供最新信息。

③数据库的更新速度较快。更新频率有季更新、月更新、周更新和日更新,依具体数据库情况而定。

④费用较高。国际联机检索收费主要由几部分组成:联机机时费、数据库检索使用费和信息提供费(如文献打印、下载,显示费)。

2)国际联机检索的作用

①查找世界上优秀的期刊论文、会议论文、学位论文等文献;

②跟踪科研、技术创新和产品开发世界新动向,提供可行性研究信息;

③了解世界各国的专利、标准和法规等信息;

④查找具有很高参考价值的欧美市场分析报告和行业研究报告的全文信息;

⑤了解上万家公司企业的厂商信息和产品信息;

⑥查找正在进行新技术开发的国外研究人员和工程师的信息。

6.2 DIALOG 系统及检索

6.2.1 DIALOG 系统简介

DIALOG 系统起源于美国 Lockheed Missile & Space Company Inc. 下属的一个科学情报实验室的"Dialog"人机对话系统,1972 年作为全球第一个商业联机服务系统,1981 年正式成为 Lockheed 公司的一个子公司;1988 年被美国 KR 公司并购,1997 年与英国 M. A. I. D 信息公司兼并的同时配合 90 年代网络技术的发展,不断推出基于 Internet 平台和 Intranet 网络产品,几经并购,最后被 Thomson business Dialog 收购,目前拥有 600 多个实实在在的数据库、产品不断丰富以适应社会的各种需求,成为该领域及行业上唯一能提供综合技术和综合信息的佼佼者。

1)DialogWeb(综合检索界面)

DialogWeb (http://www.dialogweb.com) allows both advanced and novice searchers access to the full content of Dialog via the Internet. It offers both a robust Command Search mode that uses the powerful Dialog command language, and a flexible and easy-to-use Guided Search mode that does not require knowledge of commands.

2)DialogClassic(特别为专业人员推出的检索界面)

DialogClassie (http: www. dialogclsssic. com) is for experienced Dialog command language searchers who prefer access via the Internet. This is a fast and highly flexible interface for power searchers.

3) DialogSelect(非专业检索人员检索界面)

DialogSelect (http://dialogselect.com) combines easy-to-use, point-and-click search forms with built-in search intelligence.

4) DialogPRO(专为企业用户定制的检索界面)

DialogPRO(http://www.dialogpro.com) provides the information needed to make the right decisions in today's business environment. With DialogPRO you can monitor industry trends, prepare for a meeting with a client and make more informed decisions. All the top sources are in DialogPRO including the leading business, intellectual property, news, and science information. With this information at your disposal, you can identify data about potential partners, review press releases on clients or prospects, short-cut a product development process and track new business trends.

6.2.2 Search Example (检索实例)

下面以 Brain 的提问为例,讲解数据库的检索和使用。关于 Brain 的提问和回答,均来自国际联机检索的培训教程。

1) Choose Databases(选择数据库)

Question:

I keep hearing about the Iridium technology in the news. Apparently, the company is in trouble, but the technology they used is quite good. All I know about the technology is that it deals with using cellular phones via satellite. Can you get me some info from some of the technical journals that explains what it is in more depth? I'd like it ASAP.

Thx, Brian

Step 1: Use the Information Checklist

Look at Brian's request. What information do we already have? What do we need to know? Here are some things to consider.

Is the subject clearly defined?

What is the purpose of the search? A brief overview? A comprehensive search?

What perspective on the topic is needed? Academic? Technical? Popular?

What quantity of information is expected?

What type of information is needed? Complete article? An abstract? Factual data?

Are there any known sources? Authors? Journals? Papers?

Brian's request tells us what he wants:

A brief overview of what the Iridium project entails.

Articles from technical journals.

An immediate response, so we won't have time to get paper copies of any articles.

Step 2: Determine which Database(s) will provide the best information.

Dialog has over 450 databases, ranging from directories containing data about companies to those providing trade journal coverage from the popular press. Each database is identified by a unique number. For example, In spec is File 2. A listing of all databases is provided on Dialog's Web site at http://library.dialog.com/bluesheets/html/bln.html. We will also see a link to the database listing on the main page of DialogWeb.

Keep in mind these "4 Cs" to evaluate the databases: Content, Coverage, Currency, and Cost.

Databases Selection Tools

Dialog offers extensive documentation on database content and Dialog search features. Two important resources to check are:

The Dialog Database Catalog.

Databases selection tool, known as DIALINDEX.

To get started on DialogWeb 2.0, I will go to DialogWeb and logon by entering my user ID and password and clicking the logon button.

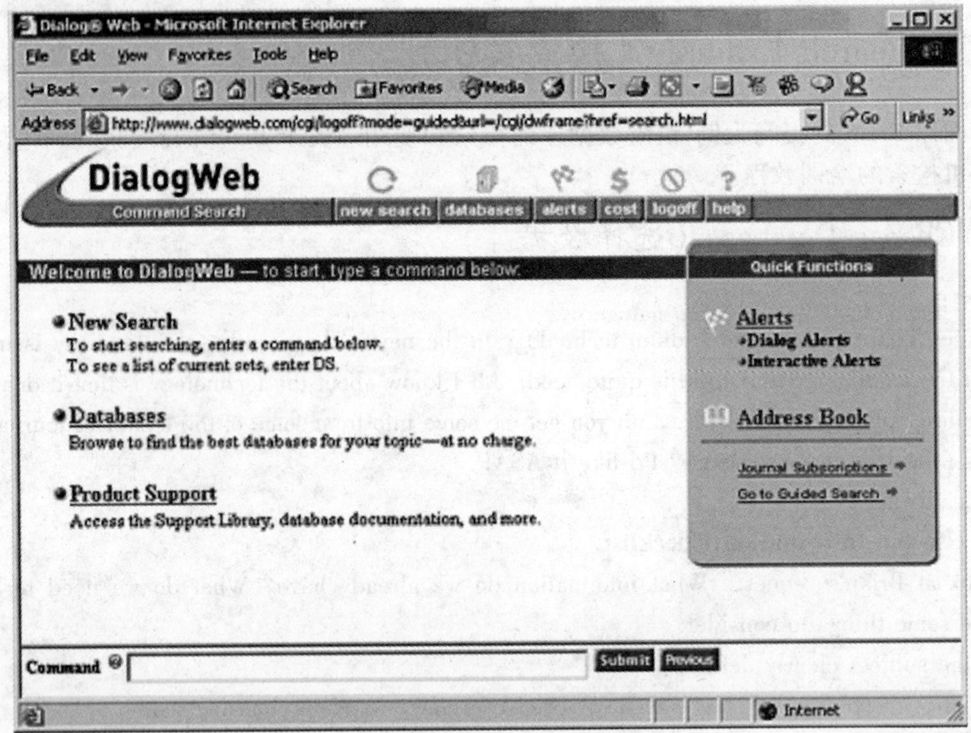

图 6.1 DialogWeb Logon Page

Once I am logged on, (图 6.1) I click Go to Command Search and the Command Search main page appears.

The Command Search main page contains (图 6.2):

Ⓐ A text box for entering Dialog search commands

Ⓑ A Submit button that sends the command

Ⓒ A Previous button that displays the most recent command entries

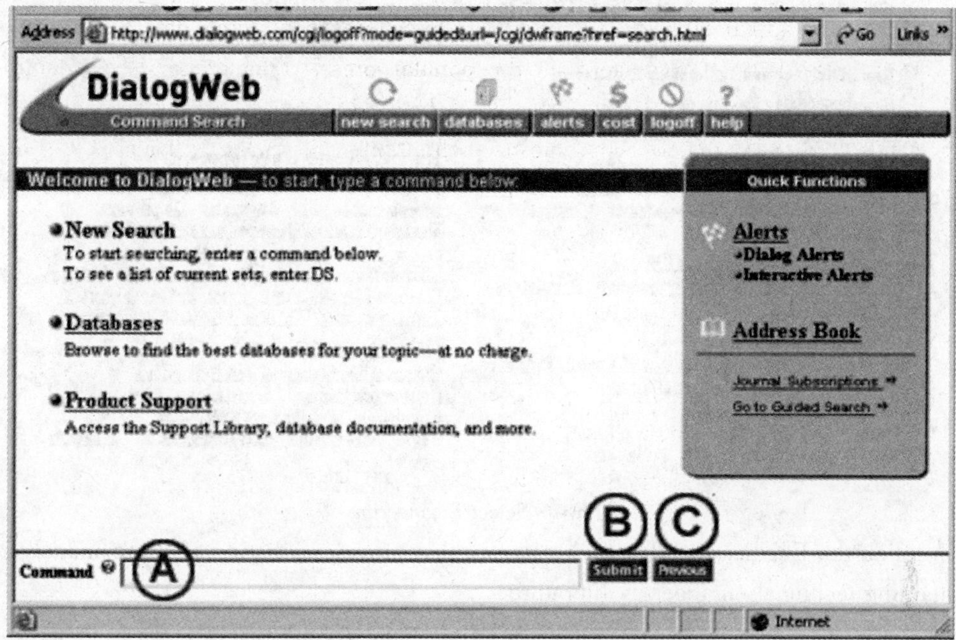

图 6.2 Command Search main page

Since I am using DIALINDEX to identify which databases have information on our topic, I click Databases and a list of subject categories displays.

Now, I must choose from the eight (8) main subject categories. I'll click on **Science and Technology**. I will see that each category is further divided into focused search topics. (图 6.3)

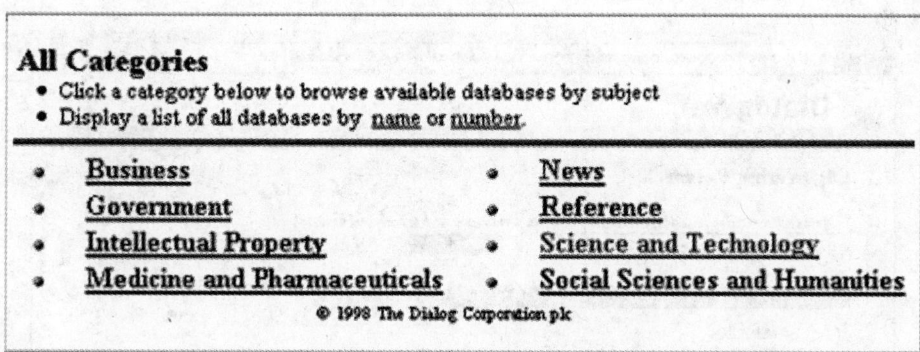

图 6.3 All Categories

For Brian's search, I will select the **Research and Development** category to display because I want technical articles worldwide.

A list of databases appears. These databases contain information at a technical level about a variety of scientific and technical topics. I will select **Engineering** (图 6.4). Remember that the type of information we need will direct our choice of category. In this case, I want to see if there is coverage of the Iridium project.

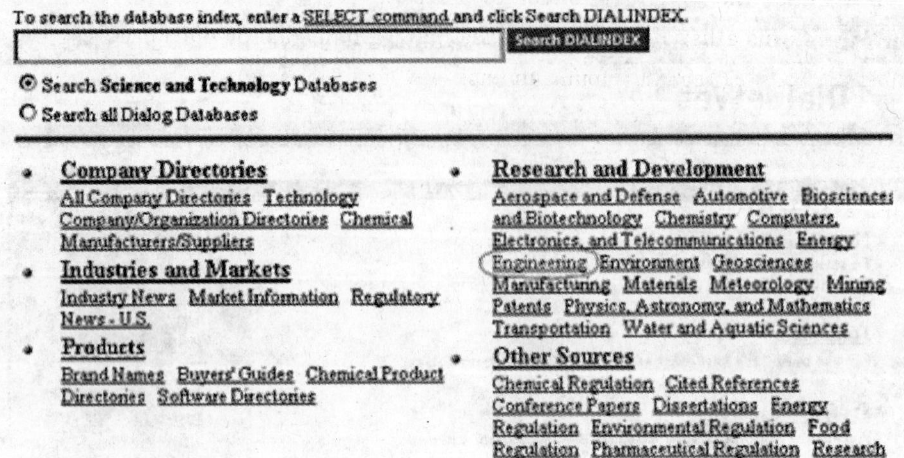

图 6.4 Select Engineering

I then click the Engineering Research category that provides a listing of approximately 20 databases containing technical engineering literature.

When the list of databases in the Engineering Research category displays, I see databases covering specific subjects, such as transportation research, fluid engineering, and petroleum, to name a few.

I want to search the entire category to see which databases have information on the Iridium project. I also have the option of scanning just a couple of databases in the category.

Above the list of databases is the Databases command text box where I can enter my search strategy. For now, I will type a SELECT command followed by my search terms. (图 6.5)

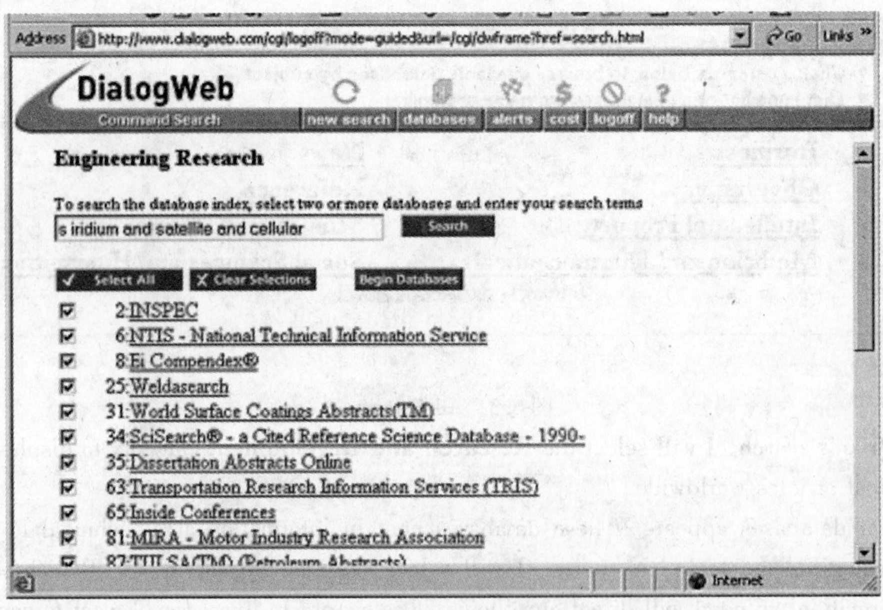

图 6.5 "SELECT" command followed by my search terms

Now, I will click the Search button to proceed.

DialogWeb returns a list of all databases that have information on our topic, along with a listing of the number of "hits" (records) found in each of them. (图 6.6)

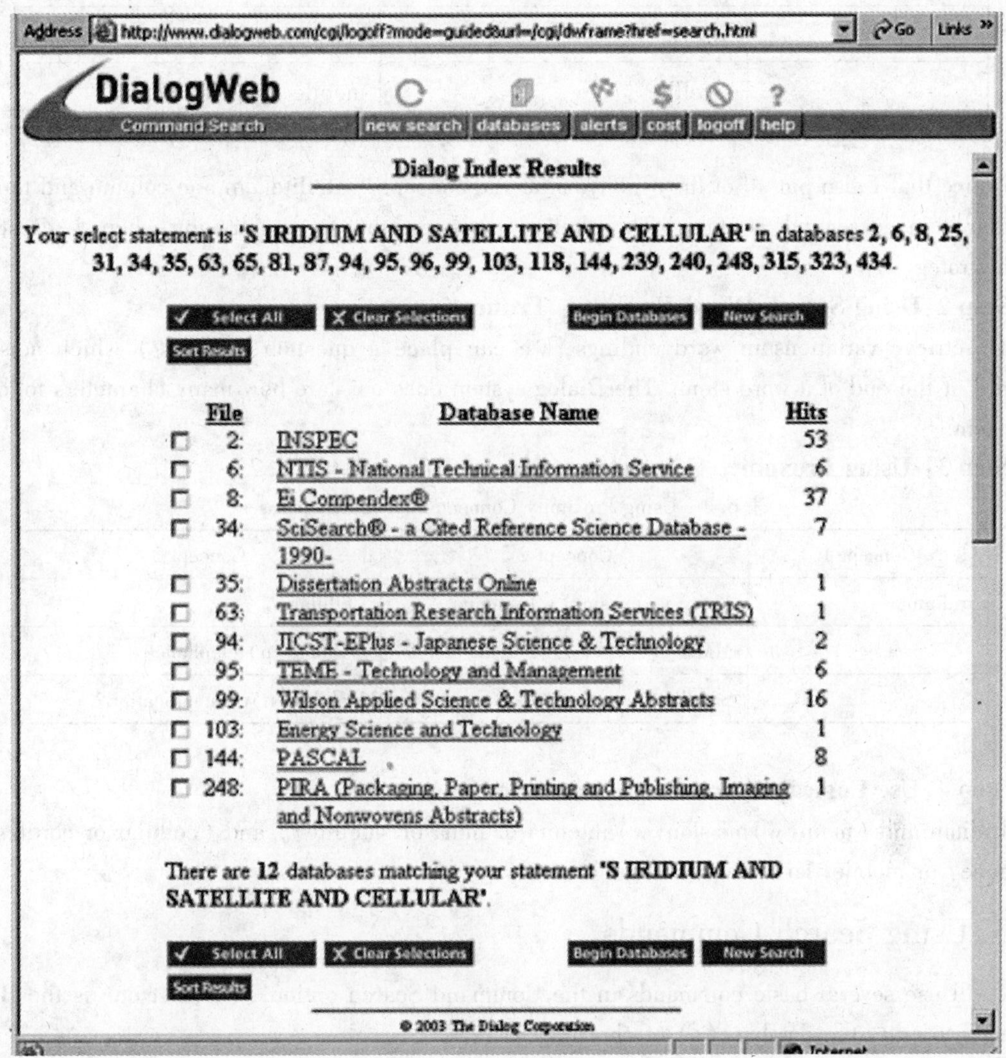

图 6.6　DIALINDEX Results

DIALINDEX has identified databases with stories on our topic. To see the actual stories, I must check databases we want to search and click Begin Databases to run the same strategy.

Alternatively, I may choose the database(s) to search by entering the file numbers and even change our search strategy. If I want to try a brand new search strategy, I can click New Search.

2) Planning a Search

Step 1: Selecting Additional Search Terms

Terms I might use to find information about the Iridium satellite project and its main antenna, could include(表 6.1):

表 6.1 Selecting Additional Search Terms

Concept 1	Concept 2	Concept 3
iridium	main mission antenna	cellular
	MMA	cordless telephone
	satellite	mobile communication

Notice that I also put all of the synonyms for the concept "satellite" in one column and those for "cellular" in a second column. This helps me keep the terms straight when I create my search strategy.

Step 2: Using Search Word Variants: Truncation

To retrieve variations in word endings, we can place a question mark (?) which acts as a wildcard at the end of a word stem. The Dialog system does not care how many characters follow the word stem.

Step 3: Using Proximity Connectors to search phrases (表 6.2)

表 6.2 Using Proximity Connectors to search phrases

Concept 1	Concept 2	Concept 3
iridium	Main(w)mission(w)antenna	Cellular
	MMA	Cordless(n)telephone?
	Satellite?	Mobile(1n)communication?

Step 4: Use Logical Operators to link concepts.

Iridium and (main(w)mission(w)antenna or mma or satellite?) and (cellular or cordless(n) telephone? or mobile(1n)communication?)

3) Using Search Commands

I will use several basic commands in the Command Search option. The first one is the BEGIN command to enter the database(s) of choice.

? **b 4 current**

File 4: INSPEC 1983-1999/Jun W2

(c) 1999 Institution of Electrical Engineers

> > > CURRENT started

Next, I will use the SELECT command followed by my search terms.

? **s iridium**

S1 369 IRIDIUM

Next, I will type the second concept and press ENTER:

Note that I am connecting all of the synonyms under Concept 2 with the logical operator OR. The results are shown below.

? **s main(w)mission(w)antenna or mma or satellite?**

```
          20459    MAIN
           2075    MISSION
           5980    ANTENNA
              3    MAIN(W)MISSION(W)ANTENNA
             72    MMA
           6698    SATELLITE?
    S2     6769    MAIN (W)MISSION(W)ANTENNA OR MMA OR SATELLITE?
```

I will continue to refine the search by adding the third concept and pressing the ENTER key. The results are shown below.

? **s cellular or cordless(n)telephone? or mobile(1n)communication?**

```
           6937    CELLULAR
            268    CORDLESS
           2103    TELEPHONE?
            239    CORDLESS(N)TELEPHONE?
           9427    MOBILE
          25157    COMMUNICATION?
           1918    MOBILE(1N)COMMUNICATION?
    S3     8442    CELLULAR OR CORDLESS(N)TELEPHONE? OR
                   MOBILE(1N)COMMUNICATION?
```

? **s s1 and s2 and s3**

```
            369    S1
           6769    S2
           8442    S3
    S4       34    S1 AND S2 AND S3
```

4) Managing Search Results

To refresh our memory on what sets we have, we can use the command DISPLAY SETS. I type in DISPLAY SETS (or DS) and press ENTER. A resulting search history of all sets I have created since my BEGIN command appears. Take a look at the search history below.

? ds

```
            369    S1
           6769    S2
           8442    S3
    S4       34    S1AND S2 AND S3
```

Displaying Records

I want to view records from Set 4, which contains the combined sets from my search. Brian wants a brief listing of results so I will use a short format that just gives me titles. (图 6.7)

PREDEFINED FORMAT OPTIONS [top]

NO.	DIALOGWEB FORMAT	RECORD CONTENT
1	--	DIALOG Accession Number
2	--	Full Record except Abstract
3	Medium	Bibliographic Citation
4	--	Full Record with Tagged Fields
5	--	Full Record
6	Short	Title and Publication Date
7	Long	Full Record except Indexing
8	Free	Title, Indexing, and Publication Date
9	Full	Full Record
K	--	KWIC (Key Word In Context) displays a window of text; may be used alone or with other formats

图 6.7 Predefined format options

It is often a good idea to display a few records in Format 6, the titles format, before typing out complete records to make sure the search has retrieved relevant records. This format is usually free. To view records, I must enter the TYPE command. The TYPE command has three parts: (表 6.3)

表 6.3 TYPE command has three parts

	Set number	Format	Records
t	S#	6	1-3

Take a look at some examples of the TYPE command below. (表 6.4)

表 6.4 Examples of the TYPE command

Command	Example	When to Use It
TYPE T	type s1/6/1-3 t s3/9/1,3 t s2/6,k/1-5,8	Use TYPE to display search results in specified format

Displaying Records (cont.)

We now determine that we want to display the entire Record 1 from the list. Again, we revise the TYPE command, by changing the format and selected record.

?**t s4/9/1**

4/9/1

DIALOG(R)File 4:INSPEC

(c)1999 Institution of Electrical Engineers. All rts. reserv.

6278974 INSPEC Abstract Number: B1999-08-5270D-008

Title: The IRIDIUM main mission antenna concept

Author(s): Schuss, J. J.; Upton, J.; Myers, B.; Sikina, T.; Rohwer, A.; Makridakas, P.; Francois, R.; Wardle, L.; Smith, R.

Author Affiliation: Raytheon Co., Sudbury, MA, USA

Journal: IEEE Transactions on Antennas and Propagation

vol. 47, no. 3 p. 416-24

Publisher: IEEE,

Publication Date: March 1999 Country of Publication: USA

CODEN:IETPAK ISSN: 0018-926X

SICI: 0018-926X(199903)47:3L. 416:IMMA;1-D

Material Identity Number: I032-1999-005

U. S. Copyright Clearance Center Code: 0018-926X/99/ $10.00

Document Number: S0018-926X(99)05435-6

Language: English Document Type: Journal Paper (JP)

Treatment: Applications (A); New Developments (N); Practical (P);

Experimental (X)

Abstract: The design of a novel phase array panel that provides the L-band satellite to ground links for the IRIDIUM global communications system is presented. Key components and aspects of this phase array antenna are discussed including the beamforming architecture, radiated intermodulation products, the patch radiators, and the T/R module. The strategy for minimizing DC power consumption over a large range of multicarrier RF output power is described. Finally, test results showing compliant array operation are summarized. (11 Refs)

Descriptors: antenna phased arrays; microstrip antenna arrays; mobile satellite communication; multibeam antennas; personal communication networks; satellite antennas; shaped beam antennas; UHF antennas; Identifiers:main mission antenna;IRIDIUM;phase array panel.

Class Codes: B5270D (Antenna arrays); B6250F (Mobile radio systems); B6250G (Satellite communication systems).

Copyright 1999, IEE.

Logoff

We can logoff by typing LOGOFF and pressing the ENTER key. The Dialog cost estimate will display.

? **logoff**

21jun99 22:33:23 User300065 Session D519. 10

$1.84 0. 350 DialUnits File4

$0.00 10 Type(s) in Format 8

$1.95 1 Type(s) in Format 9

$1.00 5 Type(s) in Format 95 (KWIC)

$2.95 16 Types

$4.79 Estimated cost File4

$0.40 SPRNTNET

$5.19 Estimated cost this search

$13.66 Estimated total session cost 0. 871 DialUnits

5) Review(小结)

(1) About choose databases

①We have considered some of the issues to think about when beginning a search. We have used Dialog's databases selection tool, known as DIALINDEX, to help us choose databases.

②We have also reviewed a simple search strategy to find general information on the Iridium project topic.

③We will plan a more comprehensive search strategy, using the strength of Dialog's command language.

(2) As being pointed out, planning is an important part of any search session. Remember to complete the following steps as you plan your own searches.

①Determine and try to describe the topic in one sentence.

②Determine a list of databases likely to cover the topic.

③Analyze the topic and identify individual concepts.

④Select possible synonyms or alternative terms for each concept.

⑤Decide on use of truncation, proximity connectors, and logical operators.

(3) We reviewed the basic commands necessary to conduct a Dialog search and viewed a search from beginning to end(表 6.5).

表 6.5 Dialog search and viewed a search from beginning to end

Command	Example	When to Use It
BEGIN B	begin 4 b 4 b 4,8 current b compsci	Use BEGIN with a file number to specify the database (s) to be searched Use CURRENT to restrict a search to the current year plus previous year in the database specified
SELECT S	select telecommut? s merge? or acqui? s s1 and s2	Use SELECT to create a set of records (e. g., s1) that contains the specified terms
Display TYPE T	type s1/free/1-3 t s2/short/1 t s3/medium/1,2	Use the DISPLAY Button to view records or use TYPE to display results in a specified format
DISPLAY SETS	Display sets ds	Use DISPLAY SETS to display a list of all sets created since the last BEGIN command
logoff LOGOFF	logoff	Click the LOGOFF button to end the search and disconnect from Dialog or enter LOGOFF in the command

第3篇 应用与创新篇

第7章

知识产权与标准

7.1 知识产权

7.1.1 知识产权概述

知识产权制度发源于欧洲,专利法最先问世,英国1623年的《垄断法规》是近代专利保护制度的起点。继英国之后,美国于1790年、法国于1791年、荷兰于1817年、德国于1877年、日本于1885年先后颁布了本国的专利法。最早的商标成文法应当被认为是法国1809年的《备案商标保护法令》,以后,英国于1862年、美国于1870年、德国于1874年先后颁布了注册商标法。世界上第一部成文的版权法当推英国于1710年颁布的《保护已印刷成册之图书法》;法国在18世纪末颁布了《表演权法》和《作者权法》,以后的大陆法系国家,也都沿用法国作者权法的概念和思路;日本于1898年颁布了《版权法》。

我国的知识产权制度萌芽于19世纪。1882年清光绪皇帝批准我国第一件"专利",1910年清政府颁布了我国第一部著作权法——《大清著作权律》。而现代的知识产权制度产生于20世纪80年代,1983年我国颁布和实施了《商标法》,1985年颁布和实施了《专利法》,1991年又颁布和实施了《著作权法》,等等。

自20世纪80年代以来,全球经济、科技发展格局发生深刻重大变化。受世界经济格局变化和发展的影响,国际范围内的知识产权领域也出现重大变化:一是知识产权保护水平不断提高;二是知识产权执行进一步强化;三是一些大国和地区开始推动专利审查国际化;四是一些发达国家和地区先后提出振兴本国经济和增强本国国际竞争力的知识产权发展战略;五是知识产权立法及其保护标准打破了主要由各国自主确定的传统格局,被纳入世界贸易组织管辖范畴，成为世界贸易组织三大支柱之一。这些变化对中国知识产权的发展，对中国经济、科技和对外贸易将产生广泛而深刻影响。

为了适应国际科技、经济的发展，适应国际竞争，我国高度重视国际知识产权领域的发展、变化，并且采取了一系列措施，制定了一系列方针政策。我国曾 3 次修改了专利法，2008 年又出台了中国知识产权战略大纲。国家领导人也高度重视知识产权战略，温家宝总理在 2010 年的政府报告中指出："要大力实施知识产权战略，加强知识产权创造、应用和保护，进一步激发广大科技工作者和全社会的创新活力。"江泽民指出："创新是一个民族进步的灵魂，是一个国家兴旺发达的不竭动力。"而知识产权是一个国家的战略资源，是一个国家的核心竞争力。因此我们必须加快培育和发展一批拥有自主知识产权、具有核心竞争力的大公司、大企业，生产具有自主知识产权的产品。中国必须在知识产权的创造、运用、保护和管理方面有所作为。

1）知识产权的定义

知识产权是智力成果创造者依法对其智力成果所享有的权利。所谓智力成果必须具备 3 个特性，即脑力劳动的、创造性的和具有一定表现形式的劳动成果。所谓"依法"是指这种智力劳动的成果必须是依照知识产权法律或法规并受其保护的成果。

具体而言，知识产权是指公民或法人等主体依据法律的规定，对其从事智力创作或创新活动所产生的知识产品所享有的专有权利，又称为"智力成果权""无形财产权"，主要包括专利、商标权以及厂商名称等组成的工业产权和自然科学、社会科学以及文学、音乐、戏剧、绘画、雕塑、摄影和电影等作品组成的版权（著作权）两部分。

知识产权是一种无形产权，是智力创造性劳动取得的成果，并且是由智力劳动者对其成果依法享有的一种权利。这种权利也被称为人身权利和财产权利，或者精神权利和经济权利。所谓人身权利，是指权利同取得智力成果的人的人身不可分离，是人身关系在法律上的反映，如作者在其作品上署名的权利，或对其作品的发表权、修改权等，也可称为精神权利；所谓财产权是指智力成果被法律承认以后，权利人可利用这些智力成果取得报酬或者得到奖励的权利，这种权利也称为经济权利。

2）知识产权的特点

知识产权是一种无形财产，具有专有性、地域性、时间性的特点。大部分知识产权的获得需要法定的程序，而版权的获得是自作品完成之日起自动产生的。

（1）专有性或独占性　专有性即只有权利人才能享有，他人未经权利人许可不得行使其权利。如我国专利法规定："专利权授予后，任何单位和个人未经专利权人许可，不得为生产经营目的制造、使用、销售、进口其专利产品；也不得使用其专利方法。"著作权和注册商标权也是如此，未经权利人许可不得使用。对于侵犯知识产权的行为，权利人可以向人民法院起诉，也可以请求知识产权管理部门调处。

（2）地域性　地域性即除了签有国际公约或双边、多边协定外，依照一国法律取得的权利只能在该国境内有效，受该国法律保护。如我国的专利法和商标法规定在中国申请并得到批准的专利和商标可受到法律保护，而在其他国家和地区申请的不受我国的法律保护。但著作权例外，无论在哪个国家、地区发表的都受中国著作权法的保护。

（3）时间性　各国法律对知识产权分别规定了一定期限，期满后则权利自动终止。如我国专利法规定,发明专利保护期限20年,适用新型和外观设计保护期限10年;我国商标法规定,注册商标有效期为10年,期满前可续展;我国著作权法规定,作品的使用、发表和获得报酬权为作者终身及死后50年。

3)知识产权的作用

第一,为智力成果完成人的权益提供了法律保障,调动了人们从事科学技术研究和文学艺术作品创作的积极性和创造性。

第二,为智力成果的推广应用和传播提供了法律机制,使智力成果可以转化为生产力,应用到生产建设上面,可产生巨大的经济效益和社会效益。

第三,为国际经济技术贸易和文化艺术的交流提供了法律准则,促进了人类文明进步和经济发展。

第四,知识产权法律制度作为现代民商法的重要组成部分,对完善我国法律体系,建设法治国家具有重大意义。

4)知识产权与创新的关系

知识产权制度是促进技术创新的重要机制之一,知识产权制度本身并不产生创造发明,它只是通过法律的形式来确认发明创造的所有权,保证发明创造者应有的利益,促进智力资源得到更有效的开发和利用。

其一,知识产权来源于创新,创新是知识产权的源泉。知识产权实际上是受法律保护的智力财产,是人类智力成果的产权化,如果没有智力创造和技术创新,就不可能有知识产权。

其二,知识产权的实质是既保护发明人和使用者的利益,又促进技术合理有偿地扩散。例如专利制度,实际上就是授予权利人一段时间的排他权力,换取权利人来公布他的技术,应该说专利技术不仅具有鼓励研究开发创新的作用,而且可以缩短社会研究开发的时间和成本,带来社会效益。人们运用了新思想、新技术、新观念,并加以再创造,还可以使创新循环向前发展,使科学技术不断地进步。

其三,创造知识产权并不等于创新,但是知识产权又和创新紧密相连,贯穿于技术创新的全过程,无论是新技术、新产品、新工艺的研究开发阶段,还是在创新成果的产业化及其商业化阶段,知识产权都发挥着重要而具体的作用。知识产权适用于各种各样的创新活动,知识产权的体制激励创新、引导创新、影响创新,还可以促进创新成果的市场化。创造知识产权的目的是要获得知识产权的价值,而知识产权的价值是通过创新成果的交易和产业化应用来实现的,是贯穿在创新过程当中的,是在创新的每个环节里去实现的。

其四,在认识知识产权和创新的过程中,还应注意到,知识产权制度使用不当会阻碍创新。保护知识产权的目的是要建立公平竞争的市场秩序来促进创新和知识产权进步,但如果过度强调权利人的利益,过宽地保护会阻碍技术扩散和利用,不仅导致市场垄断和削弱企业自身的技术创新能力,而且会抑制其他企业的创新活动。

7.1.2 知识产权国际保护条约

1)保护工业产权——《巴黎公约》

《巴黎公约》是世界范围内知识产权领域最早的公约,是保护工业产权的国际公约;于1883年在巴黎签订,1884年生效;最初的成员国为11个,到2004年12月底,缔约方总数为168个国家;1985年3月19日中国成为该公约成员国。《巴黎公约》自1883年签署以来,多次被修订,现在大多数国家多采纳的是较近期的草案,即1967年的斯德哥尔摩文本,该文本在1979年又进行了修正。《巴黎公约》共有30个条文,内容较多,其实质性内容主要包括国民待遇原则、优先权原则、独立原则等,是各成员国必须共同遵守的。

(1)国民待遇原则　在工业产权保护方面,公约各成员国必须在法律上给予公约其他成员国相同于本国国民的待遇;即使是非成员国国民,只要他在公约某一成员国内有住所,或有真实有效的工商营业所,亦应给予相同于本国国民的待遇。

(2)优先权原则　《巴黎公约》规定,成员国国民向一个缔约国提出申请后可以在一定时期内,向所有其他成员国申请保护,并以第一次申请的日期作为以后提出申请的日期。《巴黎公约》规定发明和实用新型的优先权期限是一年,外观设计和商标的优先权期限是6个月。

(3)各国工业产权独立原则　根据《巴黎公约》规定,各成员国授予专利权或者商标权是相互独立的,各国均依据本国法律决定是否给某一申请以工业产权保护,在审查申请是否符合法律规定时,其他国家对同一申请是否授予工业产权不应作为考虑的因素。

(4)强制许可原则　《巴黎公约》规定,各成员国可以采取立法措施,规定在一定条件下可以核准强制许可,以防止专利权人可能对专利权的滥用。强制许可的条件是,专利权人自提出专利权申请之日起满4年,或者自批准专利权之日起满3年未实施专利且又提不出正当理由的,有关成员国可以核准强制许可证,允许第三者实施此项专利。

2)专利合作条约

专利合作条约简称PCT,是专利领域的一项国际(申请)合作条约,是对《巴黎公约》的补充,自采用《巴黎公约》以来,它被认为是该领域进行国际合作最具有意义的进步标志。《巴黎公约》涉及的是专利权的国际保护问题,而PCT主要涉及专利申请的提交,检索及审查等问题。PCT不对国际专利授权,授予专利的任务和责任仍然只能由行使专利保护的各个国家的专利局或行使其职权的机构掌握(指定局);PCT只对《巴黎公约》成员国开放,于1970年在华盛顿签订,1979年第一次修订,1984年第二次修订;1994年,我国成为PCT缔约国。

PCT的主要内容为:建立一种国际体系,从而使以一种语言在一个专利局(受理局)提出的一件专利申请(国际申请),在申请人在其申请中(指定)的每一个PCT成员国都有效。可以由一个专利局对国际申请进行形式审查;对国际申请进行国际检索,并出具检索报告说明相关的现有技术,供专利局决定是否授予专利权。

3)《伯尔尼公约》

《伯尔尼公约》是世界上第一个国际版权公约,1886年签订,1887生效,其后进行了两次增补、5 次修订,最后一次修订形成的 1971 年巴黎文本,是目前绝大多数国家批准的文本。我国于 1992 年 7 月加入该公约。

《伯尔尼公约》涉及范围很广,包括文学、科学和艺术领域内的一切作品。公约共 38 条,内容较多,主要包括 3 个基本原则。

(1)国民待遇原则 《伯尔尼公约》规定:"凡受本公约保护的作品,其作者除了在来源国之外,可在其他成员国享有后者的法律目前授予或今后可能授予其国民的权利,以及本公约特别授予的权利。"这就是说,对于在一个成员国最初产生的作品,在每一个其他成员国也必须给予和该成员国给本国公民的作品一样的保护。

(2)自动保护原则 《伯尔尼公约》规定,各成员国在提供著作权保护时,不得要求被保护的主体履行任何手续,也不得要求被保护的客体上一定要附带任何特定的标记。也就是说,取得这种保护不需办理任何手续,是自动生效的。

(3)独立保护原则 这一原则和《巴黎公约》中的专利独立原则是一致的。《伯尔尼公约》规定,各成员国所提供对外国人作品的保护,不应受作品在其本国的保护状况的影响,即各成员国应根据本国国内的著作权法的规定来确定是否应该对其进行保护。独立保护原则是考虑到各成员国法律的差异而制定的。

公约规定的保护包括:作者的署名权、修改权、翻译权、复制权、公演权、广播权、朗诵权、改编权、录制权、制片权。公约还对保护期限等都作了具体的规定。上述原则及公约的具体规定,对于促进著作权的保护都是非常重要的。

4)WTO 与 TRIPS 协议

(1)世界贸易组织(WTO) 世界贸易组织(World Trade Organization,简称 WTO)是一个独立于联合国的永久性国际组织;1995 年 1 月 1 日正式开始运作,负责管理世界经济和贸易秩序;总部设在瑞士日内瓦。世贸组织是具有法人地位的国际组织,在调解成员争端方面具有更高的权威性。世贸组织与世界银行、国际货币基金组织一起,并称为当今世界经济体制的"三大支柱"。

WTO 的宗旨是:促进经济和贸易发展,以提高生活水平、保证充分就业、保障实际收入和有效需求的增长;根据可持续发展的目标合理利用世界资源、扩大商品生产和服务;达成互惠互利,大幅度削减和取消关税及其他贸易壁垒并消除国际贸易中的歧视待遇。

(2)与贸易有关的知识产权协议(TRIPS) TRIPS 协议也是关于知识产权保护的国际协议,是关贸总协定成员国乌拉圭回合谈判的重要议题之一,也是 WTO 成员必须遵守和执行的协议之一。乌拉圭回合谈判从 1986 年开始,到 1991 年底初步达成了《与贸易有关的(包括假冒商品贸易)知识产权协议(草案)》,1993 年 12 月 15 日达成了正式协议。由于 1995 年世界贸易组织(WTO)的正式成立,本协议也因此由世界贸易组织管辖。这与《巴黎公约》和《伯尔尼公约》的管辖是不同的,上述两个公约是由世界知识产权组织管辖。

TRIPS 协议包括 7 个部分共 73 条,有两个显著的特点:

一是知识产权保护范围宽,超过了任何一项国际知识产权条约规定的保护范围。协议明确规定了 8 个方面的保护内容:著作权及有关权利;商标;地理标记;工业品外观设计;专利;集成电路芯片布图设计;未公开信息的保护;合同许可中反竞争行为的控制。可以看出,其中的"未公开信息的保护"(指商业秘密)是过去任何一项知识产权国际公约中未曾涉及过的,而以前知识产权国际公约中规定的保护范围,本协议都包括了。因此,增加了知识产权保护和履行协议的难度。

二是该协议对知识产权保护的力度和效果都超过了各有关知识产权国际公约,是知识产权国际保护的最高标准。不仅如此,TRIPS 协议还把商品贸易的基本原则和一些具体规定引入了知识产权保护领域,强化了执行措施和争端解决机制。

TRIPS 协议经过长达 7 年的谈判最终签订,将对促进国际贸易和科技的发展起到重要的作用,但是也让一些发展中国家在经济发展和健康保障等方面遭遇障碍。可以说 TRIPS 协议是以美国为代表的发达国家成员强行将知识产权纳入 WTO,发展中国家成员经过艰苦谈判,最终不得不妥协的结果。

7.1.3 国家知识产权战略

20 世纪后期至 21 世纪初期,一些国家立足于知识经济、信息社会和可持续发展,都纷纷提出了本国的知识产权战略。从各个发达国家制定知识产权战略的内容中可以看出,发达国家推行知识产权战略的目的在于以知识产权来推动国内经济的发展和扩张其在全球的经济,以保持其大国地位和在全球的影响力。为此,美国在 1979 年实施了知识产权战略,日本于 2002 年发布了《知识产权战略大纲》,将"知识产权立国"列为国家战略。中国也在 2008 年 6 月 5 日颁布了《国家知识产权战略纲要》,决定实施中国的知识产权战略。

1)美国知识产权战略

美国知识产权战略是指:知识产权领域的美国国家发展战略。

20 世纪 70 年代,欧亚发达国家和新兴工业国家、地区在经济上崛起,使美国产业界感到了巨大的竞争压力。朝野上下对此进行了深刻反思,结论之一就是美国在经济竞争中最大的资源和优势在于科技和人才。而由于知识产权保护不力,使得外国能够轻易模仿,并凭借劳动力和制造业的成本优势实现了经济快速发展。为此,美国总统卡特在 1979 年提出"要采取独自的政策提高国家的竞争力,振奋企业精神",第一次将知识产权战略提升到国家战略的层面。从此,利用长期积累的科技成果,巩固和加强知识产权优势,以保持美国在全球经济中的霸主地位,成为美国企业与政府的统一战略。

美国实施知识产权战略主要沿着三个轨迹不断伸延。

一是根据国家利益和美国企业的竞争需要,对专利法、版权法、商标法等传统知识产权法律不断地修改与完善,扩大保护范围,加强保护力度。近年来,随着生物、信息及网络技术的发展,将一些新兴技术形式不断纳入保护范围。

二是国家加强调整知识产权利益关系、立法鼓励转化创新。自 1980 年的《拜杜法案》到 1986 年的《联邦技术转移法》,以及 1998 年的《技术转让商业化法》,1999 年美国国会又通过了《美国发明家保护法令》,使美国大学、国家实验室在申请专利,加速产、学、研结合及创办高新技术企业方面发挥更大的主动性。2000 年 10 月参议院、众议院又通过了《技术转移商业化法案》,进一步简化归属联邦政府的科技成果运用程序。

三是在国际贸易中,一方面通过其综合贸易法案的"特殊 301 条款"对竞争对手予以打压,另一方面又积极推动 WTO 的知识产权协议(TRIPS)的达成,从而形成了一套有利于美国的新的国际贸易规则。

美国的知识产权战略最初虽然是在其经济发展由强转弱、面临危机的情况下提出的战略性应对措施，然而作为一项国家战略，无论经济状况如何，美国政府和企业都始终贯彻实施。20 世纪 90 年代，美国经济保持了持续增长的势头，据美国专利商标局的统计，10 年来，除个别年份外，美国的专利申请量一直保持快速上升势头，特别是 1995 年以后呈加速趋势，每年的专利申请增加率接近或超过 10%。作为支持国家知识产权战略实施的基础，美国的科技活动近 10 余年也处于十分活跃的时期。美国 1993 年的 R&D 投入为 1 174 亿美元，2000 年超过了 2 千亿美元。据美国巴特尔研究所（Battelle Memorial Institute）的一份报告显示，美国自 20 世纪 90 年代末以来的研发支出每年增长 1% ~2%。

与此同时，作为国家战略实施的重要组成部分，美国十分重视知识产权战略的研究工作。例如，美国 CHI 研究公司的“专利记分牌”就是颇具特色的一项研究。CHI 成立于 1968 年，其特点是运用文献计量分析方法，对科学论文和专利指标进行研究，享有很高的国际声誉。目前，CHI 首创的一套专利引用指标已被发达国家广泛采用。

自 2000 年起，《企业技术评论》杂志根据 CHI 的数据库和研究成果，每年发表一次被称为“专利记分牌”的统计结果，用技术实力（综合指标）及专利数量、当前影响指数、科学联系、技术生命周期等 5 项指标分别为在美国专利申请量最大的 150 家公司按 8 个高新技术领域排定名次，以此清晰地分析世界各大公司在美国知识产权市场的竞争态势。

CHI 在 1998 年与美国商务部技术政策办公室和美国竞争力委员会的一项合作研究，利用美国专利商标局的发明专利批准量数据建立专利技术指标，对美国、欧洲、日本和包括中国在内的其他一些国家和地区在 5 个重要技术领域的技术研究开发的竞争力、技术实力和技术发展方面进行了比较，为支持美国政府和企业实施知识产权战略发挥了重要作用。

2）日本知识产权战略

日本知识产权战略是指：知识产权领域的日本国家发展战略。

20 世纪 90 年代，日本在高技术领域的竞争力开始落后于欧美，而在传统工业和劳动密集型产品方面，又面临着亚洲其他国家和地区的竞争。在这样的背景下，日本开始确立“知识产权立国”的国策。

2002 年 2 月，小泉纯一郎在施政演说中首次提出将知识产权战略作为国家的发展手段和目标，从此着手构筑国家知识产权战略体系。2002 年 7 月，日本政府的知识产权战略会议发表《知识产权战略大纲》，将“知识产权立国”列为国家战略，同年 11 月日本国会通过了政府制定的《知识产权基本法》，2003 年 3 月 1 日生效，为“知识产权立国”提供了法律保障。同时成立了由政府直接领导的知识产权战略本部。2003 年 7 月，日本知识产权战略本部公布了《有关知识产权创造、保护及其利用的推进计划》（日本知识产权界称之为“知识产权战略推进计划”）。该计划是根据《知识产权战略大纲》和《知识产权基本法》制定的，由知识产权创造、保护、利用、发展多媒体素材产业、人才培养和提高国民意识等 5 大部分组成，其中包括 270 项措施。2002—2007 年，以政府为主导的知识产权战略本部制定了一系列从鼓励发明创造到有效保护知识产权等方面的具体法规和政策。

日本的知识产权战略包括 4 个方面的内容：

①创新战略：加强知识产权的自主创新；

②保护战略:加大知识产权保护力度;

③开发(应用)战略:推动知识产权的应用;

④人才战略:加强知识产权的人才培养。

并采取以下措施落实该战略:一是制定知识产权基本法案,为实施知识产权战略提供法律保障;二是加强组织保证;三是制定知识产权战略计划,加强对知识产权管理的宏观指导;四是明确各政府部门在实施知识产权战略中的职责,加强政府部门对知识产权管理与支持的力度;五是加强与国际合作,争取实现美欧对日本审查结果的尊重和相互认证,逐步实现世界统一的专利体系;六是鼓励原创技术,促进基础研究为产业服务;七是培养知识产权专业人才。

日本推进知识产权战略分两个阶段:第一阶段主要完成的任务是改革日本知识产权基本体系,并着力发展了产业界、学术界和政府之间的合作体系;第二阶段需要实现的目标是运用知识产权增强国际竞争力,发展知识产权体系。到2007年又公布了《知识产权推进计划2007》新战略,这是知识产权推进计划的第4个版本。日本政府在这一被称为"决定日本命运"的国家级战略计划中强调要尽快构筑以知识产权的创造、保护和有效运用为支柱的良性循环体系,并以此体系作为经济发展的基石,从而实现建设"美丽日本"的国家目标。

日本2007年度的知识产权战略推进计划主要包括8个部分:

①知识产权的创造,着重于各领域的知识产权政策发展(4个优先领域:生命科学、信息和电讯、环境、微技术和材料)、大学的合作支持、科研部门相应问题的协调;

②实现全球专利系统和加快专利审查,着重在通过专利高速公路加快专利权的获得,提升公共专利系统(主要指日本、美国、欧洲之间的申请标准化),加快专利的申请、审查、审判并提升质量,支持亚洲的知识产权体系发展;

③加强反盗版、侵权的对策;

④加强国际标准化行动;

⑤支持中小型企业和地区的发展,重点在加强对中小型企业的知识产权保护,对大公司休眠专利的利用,对地区知识产权政策的支持;

⑥建设创新文化的国家,实现世界顶级影响力,促进日本品牌国际化;

⑦传播日本对世界的吸引,系统和有效地传播日本吸引力;

⑧发展知识产权人才队伍,主要是实施知识产权相关的人力资源策略,建设国内外培训组织的网络。

自从推行知识产权战略的国策以来,日本开始雄心勃勃地跨入了知识经济的时代,经济和社会环境得到明显改善。

3)中国知识产权战略

如果从1983年我国《商标法》的实施作为中国知识产权制度的开始,那么中国知识产权制度实施至今已经有20多年了。20多年来,我国逐步建立了一套知识产权保护的法律体系,与知识产权相关的法律有商标法、专利法、著作权法、反不正当竞争法等。知识产权行政管理与执法体系也渐趋完善,我国的商标局、专利局、版权局相继成立,1996年10月,最高人民法院又成立知识产权审判庭。同时我国也加入了世界知识产权组织和《巴黎公约》等主要的知识产权国际公约。然而,在过去的20多年中世界发生了重大的变化,互联网的诞生、科学技术的发展让人类社会进入了科技、经济全球化和一体化的时代;WTO将全世界的经济活动统一在一个规则下,国际贸易一体化的时代已经到来。而无论是科技一体化还是贸易一体化,扮演主要角色的或者起主导作用的都是知识产权制度。当2001年中国带着一套完善的知识产权制度加入WTO行列之后,才真正认识到中国知识产权保护的国际之旅是一条充满荆棘的道路。随着中国加入了世贸组织,我国与国际经贸关系越来越紧密,相互依赖性增强,与贸易相关的知识产权协议对中国的影响也越来越大,中国企业遭遇国外知识产权围剿,在知识产权领域特别是专利问题上遭遇的跨国纠纷越来越多。由于缺乏自主知识产权,我国企业蒙受了巨大的经济损失,已面临生存危机。在这样的背景和形势下,制定中国的知识产权战略已迫在眉睫。

为此,国家知识产权局就制定和实施国家知识产权战略开展了研究。2004年6月,在北京召开了"国家知识产权战略座谈会"。来自社会经济学界、法律界、知识产权界、科技政策界、企业界的数十位重量级专家学者汇聚一堂,呼吁我国要积极制定和实施国家知识产权战略,并就知识产权战略的定位、知识产权战略的范围、领域和知识产权战略的环节等问题发表了具有理论价值又有操作意义的意见和建议。同年8月,由吴仪副总理任组长的国家保护知识产权工作组成立,大力加强保护知识产权的统筹协调。工作组成立后,在全国范围内部署为期一年半的保护知识产权专项行动,开展每年一届的"保护知识产权宣传周"活动,建立了与外商投资企业定期沟通协调机制,举办了"省部级领导干部保护知识产权专题研讨班",全面提升中国知识产权保护水平。2005年1月,经国务院批准,国家知识产权战略制定工作领导小组成立,吴仪任领导小组组长,有20多个部委参加。同时,国家知识产权战略制定工作领导小组办公室成立,负责战略制定的具体工作,办公室设在国家知识产权局。整个战略分为一个总纲和20个专题。总报告由国家知识产权局牵头负责,而专题部分分别由相关的部委牵头负责。各部委对这一战略都非常重视,部委领导亲自挂帅课题组组长,组织专家学者对中国的知识产权战略进行规划、设计。经过3年的艰苦努力工作,于2008年6月5日中国国务院颁布了《国家知识产权战略纲要》,开始实施中国的知识产权战略。

《纲要》共分序言、指导思想和战略目标、5个战略重点、7个专项任务、9项战略措施5大部分,主要从知识产权的创造、运用、保护和管理4个方面进行战略性指导。

总体目标是:提升我国知识产权创造、运用、保护和管理能力,建设创新型国家,实现全面建设小康社会。

指导思想是:坚持以邓小平理论和"三个代表"重要思想为指导,深入贯彻落实科学发展观。

指导方针是:激励创造、有效运用、依法保护、科学管理。

战略目标分长期和短期两个阶段。长期目标为:到2020年,把我国建设成为知识产权创造、运用、保护和管理水平较高的国家。法治环境进一步完善,知识产权意识深入人心,自主知识产权的水平和拥有量能够有效支撑创新型国家建设,知识产权制度对经济发展、文化繁荣和社会建设的促进作用充分显现。而近5年的目标是:自主知识产权的水平和数量都大幅提高;运用效果明显增强,知识产权密集型商品比重显著提高;知识产权保护状况明显改善;知识产权意识普遍提高,知识产权文化氛围初步形成。

战略重点:

①完善知识产权制度;

②促进知识产权创造和运用;

③加强知识产权保护；

④防止知识产权滥用；

⑤培育知识产权文化。

专项任务：

①专利:在国家重点领域掌握一批核心技术的专利,支撑我国高技术产业与新兴产业发展；

②商标:切实保护商标权人和消费者的合法权益；

③版权:支持作品的创作,扶持产业发展,促进版权市场化,打击盗版；

④商业秘密:引导市场主体依法建立商业秘密管理制度；

⑤植物新品种:推动育种创新成果转化为植物新品种权；

⑥特定领域知识产权:如地理标志、遗传资源、民间文艺等的保护、开发、利用；

⑦国防知识产权:加强国防知识产权管理,促进国防知识产权有效运用。

战略措施：

①提升知识产权创造能力；

②鼓励知识产权转化运用；

③加快知识产权法制建设,建立立法机制,提高立法质量,加快立法进程；

④提高知识产权执法水平；

⑤加强知识产权行政管理；

⑥发展知识产权中介服务；

⑦加强知识产权人才队伍建设；

⑧推进知识产权文化建设；

⑨扩大知识产权对外交流合作。

国家知识产权战略是国家的总体发展战略之一。《纲要》从国家总体发展的战略高度,明确了到2020年将我国建设成为知识产权创造、运用、保护和管理水平较高的国家的目标；确定了“激励创造、有效运用、依法保护、科学管理”16字的指导方针；突出了完善知识产权制度等战略重点；部署了实施知识产权战略的总体任务,确定了7大专项任务和9个方面的重点举措。《纲要》凝聚了中央和国务院对知识产权的最新科学认识,是我国发展战略的进一步丰富和深化。可以说国家知识产权战略的启动实施是中国知识产权发展史上的一个新的里程碑。它的重要意义表现在以下几个方面:一是有利于增强我国自主创新能力,建设创新型国家；二是有利于完善市场经济体制；三是有利于增强企业市场竞争力和提高国家核心竞争力；四是有利于扩大对外开放,实现互利共赢。

实施国家知识产权战略要按照16字方针的要求,在国务院的统一领导下进行。实施国家知识产权战略,要坚持总体布局、突出重点,全面推进,确保各项任务顺利完成,包括对战略实施效果进行阶段性评估、动态调整实施工作的各项措施、确保全面有效落实国家知识产权战略确定的各项任务、按期达到预定的目标。

国家知识产权战略,将成为新中国建国以来在经济、科技领域,继人才发展战略、科教兴国战略、可持续发展战略之后的第四重大战略。

7.2 专利及其检索

7.2.1 专利基础知识

1)专利的概念

专利是受法律保护的发明创造专有的权利,是指一项发明创造向本国或国外的专利主管部门提出申请,经审查合格批准,由该主管部门向专利申请人授予在规定的时间内,对该项发明创造享有的专有权。

专利的概念通常有3种含义:专利权、取得专利权的发明创造、专利文献。

2)专利的特点

专利是"专利权"的简称。专利权是指专利权人依照专利法的规定对其发明创造所拥有的专有权利。其特点如下:

(1)专有性　专有性也称"独占性"或"垄断性"。所谓专有性是指同一发明创造在一定的区域范围内,只有专利权人才能在一定期限内享有对其的制造权、使用权和销售权。其他任何人未经许可都不能对其进行制造、使用和销售,否则属于侵权行为。专有性的另一种含义是同样的发明创造在本国本地区范围内,只能被授予一项专利。如果有几个单位或个人于不同时间里完成了同样的发明创造,在我国,专利权只授予最早申请专利的那个单位或个人。

(2)地域性　地域性是指一个国家或地区依其专利法而授予的专利权,仅在其法律管辖的范围内有效,对其他国家没有任何约束力,外国对其专利权不承担保护的义务。但是,同一发明可以同时在两个或两个以上的国家申请专利,获得批准后其发明便可以在所有申请国获得法律保护。如果一项发明创造只在我国取得专利权,那么专利权人只在我国享有独占权或专有权。如果有人在其他国家和地区仿制生产、使用、许诺销售、销售、进口该发明创造,则不属于侵权行为。

(3)时效性　时效性是指专利权人对其发明创造所拥有的专有权只在规定的时间内有效,期限届满后,专利权人对其发明创造就不再享有制造、使用、销售等独占权。这时原来受法律保护的发明创造就成了社会的公共财富,任何人都可以无偿使用。

3)专利的类型

按照我国专利法的规定,申请专利的发明创造包括3种类型:

(1)发明专利　"发明是指对产品、方法或者其改进所提出的新的技术方案。"所谓产品是指工业上能够制造的各种新制品,包括有一定形状和结构的固体,无形状液体、气体之类的物品。所谓方法是指对原料进行加工,制成各种产品的方法。发明专利并不要求它是经过实践证明可以直接应用于工业生产的技术成果,它可以是一项解决技术问题的方案或是一种构思,具有在工业上应用的可能性,但这也不能将这种技术方案或构思与单纯地提出课题、设想相混同,因单纯地课题、设想不具备工业上应用地可能性。

(2)实用新型专利　“实用新型是指对产品的形状、构造或者其结合所提出的适于实用的新的技术方案。”同发明一样,实用新型保护的也是一个技术方案。但实用新型专利保护的只是具有一定形状或结构的新产品,不保护方法以及没有固定形状的物质。实用新型的技术方案更注重实用性,其技术水平较发明要低一些,多数国家实用新型专利保护的都是比较简单的、改进性的技术发明,可以称为“小发明”。

(3)外观设计专利　“外观设计是指对产品的形状、图案或者其结合以及色彩与形状、图案所作出的富有美感并适于工业上应用的新设计。”外观设计与发明、实用新型有着明显的区别,外观设计注重的是设计人对一项产品的外观所作的富于艺术性、具有美感的创造,但这种具有艺术性的创造,不是单纯的工艺品,它必须具有能够为产业上所应用的实用性。外观设计专利实质上是保护美术思想的,而发明专利和实用新型专利保护的是技术思想;虽然外观设计和实用新型与产品的形状有关,但两者的目的却不相同,前者的目的在于使产品形状产生美感,而后者的目的在于使具有形态的产品能够解决某一技术问题。

4)专利文献及其检索

专利文献是指专利申请人向专利局递交的专利申请文件,包括专利说明书和权力要求书。广义的专利文献还包括专利局出版的有关出版物,如专利公报、专利分类表、专利文摘和索引等。总之专利文献主要是指实行专利制度的国家及国际专利组织在受理、审批、注册专利过程中产生的官方文件及其出版物的总称。

(1)专利文献的检索工具

专利文献的检索工具有:各国专利局出版的专利公报、专利索引,报道多学科专业的专利检索刊物(如英国德温特公司出版的世界专利索引系列)、报道某一专业专利的检索刊物,报道一部分专利的文摘杂志,各种专利分类表(如国际专利分类法)等。

(2)专利文献的检索途径

①主题途径:课题关键词→利用名称、摘要、关键词等字段检索。

②作者途径:姓名→利用申请人(专利权人)、发明人字段检索。

③号码途径:专利号→利用申请号、专利号字段检索。

④分类途径:专利技术→利用《国际专利分类表》查出 IPC 号→利用主分类号、分类号字段检索。

7.2.2　中国专利法的主要内容

专利法是国家为保护发明创造人的合法权利,调整发明人、专利权人以及发明创造使用人之间的各种法律关系的法律规范的总和。

专利制度就是国际上通行的利用法律和经济手段推动技术进步的管理制度。基本内容是根据专利法,对申请专利的发明,经过审查和批准,授予专利权,同时把申请专利的发明内容公诸于世,以便信息交流和有偿技术转让。(专利可以看作是专利权人与社会公众所订立的契约,专利权人以公开自己的技术资料为代价,换取一定时期的独占使用权)

《中华人民共和国专利法》(以下简称《专利法》)是我国的一项重要法律,于1985年4月1日正式颁布和实施,1992年进行了第一次修正,2000年进行了第二次修正,2008年12月又进行了第三次修正,2009年10月1日修订版正式实施。《专利法》共8章76条,其内容包括:总则;授予专利权的条件;专利的申请、审查和批准;专利权的期限、终止和无效;专利实施的强制许可;专利权的保护。

自1985年我国实施专利法以来,我国对专利法进行了三次重大的修改。前两次修改,可以说是“被动”的。第一次是因为中美知识产权纠纷,根据谈判协议对专利法进行了修改;第二次是为了加入世贸组织,根据TRIPS协议的有关规定对专利法进行了修改。而本次修改是从我国自身的需求出发,为了提高自主创新能力,促进经济社会发展,服务于创新型国家建设而修订的,是“主动”的。首先是为实施中国的国家知识产权战略而修订专利法;其次,改革开放30年来,我国在科学技术方面已经具有了更强大的实力,在许多方面已经走到了世界前列,现行专利法已经不能完全适应了,需要进行修订;再次,我国专利法在20多年的实施过程中,我们已经掌握了现行专利法的优点和缺点,而且能够在符合我国承担了的知识产权保护的国际义务的前提下,突显我国的特色。

此次修订影响最大的内容主要有3个方面:一是关于遗传资源和传统知识的保护;二是关于将发明创造获得专利权的相对新颖性标准修改为绝对新颖性,提高专利授权标准;三是关于防止专利权滥用的规定。

第三次修改通篇贯穿了鼓励创新和加强保护的宗旨,更加符合我国的发展现状。新专利法的施行,必将对我国经济和社会发展起着更大的推动作用。

1)授予专利权的条件

我国专利法规定授予专利权的发明创造应当具备新颖性,创造性和实用性。(专利法第二十二、二十三条)

(1)新颖性

新颖性是指在申请日之前,没有同样的技术在国内外出版物上公开发表过或者以其他方式为公众所知,也没有同样的发明或者实用新型由任何单位或个人向国务院专利行政部门提出过申请,并且记载在申请日以后公布的专利申请文件或者公告的专利文件中。(专利法第二十二条)

判断发明或者实用新型是否具有新颖性,是以申请日为时间标准的,判断其新颖性的地域标准是在全世界范围内。

外观设计的新颖性是:在申请日之前,没有同样的设计在国内外为公众所知,也没有同样的外观设计由任何单位或个人向国务院专利行政部门提出过申请,并记载在申请日以后公告的专利文件中。(专利法第二十三条)

《专利法》还对某些不丧失新颖性的例外情况作了规定。在申请日以前6个月内,在中国政府主办或者承认的国际展览会上首次展出的,不丧失新颖性。在规定的学术会议或者技术会议上首次发表的,或他人未经申请人同意而泄露其内容的,也视为不丧失新颖性。(专利法第二十四条)

(2)创造性

创造性是指同申请日以前已有的技术相比,该发明有突出的实质性特点和显著的进步,该

实用新型有实质性特点和进步。(专利法第二十二条)

发明和实用新型都属于发明的范畴,其主要区别在创造性上。发明的创造性要求有突出的实质性特点和显著的进步,而实用新型的创造性要求有实质性特点和进步,也就是说,发明所要求的技术水平比较高,而实用新型的技术水平比较低,被称为“小发明”。

外观设计的创造性是与现有设计或者现有设计特征的组合相比,具有明显区别。(专利法第二十三条)

(3)实用性

实用性是指该发明或实用新型能够制造或者使用,并能够产生积极的效果。(专利法第二十二条)

实用性要求发明必须能够在工业上制造或者在产业部门应用,并且可能产生技术、经济或社会效益。外观设计的实用性是指在工业上能够应用,能够产生积极的社会、经济效果,并且能够产生美感。

此外,我国专利法第二十五条还规定了对下列各项,不授予专利权:

①科学发现;

②智力活动的规则和方法;

③疾病的诊断和治疗方法;

④动物和植物品种;

⑤用原子核变换方法获得的物质;

⑥对平面印刷品的图案、色彩或者二者的结合作出的主要起标识作用的设计。

还有一些违背科学规律的发明(如永动机等),违反国家法律、社会公德或妨碍公共利益的发明创造(如吸毒工具等)也不能授予专利。

2)专利的申请和审批

(1)专利的申请

专利法规定:申请发明或者实用新型专利的,应当提交请求书、说明书及其摘要和权利要求书等文件。说明书应当对发明或者实用新型作出清楚、完整的说明,以所属技术领域的技术人员能够实现为准;必要的时候,应当有附图。摘要应当简要说明发明或者实用新型的技术要点。权利要求书应当以说明书为依据,清楚、简要地限定要求专利保护的范围。依赖遗传资源完成的发明创造,申请人应当在专利申请文件中说明该遗传资源的直接来源和原始来源;申请人无法说明原始来源的,应当陈述理由。(专利法第二十六条)

申请外观设计专利的,应当提交请求书、该外观设计的图片或者照片以及对该外观设计的简要说明等文件。申请人提交的有关图片或者照片应当清楚地显示要求专利保护的产品的外观设计。(专利法第二十七条)

①先申请原则。两个以上的申请人分别就同样的发明创造申请专利的,专利权授予最先申请的人。(专利法第九条)

②优先权原则。申请人自发明或者实用新型在外国第一次提出专利申请之日起 12 个月内,或者自外观设计在外国第一次提出专利申请之日起 6 个月内,又在中国就相同主题提出专利申请的,可以享有优先权。申请人要求优先权的,应当在申请的时候提出书面声明,并且在 3 个月内提交第一次提出的专利申请文件的副本。(专利法第二十九、三十条)

③单一性原则。一件发明或者实用新型专利申请应当限于一项发明或者实用新型。属于一个总的发明构思的两项以上的发明或者实用新型,可以作为一件申请提出。一件外观设计专利申请应当限于一项外观设计。同一产品两项以上的相似外观设计,或者用于同一类别并且成套出售或者使用的产品的两项以上外观设计,可以作为一件申请提出。(专利法第三十一条)

(2)专利的审查和批准

国务院专利行政部门收到发明专利申请后,经初步审查认为符合本法要求的,自申请日起满 18 个月,即行公布。也可以根据申请人的请求早日公布其申请。发明专利申请自申请日起 3 年内,国务院专利行政部门可以根据申请人随时提出的请求,对其申请进行实质审查;申请人无正当理由逾期不请求实质审查的,该申请即被视为撤回。国务院专利行政部门对发明专利申请进行实质审查后,认为不符合本法规定的,应当通知申请人,要求其在指定的期限内陈述意见,或者对其申请进行修改;无正当理由逾期不答复的,该申请即被视为撤回。专利权自公告之日起生效。(专利法第三十四条至三十九条)

①发明专利申请的审批程序:提出申请—受理—初步审查—公布—提出实审申请—实质审查—(陈述意见或者修改)—授权公告。

②实用新型和外观设计专利申请的审批程序:提出申请—受理—初步审查—授权公告。

(3)专利的撤回和终止

申请人可以在被授予专利权之前随时撤回其专利申请。申请人可以对其专利申请文件进行修改,但是,对发明和实用新型专利申请文件的修改不得超出原说明书和权利要求书记载的范围,对外观设计专利申请文件的修改不得超出原图片或者照片表示的范围。(专利法第三十二、三十三条)

我国专利法还规定:发明专利权的期限为 20 年,实用新型专利权和外观设计专利权的期限为 10 年,均自申请日起计算。没有按照规定缴纳年费的、专利权人以书面声明放弃其专利权的,可以提前终止其专利权。(专利法第四十二、四十四条)

3)专利权的保护

(1)专利权人的权利和义务

①专利权人的权利有:

• 独占使用权:专利权人对其专利享有独占权,任何人未经专利权人许可都不得实施其专利。

• 许可实施权:专利权人有许可他人实施并收取专利使用费的权利。

• 专利转让权:专利权人可将专利权出售给他人。此外,专利权人还可以通过赠予与交换的方式将专利权转让给他人。

• 标记权:专利权人有权在其专利产品或者该产品的包装上标明专利标记和专利号。

• 放弃权:专利权人有权通过向专利局提交书面申请或以不交纳年费的方式放弃其专利权。

• 请求保护权:当他人未经许可而使用专利技术时,专利权人有权请求专利管理机关进行处理或者直接向人民法院起诉,有权要求他人停止侵权行为并赔偿经济损失。

②专利权人的义务有：

• 公开专利的义务：专利权人应当在专利说明书里公开其发明的技术内容。（专利权人以公开自己的技术资料为代价，换取一定时期的独占使用权）

• 实施专利的义务：专利权人应当在规定的年限内实施专利技术，包括：制造、使用、销售专利产品，使用专利方法，或者许可他人实施其专利技术。

• 缴纳专利年费的义务：专利权人应当自被授予专利权的当年开始缴纳年费。

• 给发明人以奖励或报酬的义务：专利权人是单位的，应当对职务发明创造的发明人或设计人给予奖励等。

(2)专利权的保护范围

专利法规定：发明或者实用新型专利权的保护范围以其权利要求的内容为准，说明书及附图可以用于解释权利要求的内容。

外观设计专利权的保护范围以表示在图片或者照片中的该产品的外观设计为准，简要说明可以用于解释图片或者照片所表示的该产品的外观设计。（专利法第五十九条）

(3)专利侵权处理

专利法规定：未经专利权人许可，实施其专利，即侵犯其专利权，引起纠纷的，由当事人协商解决；不愿协商或者协商不成的，专利权人或者利害关系人可以向人民法院起诉，也可以请求管理专利工作的部门处理。管理专利工作的部门处理时，认定侵权行为成立的，可以责令侵权人立即停止侵权行为，当事人不服的，可以自收到处理通知之日起15日内依照《中华人民共和国行政诉讼法》向人民法院起诉；侵权人期满不起诉又不停止侵权行为的，管理专利工作的部门可以申请人民法院强制执行。进行处理的管理专利工作的部门应当事人的请求，可以就侵犯专利权的赔偿数额进行调解；调解不成的，当事人可以依照《中华人民共和国民事诉讼法》向人民法院起诉。（专利法第六十条）

专利侵权纠纷涉及新产品制造方法的发明专利的，制造同样产品的单位或者个人应当提供其产品制造方法不同于专利方法的证明。在专利侵权纠纷中，被控侵权人有证据证明其实施的技术或者设计属于现有技术或者现有设计的，不构成侵犯专利权。（专利法第六十一、六十二条）

侵犯专利权的诉讼时效为2年，自专利权人或者利害关系人得知或者应当得知侵权行为之日起计算。发明专利申请公布后至专利权授予前使用该发明未支付适当使用费的，专利权人要求支付使用费的诉讼时效为2年。（专利法第六十八条）

4)专利实施的强制许可

专利法关于强制许可的条文有11条(专利法第四十八条至五十八条)，其主要内容有：

①专利权人在一定的期限内未实施或未充分实施的、或者专利权人行使专利权的行为被依法认定为垄断行为的，国务院专利行政部门可以给予强制许可实施。

②在国家出现紧急状态或者非常情况时，或者为了公共利益的目的，可以给予强制许可。

③为了公共健康目的，对取得专利权的药品，可以给予制造和出口的强制许可。

④一项取得专利权的发明或者实用新型比以前已经取得专利权的发明或者实用新型具有显著经济意义的重大技术进步，其实施又有赖于前一专利的，可以给予强制许可；在给予前一专利强制许可的情形下，根据前一专利权人的申请，也可以给予后一专利的强制许可。

7.2.3 专利信息检索

1)国际专利分类法

国际专利分类法(International Patent Classification,简称 IPC),是类分和检索世界上专利文献的主要检索工具。

为了方便对专利文献进行分类、管理和检索,世界各国按照技术内容或主题对专利文献进行了分类,各国有各国的分类法。为了便于国际交流,1954 年 12 月,由英、法、意等 16 国在巴黎共同签署了“关于发明专利国际专利分类法欧洲协议”,协议附件即《国际发明专利分类表》。1968 年 9 月 1 日第一版《国际专利分类表》正式生效,以后不断根据需要进行修订。1971 年 3 月又在法国签订了“关于国际专利分类法的斯特拉斯堡协定”,签字国达到 72 国,以后各版分类表均根据此协定而来。根据协议从第 2 版起国际专利分类表每 5 年修订一次。第 2 版的有效期从 1974.6.30—1979.12.31,第 3 版从 1980.1.1—1984.12.31……国际专利分类表的第 8 版(IPC-2006)于 2006 年 1 月 1 日生效,随后修订更为频繁,从原来的每 5 年修订一次变为扩展版每 3 个月修订一次,核心版每 3 年修订一次。从第 2 版开始 IPC 都有中文版本。IPC 是采用功能和应用相结合,以功能为主的分类原则,按发明的技术主题设置类目,这对统一专利的技术内容,对专利文献的分类、检索和利用提供了方便。

“国际专利分类”可简写成 Int. cl ^{7},右上角加上一个阿拉伯数字表示版本号。从 2006 年开始简写的版本号表达为圆括号内加年份,如 Int. cl(2006)。IPC 以等级的形式,将技术内容按部、大类、小类、大组、小组逐级分类,组成一个完整的分类体系。

(1)8 个部类　部类由大写英文字母 A ~ H 表示。

A 部:人类生活需要。包括农业,食品、烟草,个人和家庭用品,保健与娱乐。

B 部:作业,运输。包括分离、混合,成型,印刷,交通、运输。

C 部:化学,冶金。包括化学、化工,冶金。

D 部:纺织,造纸。包括纺织和未列入其他类的柔性材料,造纸。

E 部:固定建筑物。包括建筑,钻井、采矿。

F 部:机械工程,照明,采暖,武器,爆破。包括发动机和泵,一般工程,照明、加热,武器、爆破。

G 部:物理。包括仪器、仪表,核子学。

H 部:电学。

(2)大类　大类是由英文字母后加 2 位数字组成。例如:A01,农业,林业,畜牧业……

(3)小类　小类是在大类后面加一个大写字母组成。例如:A01B,农业或林业的整地,一般的农业用机械或工具的部件、零件或附件。

(4)大组　大组由小类号加上一个 1 ~ 3 位的数字及“/00”组成。例如:A01B1/00,手动工具。

(5)小组　小组由小类号加上一个 1 ~ 3 位的数字,后跟一个“/”符号,再加上除 00 以外的二位数组成。例如:A01B1/16,除杂草根的工具。一个完整的 IPC 号由部、大类、小类、大组或小组构成。其完整的写法为: Int. cl(2006) A01B1/00 或 Int. cl(2006) A01B1/16

2)专利信息系统及检索

(1)国家知识产权局专利检索系统

国家知识产权局(State Intellectual Property Office,简称 SIPO)提供的专利信息数据库收录自 1985 年 4 月 1 日以来所有已公开或公告的近 400 万件中国专利的文献信息,包括发明、实用新型和外观设计 3 种专利的著录项目及摘要,并可浏览到各种专利说明书全文及外观设计图形;数据内容每周更新一次。

提供与专利相关的多种信息服务,如提供专利申请、专利审查的相关信息,近期专利公报的查询、专利证书发文信息查询、法律状态查询、收费信息查询等;提供全国各地方知识产权局和/或信息中心的 10 余个专题专利数据库的检索链接;提供港澳及国外多个专利数据的检索链接。2009 年 4 月 SIPO 还开通了英文网站。通过 SIPO 检索的流程如下:

①进入国家知识产权局主页 http://www. sipo. gov. cn。

主页右下角有专利检索栏,可进行简单检索和进入高级检索界面,如图 7.1 所示。简单检索有 9 个基本检索项,可下拉菜单选择检索项,在输入框里输入检索内容,然后点击进行检索。

图 7.1　国家知识产权局主页

②高级检索可点击进入检索页面,如图 7.2 所示。高级检索有 16 个检索入口,首先选择专利类型,然后输入专利号码、分类号码、姓名、关键词或名称等,即可点击检索。检索结果如图 7.3 所示。

③还可点击进入 IPC 分类检索界面,IPC 有 8 个部,逐层点击分类号,可以按类检索。

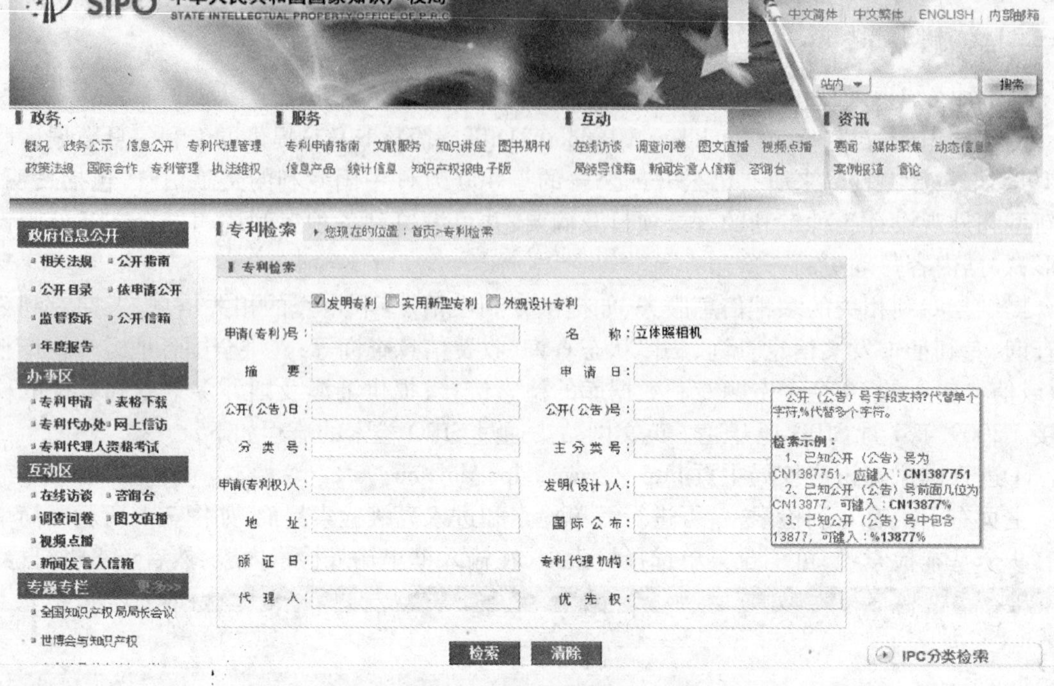

图 7.2　SIPO 检索界面

序号	申请号	专利名称
1	02106640.X	用无齿轮孔长卷胶片的多镜头立体照相机
2	85105599	双画面直接合成立体照相机
3	93118697.8	即拍即得立体照相机
4	95116186.5	立体照相机
5	97113276.3	立体照相机
6	99109154.X	立体照相机
7	02118009.1	立体照相机及立体幻灯片固定架
8	03809026.0	用于控制一个立体照相机的方法和系统
9	03130544.X	立体照相方法、程序卷片立体照相机及观察器
10	200410068808.X	立体照相机及立体幻灯片固定架
11	200610056782.6	立体照相机或摄像机、显示器及投影仪、打印机及观察器
12	200780001887.4	使用具有立体照相机的移动设备的虹膜识别系统和方法
13	200780008388.8	用于获得三维图像的CMOS立体照相机

图 7.3　检索结果

④检索结果显示文本的格式如图 7.4 所示；点击说明书可浏览全文（需下载全文浏览器），如图 7.5 所示。

SIPO 中华人民共和国国家知识产权局
STATE INTELLECTUAL PROPERTY OFFICE OF P.R.C.

您现在的位置：首页>专利检索

申请（专利）号：200780008388.8

+大 中 小

申请公开说明书（12）页

申　请　号：	200780008388.8	申　请　日：	2007.02.07
名　　称：	用于获得三维图像的CMOS立体照相机		
公开（公告）号：	CN101401443	公开（公告）日：	2009.04.01
主 分 类 号：	H04N13/02(2006.01)I	分案原申请号：	
分　类　号：	H04N13/02(2006.01)I		
颁　证　日：		优　先　权：	2006.3.9 KR 10-2006-0022296
申请（专利权）人：	（株）赛丽康		
地　　址：	韩国首尔		
发明（设计）人：	李炳洙;元俊镐	国 际 申 请：	2007-02-07 PCT/KR2007/000644
国 际 公 布：	2007-09-13 WO2007/102659 英	进入国家日期：	2008.09.09
专利代理机构：	北京英赛嘉华知识产权代理有限责任公司	代　理　人：	余朦;王艳春

摘要

本发明提出了一种用于获得三维图像的CMOS立体照相机，其中，具有相同特征的两个CMOS图像传感器设置于单个半导体基底上。通过将两个CMOS图像传感器设置在同一半导体基底上，CMOS图像传感器具有位于同一平面内的像平面。用于处理三维图像的数字信号处理器(DSP)设置于两个CMOS图像传感器之间。CMOS图像传感器的光轴相互平行且垂直于所述像平面。由于形成于CMOS图像传感器上的光学装置可通过相同的方法制造，因此两个CMOS图像传感器之间的光轴的偏离可被最小化。

图 7.4　SIPO 的文本格式

[19] 中华人民共和国国家知识产权局

[51] Int. Cl.
H04N 13/02 (2006.01)

[12] 发明专利申请公布说明书

[21] 申请号　200780008388.8

[43] 公开日　2009 年 4 月 1 日　　　[11] 公开号　CN 101401443A

[22] 申请日　2007.2.7
[21] 申请号　200780008388.8
[30] 优先权
[32] 2006.3.9 [33] KR [31] 10-2006-0022296
[86] 国际申请　PCT/KR2007/000644 2007.2.7
[87] 国际公布　WO2007/102659 英 2007.9.13
[85] 进入国家阶段日期　2008.9.9
[71] 申请人　（株）赛丽康

[74] 专利代理机构　北京英赛嘉华知识产权代理有限责任公司
代理人　余朦　王艳春

权利要求书 2 页　说明书 7 页　附图 2 页

[54] 发明名称

用于获得三维图像的 CMOS 立体照相机

[57] 摘要

本发明提出了一种用于获得三维图像的 CMOS 立体照相机，其中，具有相同特征的两个 CMOS 图像传感器设置于单个半导体基底上。通过将两个 CMOS 图像传感器设置在同一半导体基底上，CMOS 图像传感器具有位于同一平面内的像平面。用于处理三维图像的数字信号处理器(DSP)设置于两个 CMOS 图像传感器之间。CMOS 图像传感器的光轴相互平行且垂直于所述像平面。由于形成于 CMOS

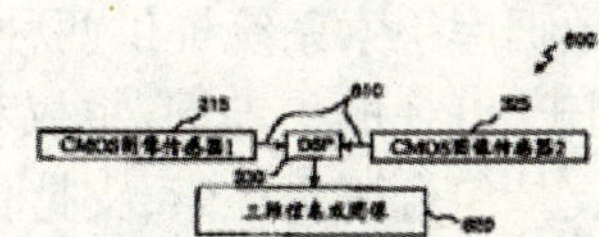

图 7.5　中国专利说明书格式

(2)中国专利信息中心

中国专利信息中心(China Patent Information Center,简称 CPIC)的前身是原中国专利局的自动化工作部,现在是国家知识产权局直属的事业单位。国家知识产权局赋予了中心专利数据库的管理权、使用权和综合服务的经营权。作为国家级大型的专利信息服务机构,中国专利信息中心以最新、最完整的专利信息资源,遍及全国各地的信息收集和服务网络、先进的信息处理技术为依托,为国内外用户提供快捷、优质的服务。

中国专利信息中心专利检索系统可以检索 1985 年以来公开/公告的中国专利文献。信息中心专利检索系统以国家知识产权局专利局局域网上的 CPRS 系统为基础,还添加了一些其他功能,如逻辑运算检索、二次检索、表达式检索、对检索结果的多种排序、分类统计等。专利信息中心专利检索系统提供中英文两种界面,检索流程如下:

①进入中国专利信息中心(网址 http://www.cnpat.com.cn),如图 7.6 所示,点击专利检索栏目进入检索页面。

图 7.6 中国专利信息中心主页

②中国专利数据库检索系统提供两种检索方式:表格检索和高级检索,表格检索有 17 个检索入口,有不同于 SIPO 的关键词、主权利要求等字段,支持逻辑检索,如图 7.7 所示。

③高级检索支持组合逻辑检索,支持位置逻辑检索,还可对检索结果排序、统计,进行二次检索,如图 7.8 所示。

④检索结果的文本的显示如图 7.9 所示;点击附图或说明书可浏览全文。

(3)汉之光华知识产权服务网

汉之光华知识产权服务网是全国首家免费世界专利数据检索平台，于2006年7月20日正式开通。该专利数据检索平台收集整理了七国两组织(中国、日本、美国、英国、法国、德国、瑞士、欧洲专利局、世界知识产权组织)的专利数据近2 200万条，每月更新，能检索到国内外最新的专利数据。汉之光华海量专利文献检索引擎，可实现复杂检索条件毫秒百万级数据的检索速度。此外该检索平台还具备智能检索提示系统，利用文本挖掘技术，可以依据检索者的检索条件进行分析并提供检索提示，帮助检索者提高检索的效率。

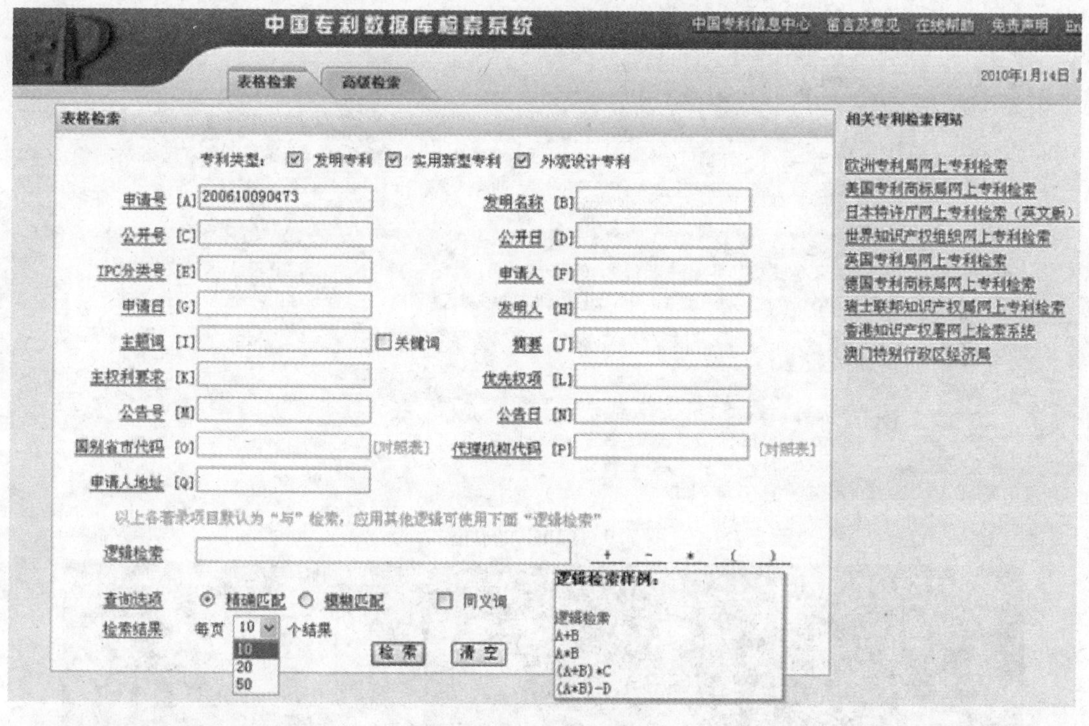

图7.7　CPIC检索界面

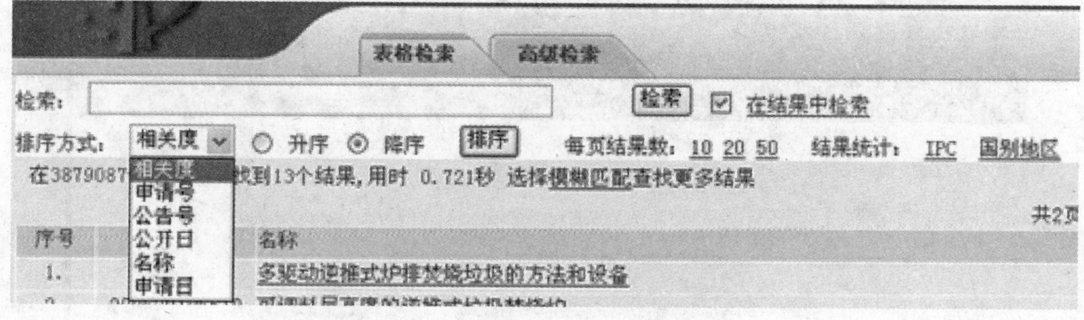

图7.8　检索结果的处理与二次检索

汉之光华是目前中国为数不多的一家能够独立完成各项知识产权业务的专业机构。其服务的内容包括：知识产权法律业务；专利、商标、版权、集成电路布图设计代理业务；专利规避、专利布局，商标策划业务；专利数据库及检索、分析系统建设，企业知识产权管理制度建设、科技成果与专利工作流程管理系统建设，知识产权战略咨询等业务。

检索流程如下：

中国专利信息中心　　　　中国专利数据库检索系统

[保存本专利] [主附图] [公开说明书] 咨询联系　　　　下一条　最后一条

申请号：	200480008555	申请日：	2004/12/24
公开日：	2006/05/03	公告日：	
公开号：	1768290	公告号：	
授权日：		授权公告日：	
专利类别：	发明	国别省市代码：	JP[日本]
代理机构代码：	11105[对照表]	代理人：	马高平 杨梧
发明名称：	变焦透镜和图像拾取装置		
国际分类号：	G02B 15/16;G02B 15/20;G02B 13/18		
范畴分类号：	30A		
发明人：	黑田大介;岩泽嘉人		
申请人：	索尼株式会社		
申请人地址：	日本东京都		
邮编：			

文摘：

一种变焦透镜具有良好的光学性能，结构紧凑且具有大放大率，其适于摄像机、数码相机、移动电话等。一种图像拾取装置使用该变焦透镜。该变焦透镜（1）包括变焦时固定并具有正折射能力的第一透镜组（GR1）；具有负折射能力的第二透镜组

主权利要求：

一种变焦透镜，它具有：变焦时固定且具有正的折射能力的第一透镜组；具有负的折射能力的第二透镜组；具有正的折射能力的第三透镜组；具有负的折射能力的第四透镜组，和具有正的折射能力的第五透镜组，它们按次序从物侧依次设置，其中，至

优先权项：

JP 2004-1-28 019964/2004

PCT 项

进入国家阶段日：	2005年9月28日	国际申请号：	PCT/JP2004/019777
国际申请日：	2004年12月24日	国际公布日：	2005年8月11日
国际公布号：	WO2005/073774	国际公布语言：	日

法律状态：[免责声明]　2009-11-18;驳回日

图 7.9　CPIC 文本格式

汉之光华是中国著名的知识产权服务品牌之一，2010年上海世博会“推荐服务供应商”。汉之光华由上海汉之律师事务所、上海光华专利事务所和上海汉光知识产权数据科技有限公司组成。

汉之光华由五十余名不同技术领域和专业背景的律师、专利代理人、商标代理人、专利数据分析专家构成了一个多元化的服务团队，是国内为数不多的一家综合性的知识产权服务机构。

伴随着中国知识产权事业春天的到来，汉之光华得以迅速的发展壮大。目前，专利代理量名列上海前茅，已连续四年每年超过4000件；所服务的高科技企业超过700家。同时汉之光华的律师也成功的代理了大量重大、疑难的知识产权案件。作为中国专利数据服务业务领域的开拓者之一，汉之光华自主开发了一系列的具有国际水准的专利数据库及专利分析软件系统，形成了中国一流的专利数据分析服务能力。

汉之光华在北京、美国加州等地设立了办事机构。并与世界各国的同行建立了紧密的协作关系。汉之光华将以卓越的服务能力伴随着“中国制造”、“中国创造”走向世界。

最新动态

- 中华全国专利代理代理人协会第八届全国会员代表大会在京顺利召开，合伙人余明伟当选协会常务理事 (2010-03-31)
- 汉之光华在无锡物联网产业研究院宣传知识产权 (2010-03-24)
- 汉之光华为全球著名的信息技术、电信行业和消费科技市场咨询公司IDC（国际数据公司）提供专利信息服务支持。(2010-3-16)

更多新闻 >>

专业资源

- 汉之光华中国专利下载软件
- [旧版]世界专利检索

图 7.10　汉之光华主页

①进入汉之光华知识产权服务网(网址 http://www.iprtop.com),如图7.10所示。点击右下角世界专利检索可进入检索界面。

②进入专利检索界面,如图7.11所示,最上面是高级检索,中间是智能提示,下面是表格检索。在输入框里可输入中文,也可输入英文检索词,可检索包括中国在内的7个国家和2个国际专利组织的专利文献。

图7.11 汉之光华检索页面

③文本的显示如图7.12所示。点击全文链接可浏览全文(需下载全文浏览软件),如图7.13所示。

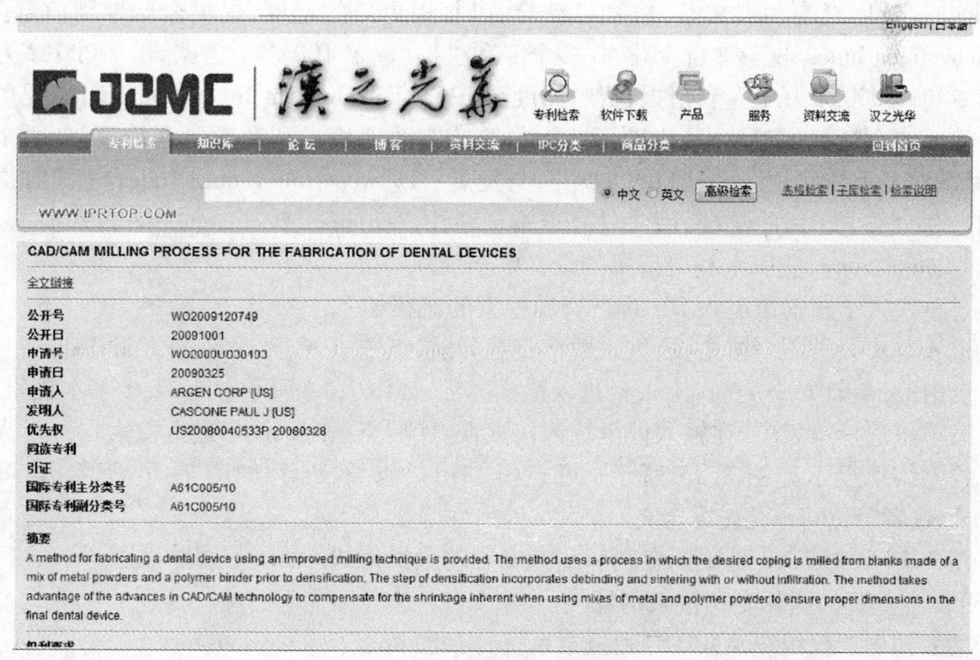

图7.12 文本显示

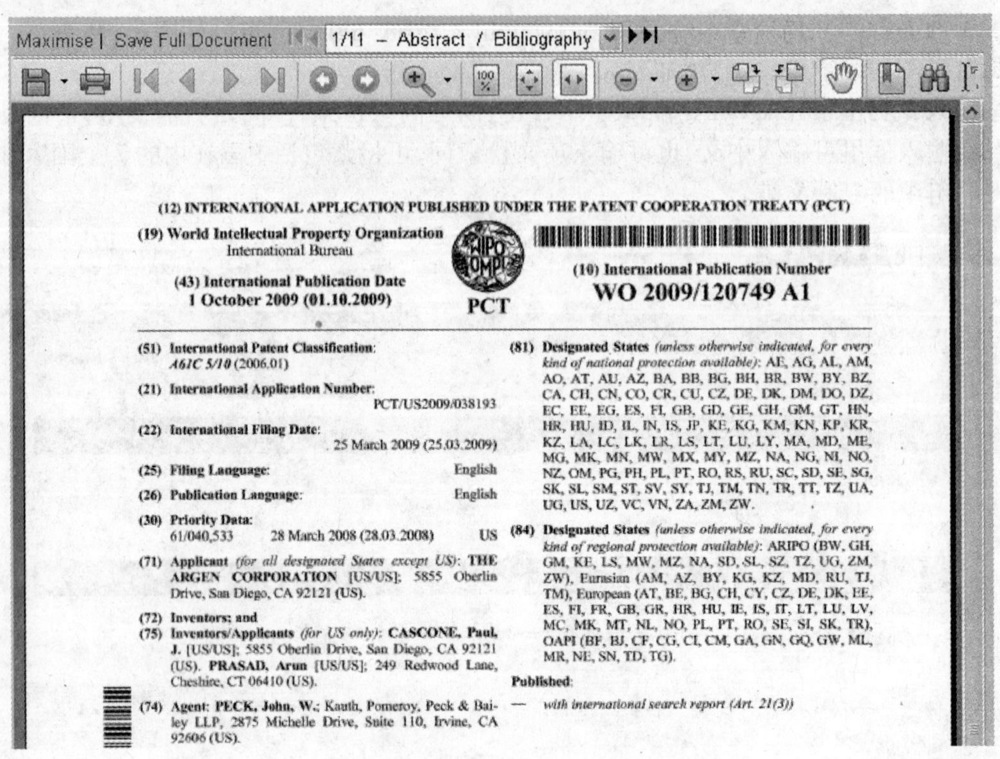

(12) INTERNATIONAL APPLICATION PUBLISHED UNDER THE PATENT COOPERATION TREATY (PCT)

(19) World Intellectual Property Organization
International Bureau

(43) International Publication Date
1 October 2009 (01.10.2009)

PCT

(10) International Publication Number
WO 2009/120749 A1

(51) International Patent Classification: *A61C 5/10* (2006.01)

(21) International Application Number: PCT/US2009/038193

(22) International Filing Date: 25 March 2009 (25.03.2009)

(25) Filing Language: English

(26) Publication Language: English

(30) Priority Data: 61/040,533 28 March 2008 (28.03.2008) US

(71) Applicant *(for all designated States except US)*: THE ARGEN CORPORATION [US/US]; 5855 Oberlin Drive, San Diego, CA 92121 (US).

(72) Inventors; and
(75) Inventors/Applicants *(for US only)*: CASCONE, Paul, J. [US/US]; 5855 Oberlin Drive, San Diego, CA 92121 (US). PRASAD, Arun [US/US]; 249 Redwood Lane, Cheshire, CT 06410 (US).

(74) Agent: PECK, John, W.; Kauth, Pomeroy, Peck & Bailey LLP, 2875 Michelle Drive, Suite 110, Irvine, CA 92606 (US).

(81) Designated States *(unless otherwise indicated, for every kind of national protection available)*: AE, AG, AL, AM, AO, AT, AU, AZ, BA, BB, BG, BH, BR, BW, BY, BZ, CA, CH, CN, CO, CR, CU, CZ, DE, DK, DM, DO, DZ, EC, EE, EG, ES, FI, GB, GD, GE, GH, GM, GT, HN, HR, HU, ID, IL, IN, IS, JP, KE, KG, KM, KN, KP, KR, KZ, LA, LC, LK, LR, LS, LT, LU, LY, MA, MD, ME, MG, MK, MN, MW, MX, MY, MZ, NA, NG, NI, NO, NZ, OM, PG, PH, PL, PT, RO, RS, RU, SC, SD, SE, SG, SK, SL, SM, ST, SV, SY, TJ, TM, TN, TR, TT, TZ, UA, UG, US, UZ, VC, VN, ZA, ZM, ZW.

(84) Designated States *(unless otherwise indicated, for every kind of regional protection available)*: ARIPO (BW, GH, GM, KE, LS, MW, MZ, NA, SD, SL, SZ, TZ, UG, ZM, ZW), Eurasian (AM, AZ, BY, KG, KZ, MD, RU, TJ, TM), European (AT, BE, BG, CH, CY, CZ, DE, DK, EE, ES, FI, FR, GB, GR, HR, HU, IE, IS, IT, LT, LU, LV, MC, MK, MT, NL, NO, PL, PT, RO, SE, SI, SK, TR), OAPI (BF, BJ, CF, CG, CI, CM, GA, GN, GQ, GW, ML, MR, NE, SN, TD, TG).

Published:
— *with international search report (Art. 21(3))*

图 7.13 专利全文格式

(4) Derwent Innovations Index(简称 DII)

DII 是由 Derwent(全球最权威的专利文献信息出版机构)共同推出的基于 Web 的专利信息数据库,这一数据库将 Derwent World Patents Index(德温特世界专利索引,简称 WPI)与 Patents Citation Index(专利引文索引)加以整合,以每周更新的速度,提供全球专利信息。Derwent Innovations Index 收录来自全球 40 多个专利机构(涵盖 100 多个国家)的 1 000 多万条基本发明专利,2 000 多万条专利情报,资料回溯至 1963 年。Derwent Innovations Index 提供 Derwent 专业的专利情报加工技术,协助研究人员简捷有效地检索和利用专利情报,鸟瞰全球市场,全面掌握工程技术领域创新科技的动向与发展。Derwent Innovations Index 还同时提供了直接到专利全文电子版的链接,用户只需点击记录中"Original Document"就可以立刻链接到 Thomson Patent Store,获取专利申请书的全文电子版。

通过重庆大学图书馆进入 DII 进行资源检索的流程如下:

①进入重庆大学图书馆主页,进入数字资源导航,点击进入 ISI Web of Knowledge。

②点击 Derwent Innovations Index,进入检索界面,如图 7.14 所示。有 11 个基本检索项,可在下拉菜单里选择检索项,在输入框里输入检索词,然后点击"Search"进行检索。

③检索结果显示如图 7.15 所示;可点击"Title"查看文摘,如图 7.16 所示;也可点击"Original"或者"Full Text"查看全文。

④图 7.17 和图 7.18 是美国专利和欧洲专利的全文格式。

(5)几个重要的国际专利检索网址

①世界知识产权组织 WIPO 专利检索系统,网址 http://www.wipo.int;

②欧洲专利局 EPO 专利检索系统,网址 http://ep.espacenet.com;

③美国专利商标局检索系统，网址 http://www.uspto.gov；

④日本专利局检索系统，网址 http://www.jpo.go.jp。

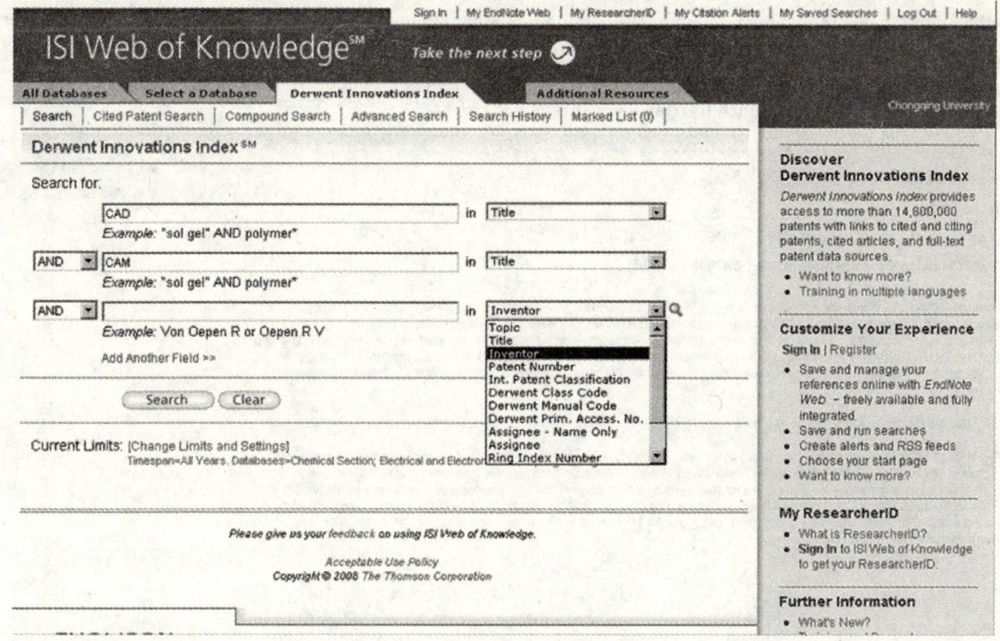

图 7.14　DII 检索界面

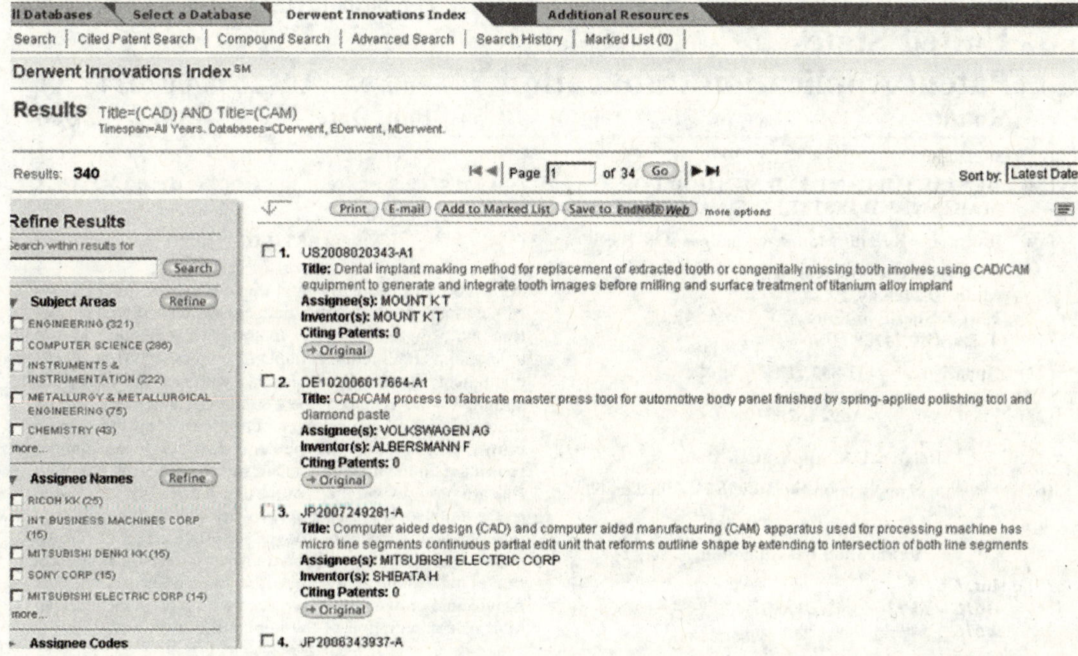

图 7.15　DII 检索结果

All Databases | Select a Database | Derwent Innovations Index | Additional Resources

Search | Cited Patent Search | Compound Search | Advanced Search | Search History | Marked List (0)

Derwent Innovations Index SM

<< Back to results list ◄ Record 1 of 340 ► Record from Derwent Innovations Index SM

Dental implant making method for replacement of extracted tooth or congenitally missing tooth involves using CAD/CAM equipment to generate and integrate tooth images before milling and surface treatment of titanium alloy implant

Print | E-mail | Add to Marked List | Save to EndNote Web | more options

Suggest a correction

If you would like to improve the quality of this product by suggesting corrections, please fill out this form.

Patent Number(s): US2008020343-A1 → Original

Inventor(s): MOUNT K T Full Text

Patent Assignee(s) and Codes(s): MOUNT K T(MOUN-Individual)

Derwent Primary Accession Number: 2008-C04091 [15]

Abstract: NOVELTY - Three-dimensional images of the crown portion (20) and root portion (28) of the tooth (10) to be replaced are generated by using CAD/CAM equipment (18). The image of the implant is modified to fit the patient's bone quality and quantity and the desired surface treatment for the root portion of the implant is selected after the images of the tooth have been integrated. The images are integrated to create an image of a proposed one-piece implant to be used to replace the tooth. Using the image, an implant from titanium alloy is milled and the root portion of the implant is surface treated.

USE - Method for making and installing a dental implant for replacement of an extracted tooth or a congenitally missing tooth.

ADVANTAGE - The method allows for custom machined and surface treated implant replacement of a tooth, with a natural emulation of the original tooth as possible. The method allows for replacement of a missing tooth that may have been recently extracted or may have been missing for many years. By creating a custom osteotomy and utilizing a dental database for the tooth number being replaced, an implant can be created to match this osteotomy. It also allows for placement of an implant where there is a congenitally missing tooth. It allows the dentist to be in complete control of the depth, size, and overall shape of the osteotomy.

图 7.16 DII 文摘格式

US 20080020343A1

(19) **United States**

(12) **Patent Application Publication** (10) **Pub. No.: US 2008/0020343 A1**

Mount (43) **Pub. Date: Jan. 24, 2008**

(54) **DENTAL IMPLANT AND METHOD FOR MAKING AND INSTALLING SAME**

(76) Inventor: **K. Tim Mount**, Okmulgee, OK (US)

Correspondence Address:
Molly D McKay, P.C.
2301 S Sheridan-Suite A
Tulsa, OK 74129 (US)

(21) Appl. No.: **11/832,213**

(22) Filed: **Aug. 1, 2007**

Related U.S. Application Data

(62) Division of application No. 10/996,118, filed on Nov. 23, 2004.

Publication Classification

(51) **Int. Cl.**
A61C 13/12 (2006.01)
A61C 5/00 (2006.01)

(52) **U.S. Cl.** **433/172**; 433/215

(57) **ABSTRACT**

A method for making a dental implant by obtaining images of the tooth pre-atraumatic tooth extraction and post extraction and using those images to computer generate and mill a titanium replacement implant employing CAD/CAM equipment. The implant includes a scalloped neck interface similar to the replaced tooth's scalloped cementoenamel junction, a polished neck area between a root portion and a crown portion, and the numeral for the tooth number imprinted on the implant's facial surface. Chevron retention fins are provided on the root portion for engaging the bone of the tooth socket or osteotomy when the implant is tapped into position. Retention grooves are provided on the crown portion to which a provisional crown is cemented slightly out of occlusion at the time the implant is placed. The provisional crown will be replaced with a permanent crown after osteointegration of the implant has occurred.

图 7.17 美国专利说明书格式

(19) European Patent Office
Office européen des brevets

(11) **EP 1 246 506 A1**

(12) **EUROPEAN PATENT APPLICATION**

(43) Date of publication:
02.10.2002 Bulletin 2002/40

(51) Int Cl.7: **H04R 25/02**, G06F 17/50

(21) Application number: **01610032.3**

(22) Date of filing: **26.03.2001**

(84) Designated Contracting States:
AT BE CH CY DE DK ES FI FR GB GR IE IT LI LU MC NL PT SE TR
Designated Extension States:
AL LT LV MK RO SI

(71) Applicant: Widex A/S
3500 Vaerloese (DK)

(72) Inventor: Toepholm, Jan
DK-2840 Holte (DK)

(74) Representative: Jorgensen, Bjorn Barker et al
Internationalt Patent-Bureau,
Hoje Taastrup Boulevard 23
2630 Taastrup (DK)

(54) **A CAD/CAM system for designing a hearing aid**

(57) The present invention relates to a CAD/CAM system for design and manufacture of a hearing aid housing comprising a face plate and a shell that is matched to the auditory canal of a user, the system being adapted to receive and process data representing

图 7.18 欧洲专利说明书格式

7.3 版权及学术规范

7.3.1 版权与版权法

1)版权

版权也称著作权，是指版权人（著作权人）依照版权法（著作权法）对其创作的文学、艺术和自然科学、社会科学、工程技术等作品享有的专有权利。

版权法是国家就智力劳动产品制定的有关作者、传播者和公众之间权利义务关系的法律规范。我国版权法的制定遵循以下三大原则：一是保护作者的权益；二是鼓励作品的创作和传播；三是促进社会主义文化、科学事业的发展繁荣。

2)版权法简介

《中华人民共和国著作权法》（简称著作权法或版权法），于1991年6月颁布实施，此后又于2001年10月进行了第一次修正，2010年2月进行了第二次修正。《著作权法》共有6章61

条,内容包括:总则;著作权,著作权保护的范围、著作权人的权利义务;著作权的许可使用和转让;版权作品的出版、表演、播放;法律责任与执法措施;等等。

(1)版权保护的范围　根据著作权法的规定,可享有版权的作品有:文字作品;口述作品;音乐、戏剧、曲艺、舞蹈、杂技艺术作品;美术、建筑作品;摄影作品;电影作品;工程设计图、产品设计图、地图、图形作品和模型作品等;计算机软件;法律、行政法规规定的其他作品。

(2)版权人的权利　按照我国著作权法,版权人享有的权利分为人身权和财产权两大类。人身权包括:发表权、署名权、修改权、保护作品完整权。财产权包括:复制权、发行权、出租权、展览权、表演权、放映权、广播权、信息网络传播权、摄制权、改编权、翻译权、汇编权和应当由著作权人享有的其他权利。

(3)侵权的行为及处理　根据著作权法,未经著作权人许可或未支付费用,出版、发行、复制、改编、发表、表演、播放、网络传播版权作品等诸多行为均构成侵犯版权。对于侵权行为的处理,应当根据情况,承担停止侵权、消除影响、赔礼道歉、赔偿损失等民事责任;同时损害公共利益的,可以由著作权行政管理部门责令停止侵权行为,没收违法所得,没收、销毁侵权复制品,并可处以罚款;情节严重的甚至构成犯罪的,可依法追究刑事责任。

(4)不构成侵犯版权　版权法对权利也进行了限制,如为了个人学习、研究,使用他人已经发表的作品;为介绍、评论某一作品或者说明某一问题,适当引用他人已经发表的作品;为课堂教学或者科学研究,翻译或者少量复制已经发表的作品等不构成侵犯版权。个人购买、持有和使用盗版著作权产品不属于侵害版权的行为,但应该由道德规范来约束。

7.3.2　学术道德及引用规范

1)学术道德规范

(1)学术道德

学术道德是指学术人在进行学术研究活动的整个过程及结果处理中应该遵循的行为规范和道德准则,是学术共同体从事学术研究所共同遵循的道德。学术道德既与学术研究的特性有关,也与社会道德(观念)对其的塑造相连。学术研究的本性要求诚实的告知或者揭示世界的真理。很显然,一个人的有生之年无法穷尽真理,这就意味着学术研究是整个人类的事业,它必须依赖前人,同时又为后人的研究作铺垫。这需要学术研究人员必须具有真正的献身精神和最大的诚信,否则他既欺世盗名,又误导后人,彻底贻害学术研究的顺利展开。山东大学何中华教授这样描述学术道德:“大体而言,它应包括‘诚’与‘敬’两方面。‘诚’意味着既不自欺也不欺人。所谓不自欺就是治学应该做到不隐瞒自己的真实见解,从而问心无愧,不受外部因素的诱惑和干扰;所谓不欺人即指充分尊重他人的学术成果,恪守学术规范,拒绝一切学术不端行为。‘敬’意味着对学术事业心存虔诚与敬畏之情,保持对学术的目的性追求,捍卫学术的纯粹性、神圣性和超高性,以维护其尊严。”学术的生命在于创新,学术创新取决于学者对学术道德规范的尊崇和执著。当前我国学术界存在着一些急功近利、破坏学术道德风气、违背学术道德规范的行为,若不加以重视和加以制止,恐怕将严重危害整个学术界的风气,进而影响中国学术的创新与发展。

对研究生的学术道德教育目的在于培养具有强烈的道德自觉性、充分了解相关学术规范并具有道德行为能力的学术新生力量,带动整个学术界的道德建设改革,从而为推动一个良性循环、可持性发展的学术生态圈的建立提供充足的道德氧气。"没有规矩不能成方圆",学术道德、学术规范、学术风气就是学术研究的规矩。创新离不开严谨的态度和艰苦的劳动,严格遵循学术研究的程序、方法和规范,以此为基础,发挥自己的创造性和想象力,把握事物的本质和规律,才能出精品、出成果,推动科学技术的繁荣和发展。

(2)学术规范

所谓学术规范,是指学术共同体内形成的进行学术活动的基本伦理道德规范。它涉及学术研究的全过程、学术活动的各方面,包括学术研究规范、学术评审规范、学术批评规范、学术管理规范。也有学者对学术规范作出了横向概括,认为它包括两方面的含义:一是学术研究中的具体规则,如文献的合理使用规则,引证标注规则,立论阐述的逻辑规则等;二是高层次的规范,如学术制度规范、学风规范等。

对个人而言学术规范大致包括以下几个方面:一是遵守中华人民共和国公民道德准则;二是遵守诚实守信原则;三是遵守公开公正原则;四是尊重知识产权;五是坚持真理,尊重学术自由;六是遵守声明与回避原则;等等。

根据国务院学位委员会意见,对违反学术规范的处罚:一是对于学位申请者或学位获得者,可分别做出暂缓学位授予、不授予学位或撤销学位授予的处理。二是对于指导教师,可做出暂停招生、取消导师资格的处理;严重败坏学术道德的,由学位授予单位依据国家有关学术不端行为处理办法进行处理。三是对于参与舞弊作伪行为的相关人员,由学位授予单位按照有关规定进行处理。

(3)科学不端和学术道德失范

科学不端行为是指研究和学术领域内的各种编造、作假、剽窃和其他违背科学共同体公认道德的行为,以及滥用和骗取科研资源等科研活动过程中违背社会道德的行为。科学不端大致包括以下几个方面:一是在研究和学术领域内有意做出虚假的陈述,如篡改数据、编造结果、改动原始文字记录和图片等;二是损害他人著作权,如侵犯他人的署名权,抄袭、剽窃他人的学术成果等;三是违反职业道德利用他人重要的学术认识、假设、学说,窃取他人的研究计划和学术思想等;四是在研究成果的发表或出版中,将同一研究成果提交多个出版机构出版或提交多个出版物发表等;五是故意干扰或妨碍他人的研究活动;六是在科研活动过程中违背社会道德,如骗取经费、设备或其他科研资源,用科研资源谋取不当利益,等等。

对于在研究计划和实施过程中非有意的错误或不足,对评价方法或结果的解释、判断错误,因研究条件、研究水平和能力原因造成的错误和失误,不能认定为科学不端行为。

2)引用规范

科学研究具有传承性和继启性,现在的研究必须依赖前人的成果,而今后的研究也将依赖现在的成果。因此参考他人的研究,合理利用他人的成果在所难免,也是必要的。

(1)参考文献的作用

科研工作者在选题、研究以及论文的写作过程中,都要利用文献,参考他人的成果。参考文献的作用主要有以下几点:

①归誉与起源。在论文中有两个明确承认荣誉的地方,那就是署名和参考文献。因此作者在发表论文时有责任和义务把他人应得的荣誉给予他人,凡是对自己工作有启发有帮助的

文章,一定要在参考文献中列出,以表示对他人工作的承认和尊重。同时承认他人的工作,把自己的贡献与他人的成果区别开来,可免除抄袭、剽窃之嫌。

②为论文中的观点提供支持。在一篇论文中不可能也不必要对所涉及的全部问题逐个详细论述,这时可给出相关文献,说明相关结论、观点及数据来源,作为自己论文的补充和完善。

③为读者进一步阅读提供线索。

④给研究成果在科学发展的进程中定位。参考文献留下了研究的轨迹,万一出现问题,后续研究人员有迹可寻,对错误的根源追踪到底,因此,除了荣誉之外,参考文献还意味着责任。作者在提供参考文献的信息时应尽量避免错误。

(2)合理引用

合理使用是版权法的内容之一,是为了维护公众利益而对版权所做出的限制。它协调了作者、传播者与使用者三者的利益关系,既有利于促进科学、文化的发展和社会的进步,又有利于信息传播。但合理使用不等于随便使用,必须符合一定的条件。合理引用是合理使用的一种形式。然而何为"合理"? 何为"适当"? 一直以来都是世界各国讨论的焦点问题。首先引用的文献应该是公开发表的文献。其次,引用的"量"要有一个度。中国版权协会理事长沈仁干在评述引用的"适当性"标准时,提出"过量的引用,就不是合理使用中的引用,而是未经授权的复制行为"。

法国提出了合理使用的三要素:

①使用作品的性质和目的。即使用他人作品的目的,是为了促进科学文化进步并有益于社会公众,其新作品必须付出创造性的智力劳动而不是简单的摘抄。

②引用作品的数量和价值。大量的引用原作或原作的精华部分,不能视为"适当"。

③引用对原作市场销售、存在价值的影响程度。由于新作与原作往往是同一题材的创作,新作的出现有可能影响原作的销售市场,或减少其收益,甚至有可能取代原作。因此必须考虑使用的经济后果。

原俄罗斯著作权法实施细则规定,引用他人作品,引用量不得超过 10 000 个印刷符号,诗歌不超过 40 行;如果是超过 30 个印刷页的大型科学或学术著作,则引用量可以增至 40 000 个印刷符号。英国作家协会与出版家协会在协议中规定,一部散文作品一次引用不得超过 400 个单词,二次或多次引用不得超过 800 个单词。而我国文化部曾在《图书、期刊著作权保护条例实施细则》第十五条中规定:引用非诗词类作品不得超过 2 500 字,大部作品不得超过 10 000 字(而且不得连续引用);引用诗词类作品不得超过 40 行或全诗的 1/4,但古诗词除外;凡引用一人或多人的作品,所引用总量不得超过本人创作作品的总量的 1/10,但专题评论和古体诗词除外。

7.4 标准及其检索

7.4.1 标准基础知识

1)标准与标准化

标准是对重复性事物和概念所做的统一规定。它以科学、技术和实践经验的综合成果为基础,经有关方面协商一致,由主管机构批准,以特定形式发布,作为共同遵守的准则和依据。

标准化是为在一定的范围内获得最佳秩序,对实际的或潜在的问题制定共同的和重复使用的规则的活动。它包括制定、发布及实施标准的全过程。按照国标 GB 3935.1 对标准化的定义:标准化是“在经济、技术、科学及管理等社会实践中,对重复性事物和概念通过制定、发布和实施标准,达到统一,以获得最佳秩序和社会效益”。

标准化的重要意义在于改进产品、过程和服务的适用性,防止贸易壁垒,促进技术合作。标准化是现代化大生产的基础和条件,是科学管理的重要组成部分。

标准化是沟通国际贸易和国际技术合作的技术纽带,通过标准化能够很好地解决商品交换中的质量、安全、可靠性和互换性配套等问题。标准化的程度直接影响到贸易中技术壁垒的形成和消除。因此,世界贸易组织贸易技术壁垒协议(WTO/TBT)中指出:“国际标准和符合性评定体系能为提高生产效率和便利国际贸易做出重大贡献。”

2)标准化战略

制定技术标准的实质就是制定竞争规则,把握对市场的控制权。在高技术领域,谁拥有技术标准或谁的技术标准领先,谁就能控制未来市场。采用谁的标准作为国际标准,对各国产业的国际竞争力影响重大。因此世界上的发达国家都高度重视标准化工作,积极制定本国的标准化战略,积极参与国际标准化活动,努力争取制定国际标准的主导权,争夺国际标准的制高点。1998 年 10 月,欧洲标准化委员会(CEN)和欧洲电工标准化委员会(CENEIEC)发布了 CEN 和 CENEIEC 的标准化战略;1999 年 10 月,欧盟通过了欧洲理事会(欧洲标准化战略)决议。其核心就是要建立强大的欧洲标准化体系,对国际标准化产生更大的影响,制定以欧洲标准为基础的国际标准,争取将欧洲技术扩大到全世界。1998 年 9 月,美国完成了国家标准化战略的制定任务。美国标准化战略的核心是:加强国际标准化活动,使国际标准反映美国技术。2001 年 9 月,日本公布了《标准化战略》:制定切实可行的措施,推进标准化活动与研究开发的一体化,推进战略性的国际标准化活动。

欧盟、美国、日本标准化战略的内容虽互有差别,但共同点十分明显,即都表现出强烈的时代感,都是对 21 世纪经济全球化挑战的响应。这些组织和国家都意识到当前的标准化课题已不是技术问题和战术性问题,而是战略问题。标准化战略失误有可能影响国家的经济利益。

如果说一项专利影响的只是一个企业或若干个企业,那么一项技术标准影响的则可能是整个产业，甚至是一个国家的竞争力。随着经济全球化的迅猛发展和中国加入 WTO，关税壁垒与行政壁垒正在逐步消除，知识产权和标准等技术壁垒对占领与保护市场的作用日益凸现，并已成为非关税的主要形式。加入 WTO 以后，技术壁垒将成为我国贸易出口的重要障碍，而实施标准战略将是我国扩大国内产品进入国际市场，阻止国外产品大量涌入的有效手段。为了适应激烈的国际竞争，我国已确立了在“十五”期间组织实施人才、专利和标准三大战略。科技部部长 2002 年在中国科协学术年会上指出，要实施技术标准战略，建立健全我国技术标准体系：一是要高度重视世界范围内技术壁垒的变化与发展趋势，对主要发达国家与主要发展中国家的现行政策及潜在动向进行跟踪研究；二是要通过改革，支持有关部门建立国家标准研究机构，组织、规划和协调包括企业、高校、研究机构的全社会的力量从事标准研究；三是在 16 个重大专项中设立重大标准专项，集中支持有关部门研究和制定我国有优势和特色领域的高技术标准。标准问题已经成为国家经济竞争、科技竞争中一个重要的组成部分。国家标准化战略是国家对标准化的整体部署。它不是一个标准如何制订的技术问题，而是如何整合标准化工作的各种资源和力量，在 WTO 的政策框架下，实现标准化对技术创新、经济增长和国际竞争力提升的战略问题。

近年来我国高度重视国家标准的制定和采用先进的国际标准，积极参与国际标准的制定，取得了一定的成效。到目前我国现行的国家标准超过了 25 000 项，其中有 9 000 多项采用了国际标准和国外先进标准。从 2000 年 5 月我国制定的第一个国际标准获得批准后，至今已有 20 多项被批准为正式的国际标准。现由中国提出的 ISO、IEC 等国际标准提案已有 50 多项。计划 3 ~5 年内，我国将提交和主导制定国际标准 50 ~ 100 项，重点参与制定国际标准 500 ~ 1 000项；培养一支 1 000 人的国际标准化专家队伍；重点行业的国际标准转化率将达到75% ~ 85%。

3）中国标准化法

《中华人民共和国标准化法》于 1989 年 4 月 1 日起颁布实施，是中华人民共和国的一项重要法律。《标准化法》规定了我国标准化工作的方针、政策、任务和标准化体制等。它是国家推行标准化，实施标准化管理和监督的重要依据。它是我国标准化工作的基本法。

颁布《标准化法》的重要意义是：

①《标准化法》是制定标准，推行标准化，实施标准化管理和监督的依据。《标准化法》的颁布，标志着我国标准化工作已进入法制管理的新阶段。

②标准化是组织专业化生产的技术纽带。《标准化法》的颁布，有利于发展社会化大生产，有利于发展社会主义商品经济。

③标准是科研、生产、交换和使用的技术依据。《标准化法》规定，企业必须按标准组织生产，对于那些涉及人民生命财产安全的产品，必须强制执行；违反者，要追究其法律责任。《标准化法》的颁布，有利于维护国家、集体和个人三者的利益。

《标准化法》将我国标准分为国家标准、行业标准、地方标准、企业标准 4 级。

《标准化法》分为 5 章 26 条，其主要内容是：确定了标准体系和标准化管理体制，规定了制定标准的对象与原则以及实施标准的要求，明确了违法行为的法律责任和处罚办法。

7.4.2 部分国外标准化组织简介

1)国际标准化组织(International Organization for Standardization,简称ISO)

ISO是世界上最大的非政府性标准化专门机构,它在国际标准化中占主导地位。ISO的主要活动是制定国际标准,协调世界范围内的标准化工作,组织各成员国和技术委员会进行情报交流,以及与其他国际性组织进行合作,共同研究有关标准化问题。随着国际贸易的发展,对国际标准的要求日益提高,ISO的作用也日趋扩大,世界上许多国家对ISO也越加重视。

ISO的目的和宗旨是:在世界范围内促进标准化工作的发展,以利于国际物资交流和互助,并扩大在知识、科学、技术和经济方面的合作。

(1)ISO 9000 与 ISO 14000

ISO 9000质量管理体系标准是由ISO/TC 176质量管理体系技术委员会于1987年制订,后经不断修改完善而成的系列标准;ISO 9000族标准不是产品的技术标准,而是保证产品的质量和服务的管理型国际标准。现已有90多个国家和地区将此标准等同转化为国家标准。我国等同采用ISO 9000族标准的国家标准是GB/T 19000族标准,是国际标准化组织承认的中文标准。ISO 9000族标准不仅在全部发达国家推行,发展中国家也正在逐步加入到此行列中来,ISO已成为一个名副其实的技术上的世界联盟。ISO 9000族标准的颁布,打破了ISO以往孤立地制定个别技术标准的格局,它不仅把国际标准化活动同国际贸易紧密地结合起来,引起产业界对标准的重视,而且把系统理论引进了标准化,从而极大地提高了标准的科学性和社会地位,这是世界标准化发展史上的创举,一个重要的里程碑。ISO 9000族标准认证,可以理解为质量体系注册,就是由国家批准的、公正的第三方机构——认证机构依据ISO 9000族标准,对企业的质量体系实施评定,向公众证明该企业的质量体系符合ISO 9000族标准,提供合格产品,公众可以相信该企业的服务承诺和企业产品质量的一致性。

ISO 14000环境管理系列标准是国际标准化组织1996年推出的又一个管理型国际标准。该标准是由ISO/TC 207的环境管理技术委员会制定,有14001—14100共100个号,统称为ISO 14000系列标准。其中ISO 14001是环境管理体系标准的主干标准。它总结了发达国家在发展过程中的经验和教训,通过规范企业和社会团体等所有组织的环境行为,以达到节省资源、减少环境污染、改善环境质量、促进经济持续、健康发展的目的。ISO 14000系列,把国际标准化的目标指向了人类社会最为关切的环境问题,引起了产业界、科学界、政府部门等各方面的兴趣。它产生的影响将会比ISO 9000的影响还要大。通过ISO 14000环境管理体系认证,能使企业的环境管理得到明显的改善,产生环境绩效。获得ISO 14000认证证书,就等于获得了一张出口的“绿色通行证”,从而避开发达国家设置的“绿色贸易壁垒”。

(2)ISO 14000和ISO 9000的相近和相同点

两者都是自愿采用的管理型的国际标准,都遵循相同的管理系统原理,通过实施一套完整的标准体系,在组织内建立起一个完整、有效的文件化管理体系。

通过管理体系的建立、运行和改进,对组织内的活动、过程及其要素进行控制和优化,实施方针并达到预期的目标。

质量体系和环境管理体系在结构和要素等内容上有许多相同或相似之处。

质量体系和环境管理体系都含有第三方认证机构审核的内容,因此,两个体系的实施均涉及诸如审核机构、审核员以及对认证审核机构和实审员的认可等内容。

两套体系均可能成为贸易的条件,都服务于国际贸易,意在消除贸易壁垒。

(3)ISO 9000 和 ISO 14000 的不同之处

①目的和对象不同。ISO 9000 是指导组织建立质量体系,通过对影响质量的过程和要素的控制,达到提高企业质量保证能力的目的。ISO 14000 是帮助建立环境管理体系,目的是规范组织的环境行为,达到改善环境的目的。通俗地讲,质量体系针对的是客户需要,是为了使客户满意。而环境管理体系则针对众多相关方和社会对环境保护的不断发展的需要,是为了使相关方和社会满意。按照 ISO 14001 的定义:"相关方"是指"关注组织的环境表现(行为)或受其环境表现(行为)影响的个人或团体",包括客户、供方、股东、员工、政府部门、银行、保险、社会团体、周围机构或社会居民等。因此,ISO 9000 在管理的对象、范围、须满足要求等方面与 ISO 14000 都有很大的差别。

②要素的内容不完全相同。虽然两个体系中有不少要素的名称是相似或一致的,但其内容却不完全一样。两个体系的结构和要素不一一对应,特别是要素内容上的差别较大,因此两个体系是功能不同互相独立的体系,不可能互相取代。

③所属管理部门不同。两个体系在企业里分别隶属于两个不同的部门管理(中国、外国都有这种情况),从而增大了两个体系沟通的障碍和扩大两个体系之间差异的可能性。

2)国际电工委员会(International Electro technical Commission,简称 IEC)

IEC 是世界上成立最早的非政府性国际电工标准化机构,是联合国经社理事会(ECOSOC)的甲级咨询组织。目前 IEC 成员国包括绝大多数的工业发达国家及一部分发展中国家。这些国家拥有世界人口的 80%,其生产和消耗的电能占全世界的 95%,制造和使用的电气、电子产品占全世界产量的 90%。

IEC 的宗旨:促进电工标准的国际统一,电气、电子工程领域中标准化及有关方面的国际合作,增进国际间的相互了解。

3)国际电信联盟(International Telecommunication Union,简称 ITU)

国际电信联盟于 1865 年 5 月在巴黎成立,1947 年成为联合国的专门机构。

ITU 是世界各国政府的电信主管部门之间协调电信事务的一个国际组织,它研究制定有关电信业务的规章制度,通过决议提出推荐标准,收集有关情报。

ITU 的目的和任务:维持和发展国际合作,以改进和合理利用电信,促进技术设施的发展及其有效运用,以提高电信业务的效率,扩大技术设施的用途,并尽可能使之得到广泛应用,协调各国的活动。

4)美国国家标准学会(American National Standards Institute,简称 ANSI)

ANSI 是非营利性质的民间标准化团体,但它实际上已成为美国国家标准化中心,美国各界标准化活动都围绕它进行。通过它,使政府有关系统和民间系统相互配合,起到了政府和民间标准化系统之间的桥梁作用。

ANSI 协调并指导美国全国的标准化活动,给标准制定、研究和使用单位以帮助,提供国内外标准化情报,同时,又起着行政管理机关的作用。

5)英国标准学会(British Standards Institution,简称 BSI)

BSI 是世界上最早的全国性标准化机构。它不受政府控制但得到了政府的大力支持。BSI 制定和修订英国标准,并促进其贯彻执行。BSI 不断发展自己的工作队伍,完善自己的工作机构和体制,把标准化和质量管理以及对外贸易紧密结合起来开展工作。

BSI 的宗旨:

①为增产节约努力协调生产者和用户之间的关系,促进生产,达到标准化(包括简化);

②制定和修订英国标准,并促进其贯彻执行;

③以学会名义,对各种标志进行登记,并颁发许可证;

④必要时采取各种行动,保护学会利益。

6)德国标准化学会(Deutsches Institut fur Normung,简称 DIN)

DIN 是德国的标准化主管机关,作为全国性标准化机构参加国际和区域的非政府性标准化机构。DIN 是一个经注册的私立协会,大约有 6 000 个工业公司和组织为其会员,目前设有 123 个标准委员会和 3 655 个工作委员会。DIN 于 1951 年参加国际标准化组织。由 DIN 和德国电气工程师协会(VDE)联合组成的德国电工委员会(DKE)代表德国参加国际电工委员会。DIN 还是欧洲标准化委员会、欧洲电工标准化委员会(CENELEC)和国际标准实践联合会(IFAN)的积极参加国。

7)法国标准化协会(Association Francaise de Normalisation,简称 AFNOR)

AFNOR 成立于 1926 年,是一个公益性的民间团体,也是一个被政府承认,为国家服务的组织。1941 年 5 月 24 日颁布的一项法令确认 AFNOR 接受法国政府的标准化管理机构——标准化专署领导,按政府指导开展工作,并定期向标准化专员汇报工作。AFNOR 负责标准的制定、修订工作,宣传、出版、发行标准。

8)日本工业标准调查会(Japanese Industrial Standard,简称 JIS)

JIS 成立于 1946 年 2 月,隶属于通产省工业技术院。它由总会、标准会议、部会和专门委员会组成。标准会议下设 29 个部会,负责审查部会的设置与废除,协调部会间工作,负责管理调查会的全部业务和制定综合计划。各部会负责最后审查在专门委员会会议上通过 JIS 标准草案。专门委员会负责审查 JIS 标准的实质内容。

9)美国电气电子工程师学会(Institute of Electrical and Electronics Engineers,简称 IEEE)

IEEE 于 1963 年美国电气工程师学会(AIEE)和美国无线电工程师学会(IRE)合并而成,

是美国规模最大的专业学会。它由大约 17 万名从事电气工程、电子和有关领域的专业人员组成,分设十个地区和 206 个地方分会,设有 31 个技术委员会。IEEE 的标准制定内容有:电气与电子设备、试验方法、原器件、符号、定义以及测试方法等。

7.4.3 标准信息检索

1)标准文献概述

标准文献是指技术标准、管理标准及其他具有标准性质的技术文件组成的一类特种文献,是标准化工作者在标准化实践中经过不断地探索和研究,将实践活动中创造发现的成果提炼并以文本形式加以固化,在有关方面的通力合作下,按照规定程序编制并经主管机构批准,以特定形式发布,供一定范围广泛使用的包括一套在特定活动领域内必须执行的规格、定额、规则、要求的文件。

标准文献反映了一个国家、一个地区、一个部门、一个行业的生产、技术和管理水平,是重要的情报源。

2)标准文献的种类

(1)按地域和适用范围划分

①国际标准。国际标准是指国际标准化组织(ISO)、国际电工委员会(IEC)和国际电信联盟(ITU)所制定的标准,以及 ISO 为促进《关贸总协定——贸易技术壁垒协议》即标准守则的贯彻实施所出版的《国际标准题内关键词索引(KWIC Index)》中收录的其他国际组织制定的标准。

②区域标准。区域标准是由世界上某一区域标准化组织通过的标准,如欧洲经济共同体制定的 CEN 标准和 CENELEC 标准。

③国家标准。国家标准是由国家标准化主管机构批准、发布的标准,如我国的国家标准代号 GB。美、英、法、德、日等国家标准代号分别为 ANSI、BS、NF、DIE、JISD 等。

(2)我国的标准种类

根据《中华人民共和国标准化法》的规定,我国标准分为国家标准、行业标准、地方标准和企业标准等 4 类。

①国家标准。由国务院标准化行政主管部门制定的需要全国范围内统一的技术要求,称为国家标准。国家标准代号为“GB”。国家标准的年限一般为 5 年,过了年限后,国家标准就要被修订或重新制定。此外,随着社会的发展,国家需要制定新的标准来满足人们生产、生活的需要,因此,标准是一种动态信息。

②行业标准。没有国家标准而又需在全国某个行业范围内统一的技术标准称为行业标准。它是由国务院有关行政主管部门制定并报国务院标准化行政主管部门备案的标准。不同的行业有不同的代号,如机械“JB”、化工“HG”、纺织“FZ”、铁路“TB”等。

③地方标准。没有国家标准和行业标准而又需在省、自治区、直辖市范围内统一的工业产品的安全、卫生要求,由省、自治区、直辖市标准化行政主管部门制定并报国务院标准化行政主管部门和国务院有关行业行政主管部门备案的标准称为地方标准。地方标准代号为“DB”,后

跟省级行政区划代码的前两位。

④企业标准。企业生产的产品没有国家标准、行业标准和地方标准，由企业制定的作为组织生产的依据的相应的企业标准，或在企业内制定适用的严于国家标准、行业标准或地方标准的企业(内控)标准，由企业自行组织制定的并按省、自治区、直辖市人民政府的规定备案(不含内控标准)的标准，称为企业标准。企业标准代号为"Q/"。

(3)按标准化的性质划分

①技术标准。技术标准是对技术领域中需要统一的各种事、物和概念做制订的标准，一般包括产品标准、基础标准、方法标准、安全标准、卫生标准等。

②管理标准。管理标准是对标准化领域中需要协调统一的管理事项所制订的标准，一般包括计划管理、生产管理、技术管理、物资管理、财务管理、质量管理、安全卫生管理、行政管理等方面的标准。

③工作标准。工作标准是对企业的各部门、各类人员以及各类专项工作的工作内容、要求、程序、方法以及考核等所制订的标准。

(4)按法律的约束性划分

①强制性标准。强制性标准范围主要是保障人体健康，人身、财产安全的标准和法律、行政法规规定强制执行的标准，如强制性国标"GB"。对不符合强制性标准的产品禁止生产、销售和进口；对违反强制性标准而造成不良后果以至重大事故者由法律、行政法规规定的行政主管部门依法根据情节轻重给予行政处罚，直至由司法机关追究刑事责任。

②推荐性标准。推荐性标准是指导性标准，基本上与 WTO/TBT 对标准的定义接轨，即由公认机构批准的，非强制性的，为了通用或反复使用的目的，为产品或相关生产方法提供规则、指南或特性的文件，如推荐性国标"GB/T"。

③标准化指导性技术文件。标准化指导性技术文件是为仍处于技术发展过程中(为变化快的技术领域)的标准化工作提供指南或信息，供科研、设计、生产、使用和管理等有关人员参考使用而制定的标准文件，如国家标准指导性技术文件"GB/Z"。

(5)按标准化的对象和作用划分

①基础标准。基础标准是指在一定范围内作为其他标准的基础并普遍通用，具有广泛指导意义的标准。

②产品标准。产品标准是指为保证产品的适用性，对产品必须达到的某些或全部特性要求所制定的标准。

③方法标准。方法标准是指以试验、检查、分析、抽样、统计、计算、测定、作业等各种方法为对象而制定的标准。

④安全标准。安全标准是指以保护人和物的安全为目的而制定的标准。

⑤卫生标准。卫生标准是指为保护人的健康，对食品、医药及其他方面的卫生要求而制定的标准。

⑥环境保护标准。环境保护标准是指为保护环境和有利于生态平衡对大气、水体、土壤、噪声、振动、电磁波等环境质量、污染管理、监测方法及其他事项而制定的标准。

3)中国标准文献的分类

(1)中国标准文献分类法　中国标准文献分类法的类目设置以专业划分为主，适当结合学科分类,见表7.1。序列采取从总到分,从一般到具体的逻辑系统。类目结构采用二级编制形式。一级主类的设置主要以专业划分为主;二级类目设置采取非严格等级制的列类方法。如:A 综合,A00—A09 标准化管理与一般规定;Z 环境保护,Z60—Z79 污染物排放标准。

表7.1 中国标准文献分类一级主类表

A 综合	B 农业、林业	C 医药、卫生、劳动保护
D 矿业	E 石油	F 能源、核技术
G 化工	H 冶金	J 机械
K 电工	L 电子元器件与信息技术	M 通信、广播
N 仪器、仪表	P 工程建设	Q 建材
R 公路、水路运输	S 铁路	T 车辆
U 船舶	V 航空、航天	W 纺织
X 食品	Y 轻工、文化与生活用品	Z 环境保护

(2)通用与专用标准的划分　所谓通用标准是指两个以上专业共同使用的标准,而专用标准是指某一专业特殊用途的标准。在中国标准文献分类法中对这两类标准是采取通用标准相对集中,专用标准适当分散的原则处理的,例如:通用紧固件标准入"J 机械"类,航空用特殊紧固件标准入"V 航空、航天"类。但对各类有关基本建设、环境保护、金属与非金属材料等方面的标准文献采取相对集中列类的方法,如水利电力工程、原材料工业工程、机电制造业工程等入"P 工程建设"类等。

4)标准信息系统及检索

(1)中国标准服务网

中国标准服务网(网址 http://www.cssn.net.cn/)是国家级的标准门户网站。其标准信息主要依托于国家标准化管理委员会和中国标准化研究院国家标准馆。国家标准馆是目前国内规模最大、品种最多的国内外标准文献馆藏服务机构,有着丰富的信息资源。截至2008年10月,馆藏资源量达100余万册:国内包括中国国家标准和行业标准库;国外包括70多个国际和区域组织的国际标准,60多个外国的国家标准;还有国内外技术法规,国内外标准化期刊、专著和各国的标准译文等。国家标准馆可提供标准文献查询(检索)、查新、有效性确认、咨询研究、信息加工、文献翻译、销售代理、专业培训以及其他专题性服务。

中国标准服务网可在线进行标准检索、标准期刊检索和技术法规检索,如图7.19所示。标准检索可输入标准号和关键词;期刊检索可输入标题、作者、刊名等。用户注册后可以提交原文传递请求获取原文。

(2)中国标准信息网

中国标准信息网(网址 http://www.chinaios.com/)拥有数十万标准数据,包括各国国家标准、国外各组织标准,中国各行业标准和地方标准。中国标准信息网提供标准知识、标准动态、标准组织、标准法律法规、标准公告、标准图书和光盘等信息;提供标准翻译服务和网上最新标准购买服务;可进行标准检索、免费标准下载,在线标准查询和订购国内外原版标准图书;是了解标准信息,查询和获取标准文献的最佳网站之一。

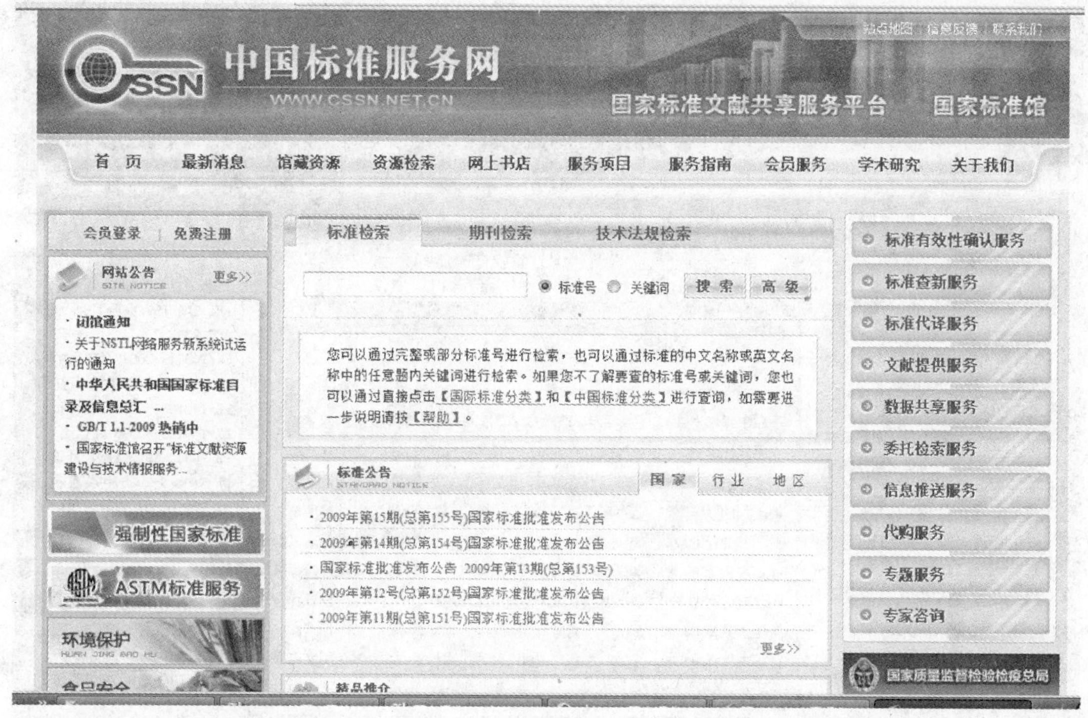

图7.19　中国标准服务网

标准检索可点击选择标准组织或行业，然后输入标准号或关键词进行检索，如图7.20所示。分类检索可进行行业标准数据检索，各国家、组织标准数据检索和标准图书分类数据检索。用户注册后可以通过系统进行标准原文的传递。

(3)中国国家标准咨询服务网(国家标准频道)

国家标准频道(网址 http://www.chinagb.org/)设有标准动态、标准商品、标准公告、标准论坛、WTO资讯、BBS等版块。该网提供国际、国内及行业标准动态、质检公告、标准与生活、标准知识等，以及与标准有关的国内外重要新闻、与百姓生活息息相关的热点话题、权威专家的言论等信息；提供中国国家标准、行业标准、地方标准及国际标准、外国标准的全方位咨询服务和标准信息的免费在线查询、标准有效性的确认、标准文献翻译、标准培训、企业立标等各种相关服务。

标准的查询可选择标准类别，输入标准编号、标准名称或适用范围进行检索，如图7.21所示。可浏览标准题目；需注册成为会员后方可浏览详细信息。

(4)中国标准咨询网

中国标准咨询网(网址 http://www.chinasdard.com.cn/)是国内首家标准全文网站；提供标准最新信息，法律法规、质量认证等信息；提供标准数据库查询，部分标准全文等数十万标准文献。标准数据库包括中国国家标准，行业标准，国际国外标准(ISO,IEC,DIN,NF,JIS,ANSI,IEEE等)等。

标准全文可输入标准名称进行检索或点击下面的大类进行查询。标准数据库查询可从标准名称、发布日期、发布单位、标准号、标准文献分类号等途径进行高级检索，如图7.22所示；也可点击GB,ISO,IEC等浏览相应的国家标准或国际标准题录信息。需注册成为会员后方可浏览原文或文摘。

图 7.20 中国标准信息网

图 7.21 国家标准频道

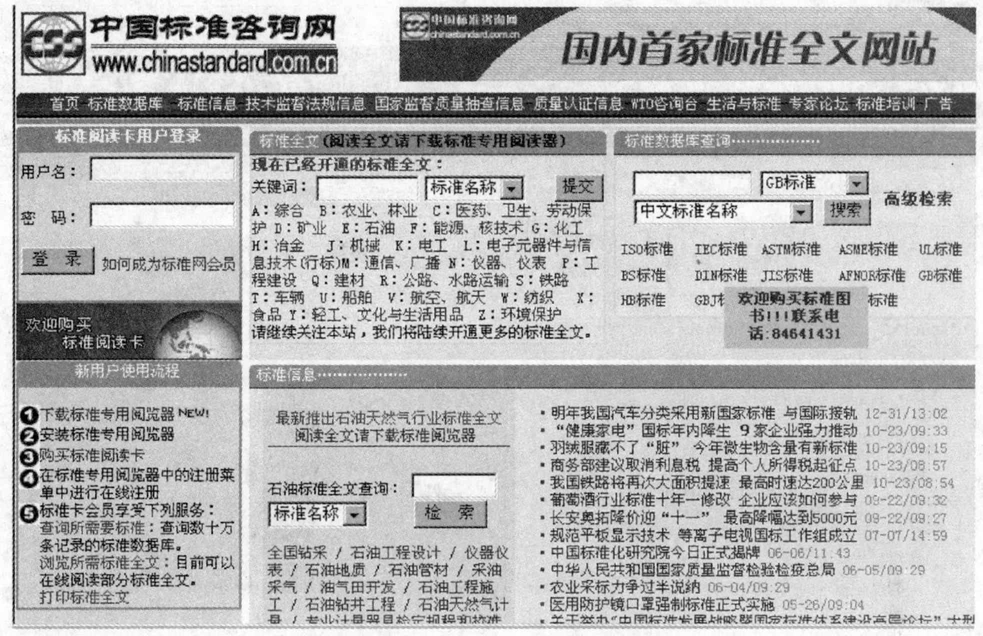

图7.22　中国标准咨询网

(5)中国标准在线服务网

中国标准在线服务网(网址 http://www.gb168.cn/)提供标准数据库、标准光盘购买,标准查询和购买,在线阅读,标准发布公告,客户服务等。提供包括中国国家标准、部分行业标准、美国国家标准、加拿大标协标准等的在线查询、阅读标准全文。免费阅读法律法规和技术监督、检验检疫的法律法规。客户服务针对图书馆、大专院校、大中型企事业单位、科研院所等内部局域网使用。

用户通过检索标准目录,提出定制需求(包括标准题录、标准文本、标准打印、数据库更新与维护服务),获得个性化的标准数据库。用户可以在本地计算机或局域网内自由查询、浏览所需标准。

(6)中国国标网

中国国标网(网址 http://www.gb-china.cn)创立于2006年2月,是国内第一家专业国标查询下载网站。国标网设有专题频道、信息频道、下载频道、管理频道、认证频道、IT频道、互动频道、检验检测等,提供标准知识、计量检测、法律法规、通知公告等信息和下载,提供国家标准、行业标准、地方标准、企业标准、ISO国际标准和国外标准等下载。用户下载需先注册成为会员。

(7)ISO Online

输入该网址(http://www.iso.ch/)进入 openerpage,有法语和英语两个版本,点击“Enter”进入主页,在主页上有ISO介绍、产品和服务、ISO 9000与ISO 14000等栏目,如图7.23所示。

①关键词检索。在ISO每个页面的上方都有一个检索框(Search),输入关键词,通过下拉菜单选择检索范围,再点击“GO”即可进行检索。

②分类检索。点击“Catalogue online”,进入ISO Catalogue页面,层层点击“List of the ICS fields”, 即可获取某一类的标准,如图7.24所示。(ICS即国际标准分类表International Classi-

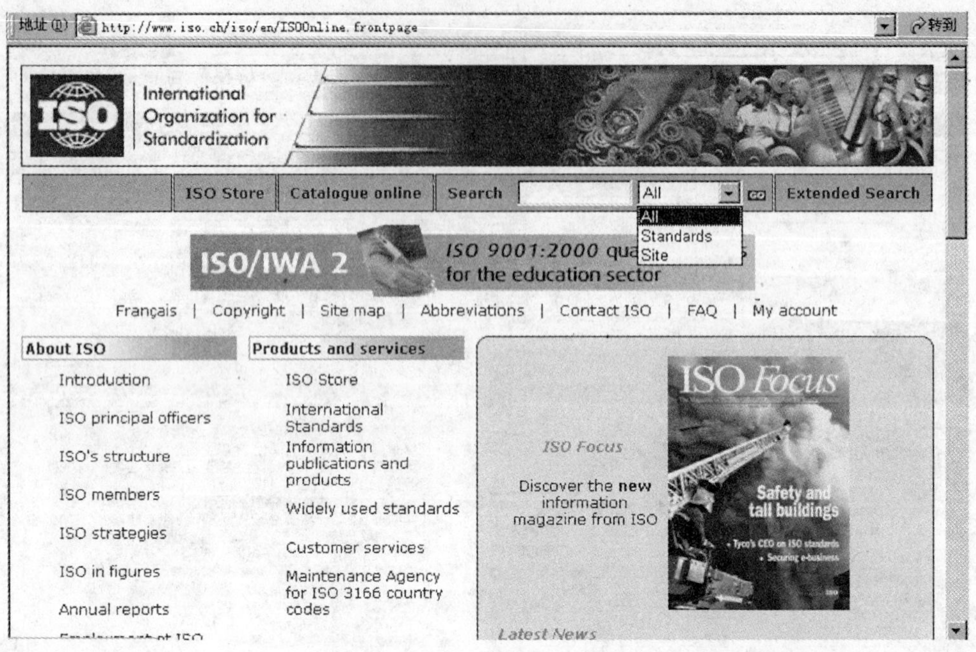

图 7.23　ISO 国际标准网站

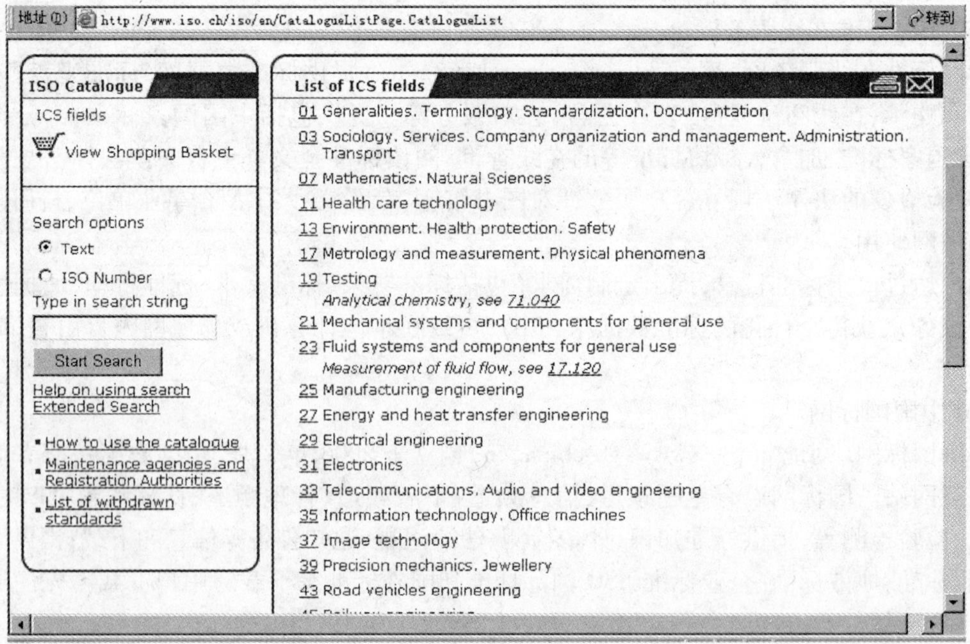

图 7.24　国际标准分类表

fication for Standards)

③简单检索。在 ISO Catalogue 页面,提供了简单检索(Search Options),有文本检索和号码检索两个选项,输入关键词或标准号,点击“Start Search”即可进行检索。

④扩展检索。在 ISO 每个页面的上方点击“Extended Search”,进入扩展检索界面,如图 7.25所示,可选择输入关键词、标准号或国际标准分类号等字段进行检索。检索范围有 3 种选

地址(D) http://www.iso.ch/iso/en/Standards_Search.StandardsQueryForm 转到

Extended search for standards and/or projects

Help on using search

Search criteria

Find keyword or phrase (e.g. chemical, chem*, "chemical tests")

in ☑ Titles ☐ Abstracts ☐ Full text of standards (check one or more)

ISO number (e.g. 1:400,9001)

ISO part number (e.g. 1:3,4)

Document type ALL - All by default

ICS (e.g. 13.040:13.080,17.040.10)

Stage code (e.g. 20.00:30.99,90.93)

Date current stage reached (e.g. YYYY-MM-DD:YYYY-MM-DD)

Committee All Committees (e.g. 173, CASCO)

Subcommittee (e.g. 5)

Search scope

◉ Catalogue (published standards only)

○ Technical programme (standards under development only)

○ Both

Display search results by

◉ ISO number

○ ICS

○ Committee

图 7.25　ISO 扩展检索界面

择:Catalogue,Technical 或 poth,检索结果的排序有 4 种方式,选择范围和排序后,点击"Search"即可进行检索。

⑤显示结果。执行检索后,系统显示命中文献的题目列表,点击其中一条,即可显示该条标准文献的题录和摘要,如图 7.26 所示。

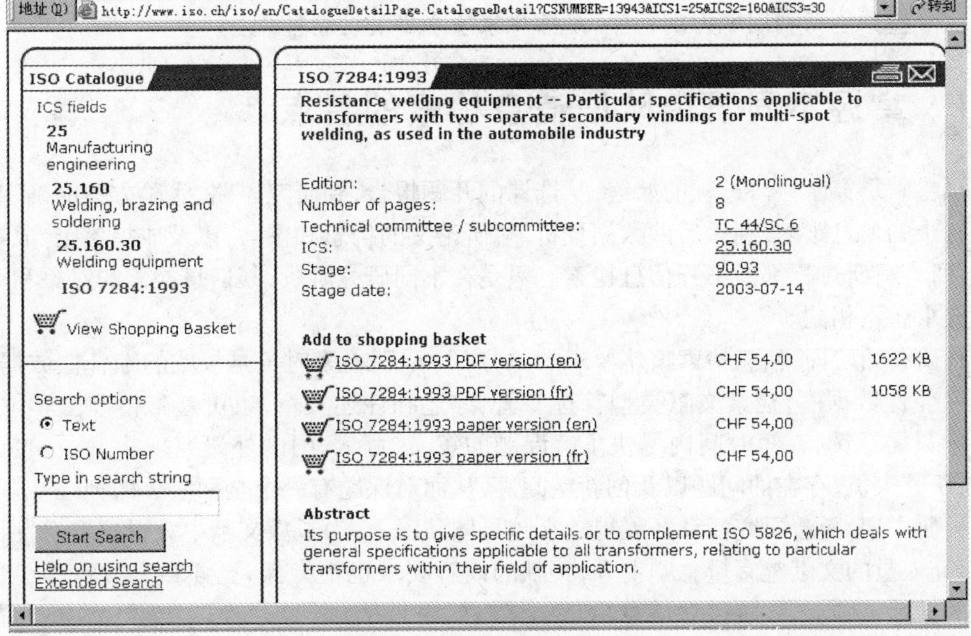

图 7.26　ISO 检索结果

第8章 检索应用与创新

8.1 创新研究中信息检索的优化策略

在科学研究中构建高水平的检索策略,不仅要求对检索课题有深入分析,对检索系统十分了解,还需要综合运用各种检索方法和技巧。如何优化检索策略,是对检索者的信息收集、整理、加工、分析并创新利用能力的检验,是信息素质水平的综合体现。

8.1.1 掌握不同研究阶段信息检索的特点

信息检索贯穿于科研过程的始终,从选课的开题报告,到研究思路、实验方案的确定,再到科研进行中的信息跟踪,到最后的数据分析、科研论文的构思和撰写,以及成果鉴定、成果的推广应用,所有科研过程都离不开信息检索。只是在不同研究阶段,其信息检索的对象和对检索深度的要求各不相同。

在科研初始阶段,信息检索策略要求的是“广”“全”,检索对象是权威的综合性数据库、质量好的专业性数据库,检索文献类型首选专著、综述和评述文章,也可参考博硕士学位论文。文献阅读只需泛读,在短时间内尽快了解课题的意义、背景、国内外研究现状、核心的研究团队、重点研究人员、存在的问题以及创新空间等,从而对课题有一个全面整体的把握。

在科研中期,随着研究活动开展得越来越具体和深入,为了从文献中获得更多启发和创新灵感,研究人员的文献查阅量急剧上升,文献的内容要求也更专深、更详尽、更新。因此,在研究初期的文献基础上,该阶段对信息检索的策略要求是从“全”→“准”,“面”→“点”,需要针对课题的各研究要点分别进行深入的专题检索,检索各研究要点的最新学术进展,跟踪重要研究团队、领军人物、高质量期刊等。检索策略表现为专业性检索词增加、检索限制更多、检索式更加复杂、检索过程更加反复。检索文献类型重点是与各研究要点密切相关的专论，包括研究性、应用性较强的期刊、会议论文、科技报告、专利等。此时需要认真、透彻了解并注意细节的系统阅读检出的文献，重点是引用次数多的论文、影响因子高的期刊上的文章，详细了解别人的研究情况，对比不同的研究方法，借鉴前人的研究成果，不断创新自己的研究方案，充实课题的创新研究。

在科研研究后期，主要工作是将研究中期的成果，包括理论观点、实验数据、解决方案进行归纳总结，得出研究结论，阐述课题最终的创新技术要点，形成论文或申请专利。此阶段采用的检索策略更多的是补充性、验证性检索，检索内容更加集中，针对自己论文拟提出的论点进行检索和阅读，看自己的论点是否站得住脚，是否要进行修正，并获得更多的理论或例证来完善论文中提出的创新观点。如果要申请成果鉴定、专利，还需要对所提出的创新技术要点进行全面的文献检索，通过对比国内外相关领域的发明创造，以验证其新颖性，即进行科技成果查新、专利新颖性审查。

有经验的科研人员认为，查阅文献从表面上看是一件很枯燥的事情，但从创新的过程看，里面充满了惊奇和快乐。通过文献的查找，你可以不断地获得你所没有的知识和新的信息，不断地获得课堂上没有办法学到的技能。通过查阅相关资料，你会对课题所涉及的理论、研究方法和研究趋向，有比较透彻的了解，可以进一步修正和支持你的研究课题。在接受别人思想启发的同时，会触动自己的灵感，发现新的问题，形成自己的新观点。学会获取、整理和分析文献信息是实现创新研究的关键技能。

8.1.2　多种信息搜集方法的综合利用

常用的信息搜集方法，主要有常规法、追溯法、实地考察法、访谈法等。

常规法指利用一般的文献信息检索系统，按照信息检索的基本步骤进行常规检索，是信息时代应掌握的最基本的信息查找方法。常规法可分为顺查法、倒查法和抽查法。顺查法是以课题研究的发展起始年代为检索起点，利用选定的检索工具由远及近地逐年查找；倒查法则相反，起点是从最近发表的文献开始，由近及远地逐年检索，多用于新课题、新理论、新技术的检索，检索重点是近期研究信息。这两种方法检索工作量大，但查全率比较高，适用于研究范围广、研究历史较长久、较大课题的检索。抽查法是基于课题的某一发展阶段，如针对某课题研究的兴盛时期的若干年查找，由于兴盛时期产出的文献多，各种学术观点较为集中，付出较少的检索时间就可获得满意的检索结果。这是一种效率较高的查法，但必须熟悉课题研究发展的历史轨迹，对于长期从事某课题研究的人员尤其适用。

追溯法又叫引文法。文献之间的引证和被引证关系揭示了文献之间存在的某种内在联系，往往包含了相似的观点、思路、方法，循着这些引用线索去查找，不仅可以借鉴前人的研究成果，节省研究时间和精力，而且可能在原来的基础上有新的发现，对于创新研究具有启发意义。引文法需要利用专门的引文检索工具，如SCI、中国科学引文索引等检索系统，以引用文献和被引文献为线索，“顺藤摸瓜”，以此类推逐步扩大检索范围。引文法分为两种，一种是利用相关文献后附的参考文献，由近及远地追溯，越查越旧，获得反映某项研究的背景、来源沿革的文献。这种方法最好是选择综述、评论和质量较高的重点文献作为起点，它们所附的参考文献筛选严格，质量可靠。另一种是由远及近地追寻，即找到一篇有价值的论文后进一步查找该论文发表后又被哪些文献引用过,得到反映该课题发展趋势的一系列文献,进而了解后人对该论文的评论、是否作过进一步研究、实验结果如何、最新的进展怎样,等等。此种引文法是越查资料越新,研究也就越深入。

实地考察即利用实物信息源。实物信息源是由实物携带和存储的知识信息,如某种生物的样品、产品样机或模型、工艺品等。与文献信息源相比,实物信息源直观生动,含有丰富的信息,易于理解和吸收。以先进产品设备的实物为例,在造型、外观、材料等方面直观、形象,在没有技术材料的情况下,通过拆卸—还原过程,可以了解其工作原理、功能、工艺情况等许多技术信息,是反求工程(RE:Reverse Engineering,逆向工程)的基础,对先进技术的消化、吸收和提高技术开发和产品开发的水平发挥着重要的情报作用。实物信息可通过实地考察、现场调研、参加展览、展销、陈列、样品交换等途径进行搜集。

访谈法即利用口传信息源,通过会议、会谈、报告、咨询、采访、听课等方式收集信息的方式,是最直接、最简单的一种获取信息的方式。口传信息无时不在,无处不有。获取口传信息的主要目标首先是权威人士、专家、教授、企业家等,他们往往掌握着新颖、有价值的情报;其次是当事者,他们也掌握着大量的可靠信息。研究人员应该善于利用一切口头信息传播的场合和途径,或是面对面提问请教,或是电话交谈、网络交流(如利用QQ、专家Blog、BBS、新闻组等)等实时交流工具收集有用的信息。访问具有专业知识和智慧、掌握丰富信息的专家、同行,有利于缩短信息传输的流程,有助于研究者更加直接地、有针对性地获取所需信息。

以上每一种方法都有其使用的特点和优势,查找时要结合检索课题的需求、检索已知条件、时间范围、人手的限制等因素综合考虑。检索者在研发过程中学会多种信息搜集方法的综合运用,如利用检索系统进行常规检索,又利用引文进行追溯或追踪检索,并结合访谈法获得专家的意见等多种方法的交叉、循环运用,往往会收到意想不到的信息收集效果,提高信息收集和信息创新的效率。

8.1.3 多种类型的检索系统的配合使用

按服务功用不同,Internet网上的信息检索系统有3类,除常用的搜索引擎外,还有专门提供数据库检索服务的综合性信息检索系统、以提供某一专业领域信息为主的专业网站两大类。

综合性信息检索系统汇总全文数据库、数值数据库、名录数据库等各类数据库于一体,专门提供数据库检索服务,具有较好的文献信息专业性和权威可信度。如Dialog国际联机检索系统、ISI Web of Knowledge系统、CNKI信息检索系统、万方数据资源系统等。这类信息检索系统堪称“数据库超市”,拥有数据库种类多,收集的信息涵盖自然科学、社会科学、工程技术、人文艺术、医学、商业贸易和时事新闻等诸多方面,涉及面广、检索技术完善、检索功能强大,均采用有偿服务形式,提供获取全文的一体化服务。

专业网将数据库资源与其他网络信息资源集成在一起,具有专业数据库检索和专业信息导航双重功用,以专业学会网站、部门机构网站最为典型。这类信息检索系统提供独具特色的数据库检索,如美国电子与电气工程师协会网站(http://www.ieee.org)上的IEEE/IEE Electronic Library (IEL)数据库提供美国电气电子工程师学会(IEEE)和英国工程技术学会(IEE)等专业机构出版的电气电子、机械、计算机和通信方面的期刊、会议录、图书和标准的全文信息。又如中国化工网(http://china.chemnet.com/)提供34个化工数据库,包括化工基础数据库、化工产品及用途数据库、化工商业和贸易数据库等。除提供数据库检索服务外，这类信息检索系统还根据该系统的用户群特征提供学会活动资讯(包括专业讨论会、讲座、业内著名专家技术热点交流等)、行业动态(工程、商务、会展、政策法规、市场行情等)以及相关网络导航服务。大多数专业网采用有偿服务和免费服务相结合的方式，要求注册登记和收费部分主要是针对其专业数据库以及一些专家资源网的检索服务。

在科研创新过程中，用户应针对检索内容的需要综合利用网络上不同的信息检索系统。

①在科研过程中，如需要检索大量学术性较强的文献信息，如正式发表的期刊论文、会议录、科技报告和专利等，应首选综合性信息检索系统，充分利用其中的大量相关数据库进行检索，以保证所收集信息的全面性和权威性，同时也提高检索效率。

如基础类课题，需要写开题报告、学术论文等，应选择期刊论文、会议论文、学位论文、科技报告以及政府出版物等数据库；如是技术攻关、发明创造等开发研究类课题，还应检索专利、标准和产品样本数据库；需要数据、数值时可以选择统计类数据库、商情类数据库等；需要特定个人、机构、论文、期刊等方面的计量与评价时选择评价类检索系统或利用检索系统的评价分析功能。

②检索时效性强的信息，如新闻报道、商务贸易、市场价格等，可以选择专业网或者搜索引擎，其信息传递速度快且免费检索。对于学术型强、比较专深的课题，用该类信息检索系统的效果不好。

③针对具体的检索课题，可根据专业需要将三类信息检索系统灵活地配合使用，以便取长补短。尤其是应用性研究课题，要注重专业网与综合性信息检索系统的配合使用。专业网是一个专业性较强的信息系统，可以准确搜索并浏览专业技术界内的最新高级技术资讯，用户在科研过程中要学会善于积累本专业的一些门户网站。同时还可辅以搜索引擎的检索，利用其时效性较强和免费检索的优点。在实际操作中，用户最常用的就是这种综合组合的方法，利用各类检索系统不同的资源优势、检索功能达到最佳的检索效果。

例如，对“黄血盐钾(钠)生产工艺及其应用”课题进行检索时，首先选用了 CNKI 信息检索系统、维普数据系统、万方数据系统、EI compendex、ISI Web of Science、CA 等权威性强的综合和专业检索系统，对其中的科技期刊、会议论文、科技成果、国际专利、企业机构名录等相关数据库进行检索，获得有关用高浓度含氰废水沉降物制备黄血盐钠、黄血盐钠生产过程中结晶温度的控制、焦化酸气生产黄血盐新工艺以及相关生产企业等较详尽的信息。同时，还应跟踪检索和浏览相关行业和机构的专门网站，如中国化工网(http://china. chemnet. com/)、中国化工信息网(http://www. cheminfo. gov. cn)、化工引擎网(http://www. hellochem. com)、美国化工网(http://www. chemindustry. com)、日本化工网(http://www. japanchemicalwcb. jp)、国家知识产权局官网(http://www. sipo. gov. cn)等，以期获得更新的一些行业资讯。

8.1.4 检索结果的修正

检索者可以通过调整和优化检索策略，对不满意的检索结果进行修正。

(1)输出结果过多

针对输出篇数结果过多的情况，应采用缩小检索范围的方法，提高查准率。

①增添新的检索概念，增加“逻辑与”运算，进一步限定主题概念。

②用“逻辑非”来排除无关的检索内容。

③提高检索词的专指度，换用下位词或专指度较强的词。可利用检索系统提供的词表来了解检索词的上、下位和同位类关系，帮助调整检索词的专指度，选择规范和正确的检索词，提高检索结果的准确性。图 8.1 是 EI Compendex 的词表检索结果。

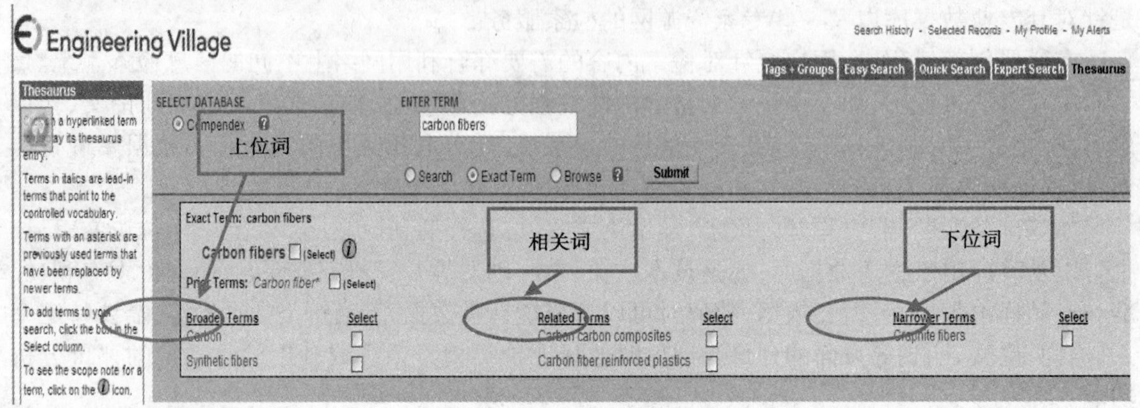

图 8.1 EI Compendex 的词表检索结果

④调整截词程度，防止截得太短。

⑤调整位置逻辑运算，选用更紧密的位置算符。

⑥调整检索词(式)限定条件

- 选用限制条件更窄的篇名、主题词、作者等字段进行字段限定。
- 缩短检索文献的时间跨度、增加文献类型限定、增加语种限定等。

⑦谨慎使用跨库检索功能，精选数据库检索对象。

(2)输出结果过少

对于输出篇数结果过少的情况，应采取扩大检索范围的方法，来提高查全率。

①检查是否漏掉了重要的同义词、相关词或隐性概念，增加“逻辑或”运算。

②删除不太重要的检索概念，减少“逻辑与”运算。

③降低检索词的专指度，从词表、检出文献阅读过程中发现和选择上位词、相关检索词进行扩检。

④利用检索系统的相似性检索功能，从相似文献、分类目录树、引证文献、参考文献、相关研究机构、相关文献作者等方面进行横向、纵向链接检索，扩大检索范围。图 8.2 为 CNKI 的相似文献扩检、图 8.3 是文献分类导航。

⑤调整截词程度，防止截得太多。

⑥减少过多的位置逻辑限定，或将紧密的位置算符改为宽松的位置算符。

⑦调整检索词(式)限定条件。

- 选用限制范围宽些的全文、文摘等字段进行字段限定；
- 扩大检索文献的时间跨度、减少加文献类型限定、减少语种限定等。

⑧充分利用跨库检索功能，增加数据库检索对象。

⑨多选择几个检索系统、引文法等来进一步扩大检索范围。

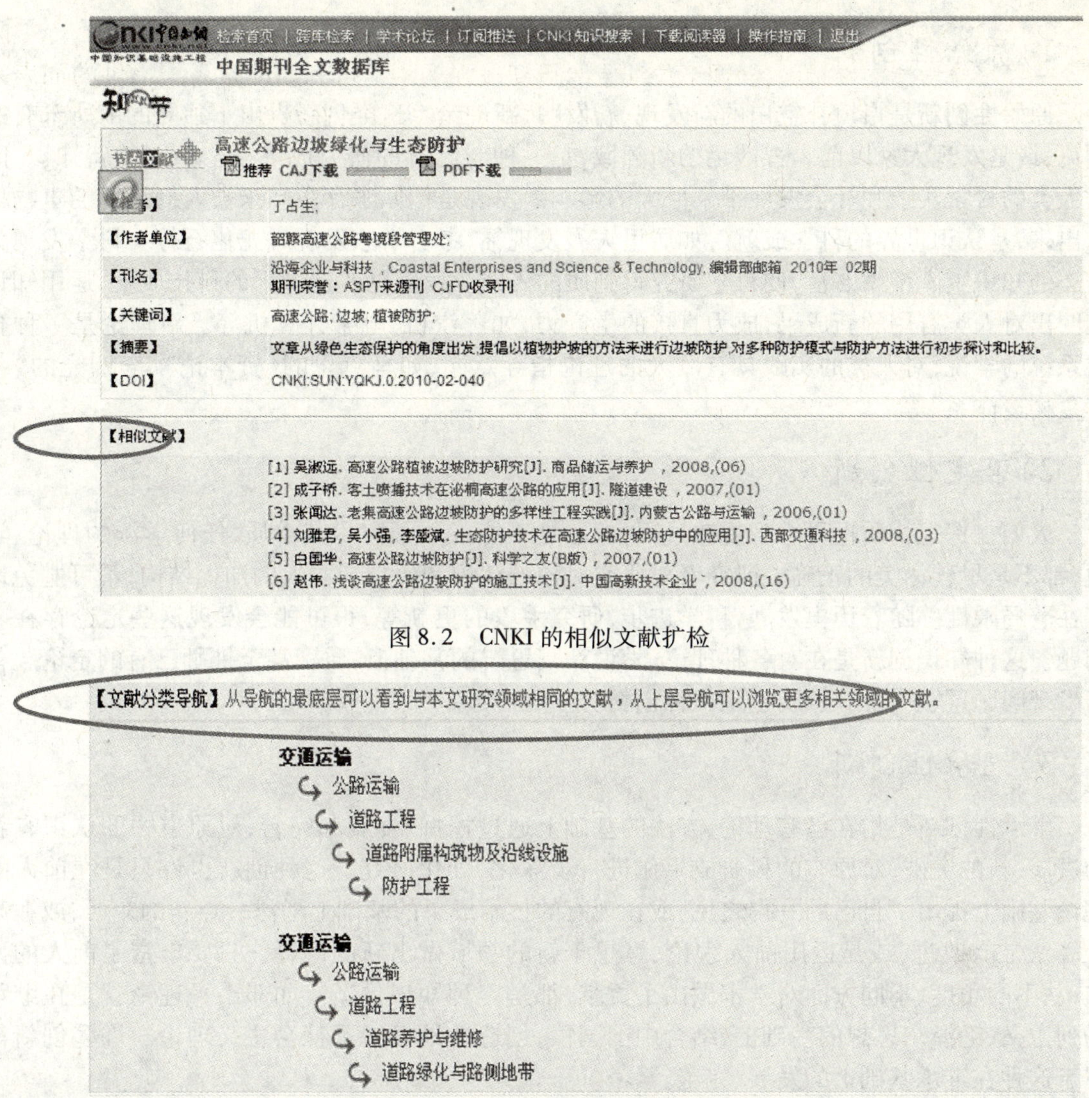

图 8.2　CNKI 的相似文献扩检

图 8.3　CNKI 文献分类导航

8.2　知识创新方法

8.2.1　知识创新的类型

知识创新是根据一定的目的和需求,运用一切已知的知识信息,产生出新颖、有价值的精神成果的认知和行为活动。根据知识创新的性质,知识创新包括以下 4 种类型:

1) 原始性创新

原始性创新是指填补空白的新发现、新发明、新理论。这类创新提出了独立的前所未有的创见,或是发现大家以前未曾涉足的新领域,是一种与已有的研究成果完全不同的新知识,能对人类的科学实践和社会发展带来巨大的影响。发现是把原来存在却未被人们认识的事物揭示出来,是认识世界的科学成就。如居里夫人发现镭,考古学家发现恐龙化石等。科学发现为人类的知识宝库增添财富,使科学研究得到质的飞跃。发明是改造世界的科技成就,运用知识发明出对人类有用的新成果,成为直接的生产力,如蒸汽机、电子计算机等。新理论是一种自成系统的学说,对人类的实践具有巨大的理论指导意义,如马克思的《资本论》、李四光的"新华夏构造体系"等。

2) 否定性创新

人们在探究物质世界客观规律过程中,总是不能一下子穷尽其本质,任何学派的理论、学说,都不是尽善尽美的正确。研究者对研究对象的认识和研究者本人的知识结构,不可避免地存在着局限性。随着历史发展,科学进步,研究手段的更新等,很可能会发现这些定论存在着问题。这种知识创新是在对各种理论、学说认真思辨的基础上,质疑甚至推翻已有的定论。善于发现问题,敢于提出质疑,也是一种创新。

3) 继承性创新

继承性创新是指在已有理论、方法的基础上通过挖掘、发展和完善,对原事物的认识有新的进展、新的突破,对原有的科研成果作进一步深化、细化研究。这种创新也许只是在前人的理论基础上提出了自己的一得之见,或在现有的技术成果的基础上增添一点新的东西,或在某个算法上有改进,或是运用前人理论、思想于新的领域做出新的阐释。只要丰富了前人的论点,从不同角度、不同方面对学术做出了贡献,都是一种知识创新。如邓小平理论就是在继承马列主义、毛泽东思想的基础上,结合中国国情,创造性地发展了社会主义理论。许多创新都属于这种在继承基础上的发展、完善。

4) 综合性创新

综合性创新是对已有知识信息作出创造性综合。人们在阅读大量的同类信息过程中,以其特有的专业眼光和专业思维,做出筛选归纳,把散置在各篇文章中的学术精华较为系统地综合成既清晰又条理的知识信息。有的还在综合整理过程中发现问题和提出问题,引导人们去解决问题。这种创造性综合,其信息高度浓缩,有较高的参考价值。

8.2.2 知识创新的方法

知识创新是一种复杂而高级的创造性思维活动。所谓创造性思维,就是能产生新颖性思维结果的思维活动,如综合、联想、推理、交叉、转换、移植、反向等。创造性思维是人类智慧最集中表现的一种思维活动,人的一切卓有成效的发现都是和创造性思维分不开的。不同的思维方式导致不同的创新方法,在思维活跃的知识创新过程中,创造性思维同样起着重要的作用。

1）综合创新法

综合创新是将已有的信息进行综合加工，从而创造出新的见解。例如，在完成某一项技术任务或工序过程中，有多种多样的方法，哪种方法最具创新价值，或最适合本研究课题的需要，就要对各种做法进行综合、比较、归纳，从而选择并组合出一种新的更完善的方式。综合不是原有知识信息的简单相加，而是有机结合；不仅仅是量的扩增，而是质的提升。通过知识信息的组合和综合可以使创新结果的整体功能最优化。在创新实践的各个阶段过程中，综合创新无时不有，无处不在，是知识创新常用的基本方法。

2）拓展创新法

拓展创新的过程是在运用已有知识信息、经验的基础上，通过创造性的想象思维，提出更多新的设想，产生更多新知识。拓展创新甚至可以利用极少的几个信息点，再加入丰富的想象因子，就能点燃思维的火花，使创新思路变得异常开阔，产生出新颖的构思和独特的信息。例如，有人在阅读《食货志十五种综合引得》一书时，发现以“江西”一词领头的经济史资料有几十条。由此萌发了按江西古代地名从《食货志十五种综合引得》中收集江西古代经济史资料的设想。最后按照这个设想从《引得》中收集到江西古代经济史文献资料600余条。科研人员在工作实践中积累了大量的知识信息，具有拓展创新的基础和优势，要勤于思考问题，善于发现闪光点，使平时积累的大量知识信息在创新思维中不断拓展，形成新的知识成果。

3）逆向创新法

逆向创新方法改变了人们通常只从正面去探求、去创造的单向思维习惯，而从相反的方向去思考，容易引起新的思索，产生出新的思维，发现许多意想不到的新现象和新规律。科学发展历程证明，创新往往不是在原有的思路上简单延伸扩展的结果，也不是从即定的公式中演绎出来，创新往往产生于原有思路中的“逆转”，对原有状态和思路的中断和背叛，因此逆向创新法具有相当大的突现性，往往会收到不同凡响的创新效果。科研人员要创造出有价值有特色的科研成果，就要善于利用逆向思维，不要墨守成规，跟在别人的后面亦步亦趋。

4）移植创新法

客观事物中存在大量相似现象，移植创新原理就是运用相似联想，将联想物和触发物之间存在的一种或多种相似的属性联系起来，并进行相关信息迁移。俗话说：“隔行如隔山”，实际上“隔行不隔理”“他山之石，可以攻玉”。这种创新不是简单的照抄照搬，而是要结合本地、本专业、本课题的实际，取其精华，融会贯通，为我所用。移植的信息对象可以是观念、理论，也可以是具体的方式方法。这种移植、借鉴的过程，实质上就是知识的延伸和创新的过程。

5）交合创新法

交合创新法是将看似无关联的各种知识信息予以交叉、渗透，重新有机结合而产生出新的知识信息。这些创新成果往往在结构、功能上都有别于原有的信息本意。例如将磁场、磁化水、杯子等信息交合，就产生了新的成果：磁化杯。

6)联系创新法

事物皆有内在和外在的联系,联系是知识信息存在的一种特殊形式。信息工作中有句行话,叫做"联系出信息"。因为事物之间联系的经常变化和互相作用,必然引起多方的重新组合、分裂、生长、消失,从而不断生成出新鲜事物。例如自动洗衣机的出现,引起洗衣粉业的不断竞争、创新和发展。又如,随着计算机和网络技术在图书情报部门的广泛和深入应用,引起信息组织和检索技术的变革,导致了数字图书馆、知识检索系统、知识服务等新型研究主题的出现。在知识创新中,研究人员要时刻把握这些联系,充分发挥联想思维,从联系之间的觅求变化,才能使科研成果充满新意。

知识创新的方式还有很多,多种方式往往相互渗透,相辅相成,科研人员在实际运作中要灵活应变。从创新内容上看,知识创新是一种发现、一种发明、一种深化;从创新方法上看,知识创新是一种思维、一种技能、一种水平。作为科研人员,要重视知识信息对科研工作独特的作用,善于和充分利用信息资源,敢于作出新的判断,大胆提出新思维、新理论、新发明,并在科研活动中积累各种创新经验,提高知识创新能力,努力使自己的科研成果有高度、有特色、有创新。

8.3 科技查新

8.3.1 科技查新概述

科技查新是在我国科技体制改革进程中萌生并发展起来的一项情报咨询工作。20 世纪 80 年代后期,各级科研管理部门为了提高科研立项、成果鉴定与奖励的严肃性、公正性、准确性和权威性,采取了不少措施,制定了一系列管理办法和规定。其中,为了避免科研课题重复立项和客观正确地判别科技成果的新颖性而设立了查新咨询工作。

科技查新机构的资质必须经由科技部或教育部认定或授权,并根据查新机构的综合情况和特点,规定了各查新机构所能受理的专业范围。原国家科委于 1990,1994 和 1997 年在全国范围内共授权了 38 家一级查新单位,也称国家级查新单位。早在 1989 年重庆大学科技查新站就是重庆市科委首批审批通过的五家查新站之一,1992 年重庆大学科技查新站经国家教委审批为 12 家"高等学校科技项目咨询及成果查新中心工作站"之一。2003 年,教育部又重新认定教育部部级科技查新工作站,重庆大学图书馆被认定为全国 22 家理工类"教育部科技查新站"之一。

科技查新工作由国家科技部统一归口管理,2000 年 12 月,科学技术部发布了《科技查新机构管理办法》和《科技查新规范》,进而规范了查新机构的行为,保证了查新的公正性、准确性和独立性,使科技查新工作步入了法制化轨道。《科技查新规范》对整个查新工作进行了全面的规范,包括基本术语、基本原则、查新委托人、查新机构、查新合同、查新人员、查新报告、查新档案管理等都作了明确的定义和规范,为维护查新各有关方的合法权益提供了法律依据。

1)查新的定义

2001年1月1日的《科技查新规范》对查新作出了规范的定义:"查新是科技查新的简称,是指查新机构根据查新委托人提供的需要查证其新颖性的科学技术内容,按照本规范操作,并作出结论。"

这里所说的查新机构是指具有查新业务资质,根据查新委托人提供需要查证其新颖性的科学技术内容,按照科技查新规范操作,有偿提供科技查新服务的信息咨询机构;查新委托人是指提出查新需要的自然人、法人或者其他组织;新颖性是指查新委托日以前,查新项目的科学技术内容是否在国内外出版物上公开发表过。

2)查新的意义

科学研究具有承前启后,继往开来的特点和交流性,一切科学研究都是在前人和他人研究的基础上进行的,正如牛顿所说,他的研究成果不过是站在前人的肩膀上而取得的。研究的目的都是为了创新,都是为了解决现实生活、生产实践或科学实验中的某个问题。而现有的知识,特别是数字化网络环境下浩若烟海的知识信息,以及图书馆保存的大量的文献信息都是前人或同行的研究成果。另一方面要避免课题的重复研究,在任何研究课题选题前或开题后,以至科学研究的全过程都必须进行文献检索调研,确保科研选题的创新性、避免重复劳动,做到知己知彼、心中有数;避免过后方知,逐步培养一见就知和未来先知的能力。科学研究的成果形式,无外乎是研究论文、学术专著、研究报告或发明专利。科学研究的全过程都离不开信息,无论是选题立项,还是科研项目完成后的成果鉴定、申报专利或奖励。有针对性的检索、查新都是十分重要和必要的。

3)查新的类型

(1)科研立项查新　立项是科研过程中至关重要的第一步,立项查新是为科研立项做的前期工作,其结果可为立项提供客观依据。查新能有效避免低水平科研项目的重复,节省人力、物力及资金;有助于科研人员了解国内外相关研究领域和同类技术的现状,明确要建立的科研项目在论点、研究开发目标、技术路线、技术内容、技术指标等方面是否具有新颖性,并根据所掌握的情况调整、修订研究和开发方向,保证科研开发在立项时就处于高起点、高水平,为获得科研经费提供有力的支持。

(2)科技成果查新　科技成果是科技工作者辛勤劳动的结果,查新可以使他们的劳动成果得到客观的确认,用文献检索的方法找出查新课题的新颖之处,给科研立项课题或科研成果一个独立、客观、公正的结论。

(3)专利申报查新　专利申报查新与成果查新是有差异的,我国2009年10月1日实施的新专利法规定的专利的新颖性是绝对新颖性标准,是指该项技术不论以何种方式在世界上任何地方公开,都应作为"现有技术"而丧失新颖性,检索时间限制是申请日之前15~20年,最低文献量为英、美、法、德、日、俄、意7国及PCT,EPT两组织的专利说明书和核心期刊。而成果查新可以有国外新颖性、国内新颖性的区别。

4)查新的特点

科技查新是一种带鉴证性质的科技信息咨询服务工作,它虽然与一般课题检索一样,都是以文献信息资源为基础,根据用户的文献需求,运用各种检索手段,为用户提供相关信息。但科技查新又具有以下特点:

①科技查新的目的是为科研立项、科技成果鉴定、评估、验收、转化、奖励等提供客观依据,不但要对相关文献进行检索,还要对检索出的文献和数据的结果进行综合加工、分析,再与查新课题相比较,通过对比来判别查新项目的新颖性。

②科技查新对检索效率要求较高,既强调查全率,更强调查准率,以查到与课题密切相关的对比文献为目的,只要出现一篇与查新课题内容相似、主要技术指标相近或优于查新课题的文献,即对查新课题构成否定。

③科技查新按照《科技查新规范》规定,要求一定时限,一般应从查新委托之日起前推10年,但也可根据不同的学科特点和技术产品、工艺和专利的成熟程度,缩短和延长检索年限。

④科技查新机构和委托人双方要按照《合同法》和《科技查新规范》的规定,签定查新合同,明确双方权利、义务以及违约责任:科技查新报告作为科技鉴定资料,查新人员要对查新结论所产生的一切后果负相应的法律责任。

⑤科技查新是专家鉴定的支持和补充。专家评审是专家根据自身对专业知识的掌握和实践经验,从主观上对评审对象作出结论,而科技查新是信息工作人员对已出版的文献信息进行有针对性地检索,并将检索结果进行综合分析,从而判别查新项目的新颖性,同时也为专家的评审从文献方面提供一个客观的事实依据,使科技评价更加公平、公正。

8.3.2 查新的程序

科技部在《科技查新规范》中,推荐的科技查新程序为:查新委托→受理委托→检索准备→选择检索工具→规范检索词→确认检索方法和途径→实施检索→完成查新报告→提交查新报告。

1)查新委托

查新委托的单位或个人在提出处理委托事物之前,首先自我判断以下查新项目是否属于查新范围,再根据查新项目的专业内容、科学技术特点、查新目的等和查新机构所能受理的专业范围自主选择查新机构,并据实、完整地向所选择查新机构提供查新必需的相关技术资料和有关材料,包括项目的科技资料、技术性能指标、中英文对照的检索词、参考文献、国内外同类科学技术和相关学科的背景资料等。

2)受理委托并签订合同

现行的《科技查新机构管理办法》和《科技查新规范》规定了科技查新机构的查新范围,因此查新机构在受理查新时要首先考虑委托课题是否属于自己的受理范围,而后根据委托人提供的相关资料确定是否可以受理,如果符合受理条件,再根据查新人员的个人状况,如所具备的专业知识等来确定查新员和审查人员。查新人员要确认委托人提交的材料是否齐全,确认是否能满足委托人的查新要求，确定完成查新的时间，如果可以接受委托，就要根据《科技查新规范》关于查新合同的要求与委托人签订查新合同。

查新委托人与查新机构所签订的查新合同是具有法律效力的。就是说一旦合同成立，双方就要为此承担相应的法律责任，因此查新人员不仅要具有熟练掌握有关查新方面技术，而且要熟悉相关的科技法律制度，如国家科技进步法、科技组织方面的相关法律、关于科技成果方面的立法、科技奖励法律制度、关于科技人员管理方面的立法、技术合同与技术市场的立法、关于国际科技合作与交流方面的相关法律制度等。

3)检索准备

在实施查新之前，查新人员要进行课题分析，仔细阅读委托人提供的相关资料，了解委托人查新的目的和对查新的具体要求，并尽可能多地了解课题的研究情况，这对制定检索策略和文献对比很重要，必要时还要进行专家咨询。检索准备应包括：根据查新课题选择主题和确定相应的工具书。

4)选择检索系统及数据库

检索工具选择得是否恰当会直接影响检索结果，选择数据库要本着能够全面覆盖查新课题范围为原则。

①选择综合性的数据库，如SCI、EI、INSPEC等，这些数据库不仅收录的学科全、范围广、年限长，且收录的期刊及其他类型的文献资料均为各学科领域的研究前沿出版物，尤其是对一些跨学科的查新项目最重要。

②专业数据库的特点是收录本学科的资料全，因此在必查之列。另外现在各研究领域之间相互交叉与渗透，理论和应用涉及多学科，因此内容相关的其他专业数据库也要列入检索的范围。

③国内外专利数据库。

④做重大课题时也有必要对一些重要期刊(如Nature和ScienceOnline)进行专门检索。

⑤其他网络资源。

从检索工具的类型上要兼顾目录型、题录型、文摘型、全文型；从检索手段上要以计算机检索为主，而手工检索作为机检的补充不能忽略。

5)检索策略制定

检索策略制定包括：检索词、检索提问式、检索界面选择和检索功能运用。

(1)检索词选择　检索词是一个广义的概念，有的检索系统叫检索项，包括能够反映查新课题主题或主要技术特征的关键词、主题词、分类号、作者、作者单位等。检索词的提取要考虑同义词、近义词等形式，一般包括单复数、词尾变化的同根词等。要尽量应用系统的布尔逻辑、位置逻辑和截断算符功能。

(2)组配检索提问式　组配检索提问式就是用一个式子来描述检索要求。首先应把检索词分成若干组面，组面间用and算符，同一组面内的检索词用or算符。词尾变化的各种同根词用截断算符代替。

(3)检索界面选择　现有检索系统一般都有快速检索、初级检索(又称基本检索、简单检索等)和高级检索(又称专家检索)等检索界面,可根据具体需要和情况选择,但专业查新人员最好选择高级检索,有助于提高检索效率。还有要特别注意利用检索界面上的限制选择功能,如学科分类、二次检索、时间范围、文献类型、语种等来缩小检索范围,提高查准率。

6)实施检索

当制定好检索策略后,要根据检索策略,实施检索。实施检索中,要根据检索结果情况,不断优化检索策略。如果遇到检索结果太多或为零、检索到的结果与查新课题不相关等情况,就需要通过增加、减少、调整、修改检索词的方法来修改检索策略,有时要反复多次,才能得到满意的结果。

7)查新报告撰写

查新报告是查新机构用书面形式就查新事务及其结论向查新委托人所做的正式陈述,是体现整个查新工作质量和水平的重要标志。查新报告包括相关文献分析和检索结论撰写,筛选出与查新课题内容相关的文献,这些文献要能反映其研究水平、技术指标、参数要求,与查新课题有较高的可比性。查新人员要对查新课题内容及查新点与检索到的结果(即相关文献反映出的现有研究或技术水平)进行比较,对检索出的文献进行全面分析,实事求是地做出文献评述论证结论。报告应包括以下内容:

(1)基本信息　基本信息包括查新报告编号,查新项目名称,查新委托人名称,查新委托日期,查新机构的名称、地址、邮政编码、电话、传真、电子信箱,查新员和审核员姓名,查新完成日期。

(2)内容信息　内容信息包括查新目的、查新项目的科学技术要点、查新点和查新要求、文献检索范围、检索策略、检索结果、查新结论、查新员与审核员声明、包括与查新课题密切相关的原文在内的各种附件。

8)查新报告审查、提交

查新机构完成报告后,按照查新合同的约定向查新委托人提交查新报告和相应的附件。

鉴于查新人员对各种科技领域的发展的了解有一定的局限,即使是专业非常对口的查新人员,对本专业研究情况及发展趋势也难做到了如指掌,在查新过程中很多时候需要找有关专家咨询,以便了解与课题相关的领域目前的研究与开发状况,委托人可以提出某人不适合做本次查新咨询专家的名单,作为查新人员的参考,而查新人员对查新咨询专家的意见及咨询结果也不予公开。

8.3.3　查新案例

1)案例 1

项目名称:基于无线传感器网络的风力发电机组状态监测关键技术研究

(1)查新目的

申请高等学校博士学科点专项科研基金。

(2)查新项目的科学技术要点

本项目提出一种新型无线传感器网络模式下风力发电机组状态监测新方法,弥补现有的风电机组监测系统中存在的不足,解决无线传感器网络模式下风电机组监测中大量实测信号的高速同步采集、实时分布式处理、连续可靠传输等关键问题,丰富和发展风电设备状态监测理论和技术。

(3)查新点与查新要求

查新点:

①以数据为中心的多级分层的风力发电机组智能无线传感监测理论;

②基于时间序列自排列的、精度可随风力发电机组状态监测需求动态调节和补偿的多节点信号同步采集新方法;

③基于不同任务型节点组成的多层次混合型的大量风电机组监测原始数据连续可靠传输方法。

查新要求:查找与本课题有关的国内外科技文献及专利,根据检索结果作出对比性结论。

(4)文献检索范围及检索策略

文献检索范围如表8.1所示。

表8.1　文献检索范围

序号	检索数据库	时间范围
1	《中文科技期刊全文数据库》	1989—2009年3月
2	《中国科技成果数据库》	1989—2009年3月
3	《中国学术会议论文数据库》	1990—2009年3月
4	《中国专利文献数据库》	1985—2009年3月
5	《中国重要报纸全文数据库》	1990—2009年3月
6	《中国优秀博硕学位论文数据库》	1999—2009年3月
7	《INSPEC》(英国科学文摘)	1980—2009年3月
8	《The Engineering Index》	1970—2009年3月
9	《Derwent Innovations Index》(德温特世界专利索引)	1966—2009年3月
10	《ISI Proceedings》(国际科技会议录索引)	1990—2009年3月
11	《Web of Science》(科学引文索引)	1980—2009年3月
12	《Elsevier SDOL》	1980—2009年3月
13	《NTIS》	1970—2009年3月

检索策略:

①主题词或关键词:如表8.2所示。

表8.2　主题词或关键词

无线传感器网络	风力发电机	监测
无线传感器	发电机	监控
WSN	WTGS	monitoring
wireless sensor networks	Wind turbine generator system	
	Wind Generator	
	Wind-power electricity generator system	

②检索式:

- (无线传感器网络 + 无线传感器) * (风力发电机 + 发电机) * (监测 + 监控);
- (无线传感器网络 + 无线传感器) * (风力发电机 + 发电机);
- (无线传感器网络 + 无线传感器) * (监测 + 监控);
- (风力发电机 + 发电机) * (监测 + 监控);
- (wireless sensor network * OR wsn) AND (WTGS OR wind generator *) AND monitor * ;
- (wireless sensor network? OR wsn) wn ALL AND (WTGS OR wind onear/2 generator?) wn ALL AND monitor * wn ALL。

(5)检索结果(相关文献摘录)

①基于无线传感器网络的振动监测系统的研制,大连海事大学,2007,硕士论文。

以交通部西部开发项目"桥梁无线监测技术研究与开发"课题为依托。大连海事大学的吕丽娟设计了一种振动监测传感器节点并组成无线网络,可以对大型结构进行振动监测,为结构健康监测提供数据,具有重要的应用价值。

本文主要介绍系统中无线传感器节点的设计以及无线通讯协议的实现。无线传感器网络中的节点采用电池供电,可以使用的电能非常有限,因此节约无线传感器节点的能量是无线传感器网络软硬件设计的核心问题。本设计从节点硬件设计到软件协议实现都围绕节能的核心进行。

首先,在器件选型上,尽量用低功耗芯片:节点的微处理器采 TI 公司的 MSP430F149 超低功耗单片机;传感器采用 ANALOG DEVICES 公司生产的单片集成加速度传感器 ADXL105;AD 转换芯片采用 TI 公司 16 位微功耗高速采样模数(A/D)转换器 ADS8325;射频收发单元采用 nRF905。

其次,在协议设计上,设计实现了基于 CSMA/CA 的媒体接入控制方式,在非工作时间内节点处于低功耗模式。定时时间到,一个采集周期开始,节点进入工作模式,收到主节点发来的同步信号后开始采集、发送数据。

最后,本文给出了实验结果,证明了设计的无线传感器节点以及通信协议能够正确工作,并对系统的不足,提出了改进方案。

②一种无线传感器监测网络系统的研制,刘婷,大连海事大学,2006,硕士论文。

大连海事大学的刘婷等人介绍系统中无线传感器节点的设计以及无线通讯协议的实现。系统选用由微控制器直接控制的 D100 加 RFW102 无线收发模块(RFM)来实现传感器节点之间的无线短距离通信,无线通讯协议使用 RFWaves 公司的 CSMA 协议。节点的微处理器采用 TI 公司的 MSP430F149 超低功耗单片机,通信传输器件采用 RFWaves 公司生产的短距离 RFW102 收发器芯片组,传感器使用温度传感器 AD7416 和加速度传感器 ADXL210。

③无线传感器网络关键技术的研究与实现,阎诺,大连海事大学,2007,硕士论文。

大连海事大学的阎诺对无线传感器网络的媒体接入控制协议以及网关节点进行了研究与实现。节能,是无线传感网络的核心问题,而媒体接入控制协议处于传感器网络协议的底层部分,对传感器网络的性能有较大影响,是保证无线传感器网络高效通信的关键网络协议之一。由于无线传感器网络媒体接入控制协议 S-MAC 是在 IEEE802.11 基础上引入节点睡眠状态,所以为了帮助理解 S-MAC 协议对传感器网络性能的影响,本文先对基于 IEEE802.11 DCF 协议的多跳 Ad Hoc 网络性能做了理论上的分析,利用网络模拟仿真软件 NS-2 进行了性能上的模拟仿真。

④用于水电机组状态监测中无线传感器网络协议的研究，作者:何莉媛，授予单位:重庆大学,授予学位时间:20060401。

本论文的内容主要包括以下几个方面:第一,对无线传感器网络进行简要的介绍。第二,对无线传感器网络现有的路由协议与介质访问控制(MAC)协议进行研究。探讨了无线传感器网络协议的设计问题,然后对已有的协议进行分析,为进一步的深入研究提供了基础。第三,分析了无线传感器网络应用于水轮发电机组的状态监测的优势,设计了无线传感器网络系统的体系结构,并对其关键技术进行研究。根据无线传感器网络应用于水轮发电机组的状态监测的特点,设计网络协议。本文的网络协议是采用特殊的路由优化算法和TDMA时隙分配算法,使节点进入低功耗或睡眠状态以降低功耗。协议主要在簇头的选择机制、多跳路由、MAC层通信机制等方面,对已有的LEACH协议进行了改进。在LEACH-NEW协议中,对LEACH协议的改进主要体现在以下几个方面:根据节点剩余能量选择簇头,以平衡网络负载;节点间采用多跳路由,降低簇头能量消耗;节点根据能量消耗的代价来选择至簇头的路由,通过扩散算法来广播代价消息,采用贪婪算法来选择能量消耗最小的路径;采用TDMA时隙分配算法减少网络时延。最后,利用NS2仿真软件进行验证。通过仿真实验可以看出,改进后的协议明显地提高了网络的生存时间,并且更具有能量有效性。

⑤传感器网络数据处理技术,作者:李峡,作者专业:电子与通信工程，授予单位:华南理工大学，授予学位时间:20061101。

广州电信现使用传统布线式环境及动力监控系统,对市电电压、电流、中央空调、风柜、发电机、整流器、UPS、蓄电池、环境温度和湿度等对象进行监控,以保证交换机等设备稳定可靠工作,为用户提供优质的通信服务。该系统实践证明运行稳定可靠,但也存在楼层布线、设备更新改造时工程量较大的缺点;而且增减、移动传感器节点也不方便,也无法对移动设备进行监控。例如,现在还无法对移动油机的运行情况进行集中监控。为了解决上述实际问题,可考虑使用无线传感器监控的方式,将不便或不宜用有线方式接入的监控对象用无线接入的方式接入到监控系统中。无线传感器网络是现在国内外比较热门的研究领域之一。传感器网络是由大量微型、智能、低功耗传感器以某种网络协议构成的有线或无线网络,其目的是协作的感知、采集和处理网络覆盖区域中感知对象的信息,并发送给用户。无线传感器网络在军事、移动监测、空间探索、医疗卫生、交通管制、救灾等领域都有广泛应用前景。本文从数据处理技术方面探讨了适合传感器网络的数据管理系统,通过对比传统布线式监控系统和无线传感器网络数据处理技术特点,总结适合广州电信环境及动力监控的数据管理系统。本文首先分析了广州电信现正使用的传统布线式环境及动力监控系统的运行方式及其特点;然后介绍了无线传感器网络数据管理实例:美国加州大学伯克利分校的TinyDB系统和Cornell大学的Cougar系统;然后根据无线传感器网络相关数据处理技术文献,分析了无线传感器网络数据管理系统的特点:由于能源有限、传输距离有限,无线传感器网络数据管理系统需要在尽量节省能源开销与准确、及时获取监控数据之间寻求很好的折中。国内外目前还正在继续研究适合传感器网络的更好的数据管理系统解决方案,特别是在系统资源消耗、查询优化执行等数据处理性能方面。由于现阶段尚无成熟的无线传感器网络相关产品出现,因此大规模应用无线传感器网络监控电信设备的条件尚不具备。现阶段适合广州电信的无线传感器接入方式只能是以单跳AP(Wireless Access Point)接入的方式,解决需要或必须用无线接入方式接入的监控对象,即适合广州电信的环境及动力监控系统的组网方式应该是使用以有线接入为主,无线接入为辅的组网方式。广州电信现使用的环境及动力监控系统数据管理系统软件和数据库配置基本不用作改动,成本投入有限。

⑥基于无线网络的振动监测系统的设计与实现,青岛远洋船员学院学报,2006(04)。

大连海事大学的吕丽娟等人介绍了一种基于振动传感器 ADXL105 的无线传感器网络节点的设计,详细介绍了节点的硬件组成和软件实现。该节点性能可靠稳定,并能实现低功耗工作,适用于环境状况及建筑物健康状况的远程监测。针对健康监测设计了一种基于 CSMA 方式的单跳传感器网络通信协议。

⑦海洋平台结构振动监测的无线传感实验研究,哈尔滨工业大学学报,2007(02)。

哈尔滨工业大学土木工程学院的喻言等人为验证无线传感器及其网络在海洋平台结构振动测试上应用的可行性,提出了一种无线传感器及其网络拓扑结构,结合所开发的无线传感器网络讨论了传感器节点、基站以及软件通信协议的设计;进行海洋平台无线传感实验。研究表明:将无线传感器网络用于海洋平台结构监测,能够较好地反映海洋平台结构的振动情况。

⑧Design of wireless sensor network in SCADA system for wind power plant, Bai Xingzhen (Electronics and Information Engineering School, Tongji University); Meng Xiangzhong; Du Zhaowen; Gong Maofa; Hu Zhiguo. Source: Proceedings of the IEEE International Conference on Automation and Logistics, ICAL 2008, Proceedings of the IEEE International Conference on Automation and Logistics, ICAL 2008, 2008, p 3023-3027.

Conference: IEEE International Conference on Automation and Logistics, ICAL 2008, Sep 1—3 2008, Qingdao, China.

Publisher: Institute of Electrical and Electronics Engineers Computer Society.

Abstract: Wireless Sensor Networks (WSN) is a novel technology, which is developed with the advancement of micro-electronic, computing, and wireless communication technology. WSNs has merits of distributed information processing, covering broadly, and remote monitoring and control. Considering the disperse deployment, wind power resource random and seasonal characteristic in wind plant, we apply WSNs to SCADA system for wind power plant in this paper, which conquers the lack of disperse distribution, difficulty of remote monitoring in wind plant. Considering node cost, resource demand and communication reliability, the hardware of sensor node and sink node are based on 80C51 and ARM chips respectively, and μC/OS-II is selected as the ARM chip operating system. IDD-PC is adopted as routing scheme in wireless data transmission among nodes, which can balance node energy consumption, and be propitious to stability of the network structure. As to the energy limitation of WSN, the method of automatic compensating energy by wind generator is provided. ©2008 IEEE. (17 refs.)

⑨The practical design of constructing data transition interface with ZigBee WSN-example with Small-scaled wind-power electricity generator system, Hsu Chun-Liang (E. E Department, Saint John's University); Hsu Teng-Yaw; Ho Kuan-Yen; Wu Weibin; Chen Weiying. Source: Proceedings—2008 the 1st IEEE International Conference on Ubi-Media Computing and Workshops, U-Media 2008, 2008, p 496-502.

Conference: 2008 the 1st IEEE International Conference on Ubi-Media Computing and Workshops,

U-Media2008, Jul 31-Aug 1 2008, Lanzhou University, China. Sponsor: Lanzhou University.

Publisher: Institute of Electrical and Electronics Engineers Computer Society.

Abstract: The purpose of this study was to explore the related practical techniques of monitoring and controlling system in designing renewable energy system, especially for Small-scaled wind-power generator. Recently, the whole world was actively developing replaced energy to solve the economic development and daily-life necessities problems resulting from gradually lacking of oil. Taiwan government was progressively planning to develop small-scaled wind-power generators under authority of Energy Bureau of Economy Minister. The real-time running parameters of wind-power generator is very essential for designing the power-generating system, in this paper, a data transition system including how to construct ZigBee Non-Beacon-Enable-Network, communication techniques, data coding, and its interface for collecting running parameters in wind-power generator was designed with ZigBee wireless-sensor-networks (WSN) module. The final result of this study has successfully implemented in a practical small-scaled wind-power generator system which was part of integrated-project of Teaching Superior Projects authorized by Taiwan Education Minister-Constructing Monitoring and Controlling Interface in Small-scaled Wind-power Generator System, and the validity and stability of the system has been proved efficient and successful. ©2008 IEEE. (10 refs.)

(6)查新结论(含相关文献分析)

根据项目查新要求检索了CNKI《中国学术期刊全文数据库》、万方《中国科技成果数据库》、《中国优秀博硕士学位论文全文数据库》、《中国专利数据库》、《INSPEC》(英国科学文摘)、《The Engineering Index》、《Derwent Innovations Index》(德温特世界专利索引)、《ISI Proceedings》(国际科技会议录索引)、《Web of Science》(科学引文索引)、《Elsevier SDOL》等国内外权威数据库,检索并筛选出相关文献9篇。关于无线传感器网络理论国内外已有很多研究,见相关文献③,④,⑤,⑦,⑧,但是有关以数据为中心的多级分层的风力发电机组智能无线传感监测理论未见报道;关于无线传感器网络节点采集与数据处理的研究有报道,见相关文献①,⑥,⑧,但基于时间序列自排列的、精度可随风力发电机组状态监测需求动态调节和补偿的多节点信号同步采集新方法方面未见报道;关于无线传感器网络数据传输的研究有报道,见相关文献②,⑤,⑨,但基于不同任务型节点组成的多层次混合型的大量风电机组监测原始数据连续可靠传输方法未见报道。

综上,基于无线传感器网络的风力发电机组状态监测关键技术研究的主要创新点在所检索的文献范围未见报道。

2)案例2

项目名称:压电生物芯片及自动分析方法与仪器

(1)查新目的

科研项目报奖。

(2)查新项目的科学技术要点

该成果为生物分析领域的新方法、新技术,通过将微电子,传感器及分子生物学技术相结合,构建了由微型压电生物传感器阵列组成的新型生物芯片,实现同时对多种生物分子及具有生物功效的化学物质的快速、准确、高信息量的检测。

该成果基于压电生物芯片的实时非标记检测，以及所设计的微流型芯片检测池，实现了采用生物芯片的流动分析技术，建立了新型的生物自动量分析方法；并通过集成样本处理、芯片检测、数据分析等模块，构制出新型的生物自动定时分析仪器。

与现在生物分析技术相比，该成果具有高效快速、无须标记、成本低廉以及准确灵敏和自动简便等特点，可应用于生命科学、医药卫生、农业及环境等领域。

(3)查新点与查新要求

压电生物芯片由压电谐振微传感器阵列、各传感器表面固定有不同的生物探针构成，可同时检测多种靶分子。

芯片上各探针与靶分子的反应过程，由压电传感受器进行实时动态监测，根据探针——靶分子反应模型解析传感器动态响应与靶分子浓度的定量关系，实现对靶分子的非标记定量分析。

与以荧光检测为主的现有生物芯片技术相比，压电生物芯片技术的灵敏度与荧光检测相近；同时，具有无须标记和实时监测的独特性，使其更为简便、快捷，并有外界干扰少，使用成本低等便于实际应用的优点。

基于压电生物芯片的实时非标记检测，采用所设计的微流型芯片检测池，实现了采用生物芯片的流动分析技术，即在探针——靶分子反应的初始阶段完成测定，无须等待反应结束即可进行结果分析，并可连续、自动进行多个样品的测定，且仅需微量试样。

通过集成样本处理、自动进样、芯片检测、数据分析等模块，构制出新型的生物自动定量分析仪器，实现了从样本处理到结果分析整个分析过程的一体化和自动化，并可测量多个不同样品。

重点检索上述查新要点的国内外近 20 ~ 25 年的文献报道。

(4)文献检索范围及检索策略

①文献检索范围如表 8.3 所示。

表 8.3 文献检索范围

序号	检索数据库	时间范围
1	《中文科技期刊全文数据库》	1989—2004 年 5 月
2	《中国科技成果数据库》	1989—2004 年 5 月
3	《中国学术会议论文数据库》	1990—2004 年 5 月
4	《中国专利文献数据库》	1985—2004 年 5 月
5	《中国重要报纸全文数据库》	1990—2004 年 5 月
6	《中国优秀博硕学位论文数据库》	1999—2004 年 5 月
7	《INSPEC》(英国科学文摘)	1980—2004 年 5 月
8	《The Engineering Index》	1970—2004 年 5 月
9	《Derwent Innovations Index 》(德温特世界专利索引)	1966—2004 年 5 月
10	《ISI Proceedings》(国际科技会议录索引)	1990—2004 年 5 月
11	《Web of Science》(科学引文索引)	1980—2004 年 5 月
12	《Elsevier SDOL》	1980—2004 年 5 月
13	《NTIS》	1970—2004 年 5 月
14	《BIOSIS Previews》(美国生物科学数据库)	1999—2004 年 5 月
15	《Medline》(美国医学数据库)	1970—2004 年 5 月

②检索词：

生物芯片/biochip；基因芯片/gene chip；DNA 芯片/DNA chip；压电生物芯片/Piezoelectric biochip；压电基因传感器/Piezoelectric genosensor；电磁生物芯片/electromagnetic biochip；传感器阵列/sensor array。

(5)检索结果

根据查新要求，针对本研究项目的技术要点，按照检索策略，在检索文献范围内，检索并筛选出相关文献8篇：

文献[1] Fabrication of piezoelectric biochips with self-assembled alkanethiol layer and hydrocoating, Journal of the Chinese Institute of Chemical Engineers, v 34, n 1, January, 2003, p 151-160.

文献[2] Real-Time Analysis of Mammalian Cell Cultivation Using a Piezoelectric Biosensor, The 1st International Meeting on Microsensors and Microsystems, 2003, p109.

文献[3] 可单点选通式微电磁单元阵列芯片、电磁生物芯片及应用，申请号：99120320.8.

文献[4] Individually addressable micro-electromagnetic unit array chips, US6355491.

文献[5] Piezoelectric cell growth biosensing method using polymer-metabolic product complex interactions, US 5135852.

文献[6] An Acousto-Electric Biochemical Sensor Array (AEBSA) for Monitoring Biological and Chemical Processes, http://www.research.drexel.edu/techcom/engine.asp? deva = Chemistry3.

文献[7] Integrated circuit biochip microsystem, US6448064.

文献[8] DNA biochip using a phototransistor integrated circuit, Analytical Chemistry, v 71, n 2, Jan 15, 1999, p 358-363.

(6)查新结论

国内：

①台湾公立大学化学工程系的 Chen Hsiu-Mei 等人制作了自组装压电生物芯片。其目的是为了改进用于人类免疫球蛋白持续重复性注射的压电蛋白质生物芯片的稳定性和重复利用能力，开发了一种新的制备方法。在压电晶片上的微金电极表面上采用结核病特效药长链层自组装法制作，然后用氧化高碘酸盐连接器修饰，最后固定蛋白质—A，见相关文献[1]。

②台湾公立大学化学工程系的 Chen Hsiu-Mei 等人运用压电生物芯片对哺乳动物细胞培养进行实时监测。在哺乳动物细胞的培养领域里，一种无标记、实时监测技术将对细胞连接、生长和增殖的研究提供巨大帮助。在运用压电生物芯片实时监测细胞培养的研究中，研究了压电生物芯片基片上的表面作用及多种表面材料处理方法，包括金电极、自组装层和胶原质层。基片上的细胞数量的增加和频率值的降低形成了良好的相关性，说明了压电生物芯片的频率能够正确反映细胞培养情况。对纤维原细胞成功的持续实时监测展示了压电生物芯片在细胞生物学方面应用前景。

③北京博奥生物芯片有限责任公司的周玉祥等人1999年在中国和美国分别申请了电磁生物芯片专利(CN, US 6355491)。该发明有单独可设定排列的微-电磁单位的阵列，同时可以利用芯片对特定的生物分子或化学试剂进行微-粒子和微-结构的指示处理。电磁生物芯片由设定排列的微-电磁单位和固定在其表面上微分子组成。通过对电磁阵列中的电磁点的控制

和电磁点上的生物分子的磁力更正,芯片可以用来对生物分子进行合成、释放等特定的操作,增加了生物化学或化学的分析准确度,并且减少检验时间。除此之外,电磁生物芯片将对生物分子损伤减到最小程度,而且增加检验结果的再现性,见相关文献[3]~[4]。

国外:

①美国E. I. Du Pont de Nemours and Company的Ebersole等人1989年申请了用于聚合物代谢产物检测的压电细胞生长传感器(US 5135852)。该发明包括一种压电传感器设备和利用压电传感器设备检测代谢生长需求,抗生素反应,各种细菌等微生物代谢产物的一套方法和系统。当一个微生物被栽种在一种适合其生长并含有代谢物应答有机物的培养基后,其代谢产物会使培养基酸化,并在压电传感器设备上面形成有机代谢沉淀物。设备表面的质量变化使压电传感器设备的频率发生变化,由此来测定微生物的生长情况和类型,见相关文献[5]。

②美国费城大学生物工程学院的Ryszard M. Lec博士发明了一种应用于监测生化反应过程的压电生化传感器阵列(摘要编号:02-0456D)。该发明的压电传感器装置可以对生化反应进行实时定量监测,并可实时、准确地反映其反应动力学。这项发明包括由压电晶片制成的一个压电传感器阵列,或者说,它包括由许多一个个混合装配的传感器,组成了一个压电传感器阵列。这些同时是生物媒介的传感器探针可用来检测和鉴定如抗原、DNA、蛋白质等混合靶物质,其他生化目标和生化反应。样本通过微液化装置来进行处理。该装置可以实时监测修饰、合成、释放和杂交等生化反应。

由传感器完成的检测过程在微流装置中或在传感器和生物媒介交界面进行。传感器原理是基于对检测媒介表面黏弹性和电气化学特性改变的检测。传感器的探测结果可以在显示器上用数字或图像显示出来,或者直接智能化的传输给使用者,见相关文献[6]。

③美国Vo-Dinh等人已研究并在1997年申请了一项集成电路生物芯片传感器的专利。该专利公开的集成电路生物芯片传感受器包括:一个可特异性地与目标生物分子结合的探针,一个固定探针的固体支持物;至少一个传感器与探针相连,从而使传感器检测到辐射信号。探针和传感器间有一个膜结构,此膜可以过滤电磁辐射;另外在探针和传感器有一个固定在因体支持物上的透镜。检测电路至少与一传感器相连,以产生与检测信号相应的输出信号,从而显示样品生物分子的状态,见相关文献[7]~[8]。

经以上相关文献的分析,并结合委托查新项目研究的主要要点,本项目查新结论如下:

在生物芯片研究领域,国内外文献报道的主要是荧光标记生物芯片。研究压电生物芯片并与本查新项目接近的技术只有少数。例如:台湾公立大学化学工程系的Chen Hsiu-Mei等人制作了自组装压电生物芯片并运用压电生物芯片对哺乳动物细胞培养的实时监测(文献[1]~[2]),美国E. I. Du Pont de Nemours and Company的Ebersole等人发明的用于聚合物代谢产物检测的压电细胞生长传感器(文献[5]);美国费城大学生物工程学院的Ryszard M. Lec博士发明的一种应用于监测生化反应过程的压电生化传感器阵列(文献[6])。

本查新项目研究的压电生物芯片与文献[1]、[5]比较:本查新项目可同时检测多种靶分子;芯片上各探针与靶分子的反应过程,由压电传感器进行实时动态监测,根据探针——靶分子反应模型解析传感器动态响应与靶分子浓度的定量关系,实现对靶分子的定量分析,具有无须标记和实时动态监测的独特性。

在国内外文献中,未见与本查新项目自动分析方法及仪器相关技术报道。

在国内外文献中,本查新项目与同类技术比较,技术较为全面和成熟,并建立了独特的自动分析方法和仪器,整套检测设备简单,简便快捷,便于实际应用。

8.4 科技论文的撰写

大学教育实行的是以学科教育为基础、以专业教育为培养方向的高等人才教育。学生的信息利用既有学科知识信息,也有专业知识信息。在“文献检索与利用”课中加入科技论文写作的部分,目的是指导学生在信息海洋中发掘最有价值的信息资源,实现超越具体信息检索的学术创新。科技论文是科学技术研究成果的书面表达形式,它具有科学性、学术性、创新性、及时性、实用性和规范性的特点。

科技论文的写作过程必然包含对信息的收集、整理、研究、实验的设计、数据的记录、图表的绘制,以及对数据的统计、分析,并得出相应的结果或结论等内容。而这些正是文献检索与利用教育的重要内容。

科技论文要做到言之有理,更要做到言之有据,有理有据才能令人信服。这就需要我们在论文写作时恰当、合理地运用引用、注释和参考文献。我们在日常阅读过程中会遇到大量的文献资料,尤其是当我们写论文时,更需要经常、频繁地查找这些资料,把它们引用到论文中,同时,还要在论文的后面添加所使用过的参考文献的列表索引。我们引用别人的论点时要遵循一定的格式,参考文献索引也要按照相应的格式来排列;当我们只引用几篇或十几篇文献时还好办,但当文献的引用量达到几十乃至数百篇以上时,对参考文献的整理就成为了一项非常繁琐的工作,而且也很容易出错,影响论文的质量,甚至会因此而失去发表或出版的机会。于是文献信息的管理工具便应运而生。

8.4.1 个人文献信息管理工具

个人文献信息管理工具(Personal bibliographic management tools/software,或称 E-Reference Tool)也被称为书目数据库管理软件(Bibliographic Database Management,简称 BDM)或者电子文献目录管理(Electronic Bibliography Managers)和参考文献管理软件(Reference Management Software),它是一种帮助个人管理书目资料的软件,专为参考文献而设计的管理系统。它打通了信息检索、文献管理和论文写作的流程,指导用户收集、整理、管理和引用参考文献,保存了整个学术生涯里的文献情报资料。可由网络数据库下载数据,保存、管理及支持检索个人数据,边写作论文边引用文献,可将手稿按照学术期刊的要求格式化论文及自动加上引用索引。

引用、注释及参考文献在论文撰写中具有非常大的重要性。它说明作者在论述某一问题时,是抱着认真做学问的严谨态度,可以体现出作者的学术素养和做学问的功力。一篇高质量的学术论文或研究报告,对于直接或间接引用的资料,作者通常会妥善地使用注释和参考文献来加以说明,绝不会不交代清楚资料和数据的出处,或含混不清地一笔带过,而是一定要清清楚楚地说明数据或观点的来源。不管是直接引用或间接引用的数据,都能够以精简扼要的表达方式,分别在行文中、页脚或文末,以引用、注释和参考文献的方式做出清楚的说明和交代,以示负责;进而有利于读者作进一步的追踪与查证。因此,引用、注释及参考文献的处理非常关键和重要,作者必须特别重视,同时还要加以审慎地处理。它既代表作者治学时所持的一种负责任态度,也展现出作者的学术素养、学术品味及学术风格。

随着 Internet 的飞速发展,越来越多的文献和资料都可以很方便地从网上获得,我们可以轻而易举地下载成百上千份的文献存到硬盘上。但这又带来了一个问题,对于这些网上得来的文献,我们如何对它们进行方便的管理,需要时就可以轻松地找到它们,并在论文中注明它们的来源与出处,同时还能在论文中规范地引用它们。目前,市场上提供给读者使用的个人文献信息管理软件有近 60 种,有基于桌面和基于 Web 两种类型。比较流行的软件有 EndNote、NoteExpress 及 Reference Manager,此外还有 Biblioscape、RefWorks、ProCite、WriteNote、RefViz 等,这些软件的功能基本大同小异。

下面就给大家介绍两款常见的参考文献管理软件。

1)EndNote

EndNote 通过将不同来源的文献信息资料下载到本地,建立本地数据库,可以方便地实现对文献信息的管理和使用。

通过将不同来源的数据整合到一起,自动剔除重复的信息,从而避免重复阅读来自不同数据库的相同信息。同时可以非常方便地进行数据库检索,进行一定的统计分析等。另一个重要的功能是,在撰写论文、报告或书籍时,EndNote 可以非常方便地编排参考文献格式,还可以非常方便地做笔记,以及进行某一篇文献相关资料的管理,如全文、网页、图片和表格等。

整个软件的架构主要包括数据库的建立、管理和应用三个方面(见表 8.4)。

表 8.4 EndNote 软件的架构

功能模块	程序模块	基本功能	其 他
	数据库建立	数据库建立的四种方式及注意事项,检索(通配符、起止年代、检索策略的储存与调用),拷贝,复制,删除,添加,全文管理,网址,图片等,转换,连接的更新及设定	常见问题的处理,以及其他注意事项
文献管理	数据库管理	重复,排序,统计,分析,查找,栏位显示查找重复,export	
撰稿引文编排	数据库的使用	如何引用文献,引用的几种方式,输出格式,论文模板,自行设定	

学习并掌握文献管理软件,可以提高我们阅读文献,获取信息的效率,可以省去撰写文稿时手动编排文献的麻烦。同时 EndNote 可以非常方便地作笔记,并对笔记进行管理。为我们撰写综述,或阅读大量文献时提供了极大的方便。

其主要功能有:

(1)群组(group)功能　便于浏览和管理文献。每一个 EndNote 数据库中可以建立最多 50 个自定义群组(group)。为了便于管理,可以将不同分类的文献从 All references 中拷贝、粘贴或直接拖拽到相应的群组(group)中。而系统也会自动在检索结果、文献导入、从 EndNote Web 和 ISI Web of Knowledge 导入参考文献时自动做分类。

(2) Microsoft® Word 2007 中的 Cite While You Write(TM) 功能　Word 2007 Windows 版本里会出现一个 EndNote 的菜单。这个菜单能让使用频繁的 Cite While You Write 功能更容易被找到,而且只要点一下就可以使用。

(3) 在数据库文件中更详细的浏览和管理　在 Library 列表视窗中即可呈现所有作者,从而可以更详细地浏览。在 Link to PDF 一栏更改 File Attachment,每个参考文献可以储存 45 个文件。自定义的文献类型也可以更轻松地在不同电脑间导出和导入。搜索窗口的字体以及文献栏标签也可以自行设定。

(4) 全新方式查询、收集参考文献　我们可以很快使用 EndNote Web 与同伴合作。一篇文章中可以同时引用 EndNote 和 EndNote Web 的文献并转换 libraries。EndNote X1 包括全新以及更新后的数据库查询资源、导入文献和书目格式设定。我们可以找到 1 500 多个数据库链接设定文件、600 多个导入格式以及 2 800 多种期刊格式。

2) NoteExpress

NoteExpress 是国内最专业的文献检索与管理系统之一,完全支持中文。NoteExpress 可以帮助您通过各种途径高效、自动地搜索(含互联网)、下载、管理文献资料和论文。该软件可嵌入 MS Word 环境使用,在使用 Word 中输出各种格式化的参考文献信息,不需要脱离 Word 环境,使用方式与绝大多数文献管理软件相似,容易学习。

文献的标题及相关摘要、关键词等信息即通常所说的文献,在 NoteExpress 中称为题录(Reference),存储在 Library 下的 References 文件夹。做题录库,一方面是为了在写作时,能即时插入需要的题录作为文中注释,而不要写作时才一一翻检并且逐个输入;另一方面,多数文章看摘要,少数文章看全文是一种良好的科研习惯,可以节约科研工作者的宝贵时间。在 NoteExpress 中,通过给题录添加附件的方式管理参考文献的原文。

其主要功能有:

(1) 建立并维护个人的题录数据库　用户通过手工输入,批量导入或在线图书馆,文献数据库批量下载后,就开始在 NoteExpress 中建立并维护个人的参考文献(Reference)数据库或者说题录库。用户可以按字段进行检索,例如用关键词、作者、标题等以布尔逻辑查询记录,并有数据库的一般管理功能如排序、增删记录等。这种个人研究领域的文献数据库,无论在写研究报告时要引用、翻查文献记录的书目数据或上课开书单均很方便。在累积至很多记录时,可以通过浏览题录标题、关键字、摘要了解研究方向的最新动态、各方观点等。NoteExpress 性能优异,目前数据库能够管理的参考文献数是同类软件中最多的,百万量级的数据可以轻松管理。

(2) 在 Word 中自动生成论文的参考文献格式化索引　参考文献管理软件能减轻排版工作量、加快产生研究报告的速度。在编辑器(如 MS Word)中 NoteExprss 可以按照各种期刊杂志的要求自动完成参考文献引用的格式化——完美的格式,精准的引用将大大增加论文被采用的几率。同一篇论文可以按照多家期刊的格式要求多次输出,需要做的仅仅就是按一下按钮,而不需要手工重新调整参考文献(Reference)列表格式。

(3) 随时记录思想火花,与当前研究方向联系起来　除了管理显性的知识外,类似日记、科研心得、论文草稿等瞬间产生的隐性知识也可以通过 NoteExpress 的笔记功能进行记录,并且可以通过笔记与某个题录建立链接的方式联系起来,方便以后查询和阅读。

(4) 个人知识管理　笔记以及附件功能、全文检索等,使该软件可以管理硬盘上的所有文件,可以作为强大的个人知识管理系统;"数据挖掘"可以帮助了解某些学者的所有著作、某个研究方向的各种观点比较等。如搜索后自动形成某个专题的题录、资料列表,然后可以将搜索结果保存,供研究某个专题时使用等。

8.4.2 学术论文的撰写

1)学术论文的定义

国家标准 GB 7713—87《科学技术报告、学位论文和学术论文的编写格式》中对学术论文所下的定义是:"学术论文是某一学术课题在实验性、理论性或观测性上具有新的科学研究成果或创新见解和知识上的记录;或是某种已知原理应用于实际中取得新进展的科学总结,用以提供学术会议上宣读、交流或讨论;或在学术刊物上发表;或作其他用途的书面文件。"学术论文反映了该学科领域最新的、最前沿的科学技术水平和发展动向,对科学技术事业的发展起着重要的推动作用。学术论文应提供新的科技信息,其内容应有所发现、有所发明、有所创造、有所前进,而不是重复、模仿、抄袭前人的工作。

2)学术论文的特点

(1)科学性　学术论文的科学性,要求作者在立论上不得带有个人好恶的偏见,不得主观臆造,必须切实地从客观实际出发,从中引出符合实际的结论。在论据上,应尽可能多地占有资料,以最充分的、确凿有力的论据作为立论的依据。在论证时,必须经过周密的思考,进行严谨的论证。

(2)创造性　科学研究是对新知识的探求。创造性是科学研究的生命。学术论文的创造性在于作者要有自己独到的见解,能提出新的观点、新的理论。这是因为科学的本性就是"革命的和非正统的","科学方法主要是发现新现象、制定新理论的一种手段,旧的科学理论就必然会不断地被新理论推翻。"(斯蒂芬·梅森)因此,没有创造性,学术论文就没有科学价值。

(3)理论性　学术论文在形式上是属于议论文的,但它与一般议论文不同,它必须是有自己的理论系统的,不能只是材料的罗列,应对大量的事实、材料进行分析、研究,使感性认识上升到理性认识。一般来说,学术论文具有论证色彩,或具有论辩色彩。论文的内容必须符合历史唯物主义和唯物辩证法,符合"实事求是""有的放矢""既分析又综合"的科学研究方法。

(4)平易性　平易性指的是要用通俗易懂的语言表述科学道理,不仅要做到文从字顺,而且要准确、鲜明、和谐、力求生动。

3)一般学术论文的框架结构

投稿论文的结构一般由题目、署名、前言、正文、结论、注释或参考文献等几部分组成。学位论文的结构稍复杂一些,一般包括:题目、署名、目录、摘要、问题提出、研究方法、研究内容、研究结果、结论与讨论、参考文献、附录、致谢等部分。以下就学术论文的主要部分加以说明。

(1)题目　题目是论文内容的概括,向读者说明研究的主要问题。标题有多种形式,可以明确点题,也可以只指出研究问题的范围,或是以问题的方式表述。一个好的学术论文题目应当是准确概括论文内容,文字简练、新颖,范围明确,便于分类,一般不超过20字。

(2)内容摘要　在重点刊物上正式发表的论文一般应写出论文摘要。摘要是研究的主要内容与结构的简介,作用在于使读者通过这段概括简洁的文字,了解全文的主要内容和结论,从而决定是否值得阅读全文。一般研究报告和学术论文的摘要为200~300字。

(3)前言　前言(序言、引言、导言或绪论)写在正文之前,用于说明写作目的、问题的提出、研究的意义等。投稿论文的前言部分要简明扼要、开门见山、直截了当地阐明研究的目的和意义。长篇论文,包括学位论文,前言则可详细一些,甚至自成一章。

(4)正文　正文部分占全文大部分篇幅。这部分必须对研究内容进行全面的阐述和论证。一般学术论文的论述方法有两种类型:一是实践证明,即用作为实践结果的客观事实来检验、证实某种理论的可靠程度;二是逻辑证明,即用一个或几个真实判断来论证、确定另一个判断的真实性。逻辑证明由论题、论据和论证3个部分组成:论题,就是需要加以证明的问题;论据,是用来证明论题的一些判断;论证,是论题与论据之间的逻辑关系的证明方式。撰写一般学术论文,必须在充分掌握材料的基础上,对材料进行分析、综合、整理,经过概括、判断、推理的逻辑组织和逻辑证明,最后得出正确的观点。写作时以观点为轴心,贯穿全文,用材料说明观点,使观点与材料相统一;用观点去表现主题,使观点与主题相一致。

(5)结论与讨论　结论是经反复研究后形成的总体论点。结论应指出所得的结果是否支持假设,或指出哪些问题已经解决了,还有什么问题尚待进一步探讨。有的学术论文可以不写结论,但应作一简单的总结,有的论文可以提出若干建议,有的论文不专门写一段总结性文字,而把论点分散到整篇文章的各部分。讨论是从理论上对研究结果的意义进行分析和评论,对研究结果作进一步的分析,并将结果与有关的研究相比较,从而对所研究的问题作深入的分析。同时,讨论也需要指出结果的局限性和存在的问题。

(6)参考文献　这部分包括参考的文章、书目等,附在论文的末尾。

附件:×××期刊论文模板(见图8.4)

8.4.3　学位论文的撰写

1)学位论文的定义

学位论文也称毕业论文,是学术论文中非常重要的一种,国家标准GB 7713—87《科学技术报告、学位论文和学术论文的编写格式》中对学位论文所下的定义是:"学位论文是表明作者从事科学研究取得创造性的结果或有了新的见解,并以此为内容撰写而成、作为提出申请授予相应学位时评审用的学术论文。"

2)学位论文的种类

学位论文分为学士论文、硕士论文和博士论文3种。

(1)学士论文　学士论文即高等院校本科毕业生的毕业论文。国家标准GB 7713—87规定,学士论文应表明作者已较好地掌握本学科的基础理论、专门知识和基本技能,并具有一定的从事科学研究工作或担负专门技术工作的初步能力。

(2)硕士论文　硕士论文是攻读硕士学位研究生的毕业论文。国家标准GB 7713—87规定,硕士论文应表明作者确已在本学科上掌握了坚实的基础理论和系统的专门知识,并对所研

第 28 卷第 3 期
2010 年 3 月
X X X X 学 报
Chinese Journal of XXXX
Vol.28No.3

标题二号，黑体，英文字体为Times New Roman，1.25倍行距，段前空20.5磅，2行之间单倍行距，无段前空

作者姓名五号楷体，中间全角逗号隔开，1.25倍行距

（作者单位、地址小五号宋体，2 字姓名之间空一字，标点均为全角，1.25倍行距）

空一行，格式同上

摘 要：中文摘要为小五号宋体，行距为14磅，中间标点为半角，段首空6磅。

关键词：中文关键词为小五号宋体，行距为14磅，中间标点为半角，段首空6磅。

中图分类号及文献标识码：小五号，行距为14磅，中间标点为半角，段首空6磅。

英文标题四号Times New Roman，单倍体行距，段前空20.5磅

英文姓名五号，标点用全角，姓大写，名字首字母大写，1.25倍行距

（1.英文单位小五号斜体，标点用半角，词首大写，1.25倍行距，段后空 12磅）

Abstract：英文摘要为五号Times New Roman，行距为14磅。标点为半角。

Key words：英文关键词为五号Times New Roman，行距为14磅，中间标点为半角，段首空6磅。

1 标题为小四黑体，英文字体为Times New Roman，换行时悬挂缩进为0，段前段后均空6磅。

正文字号10磅，中文宋体，英文及数字为Times New Roman，行距为单倍行距（“根据页面设置确定行高线”选项选中）。文中字母与公式中字母应一样。

1.1 标题10磅黑体，英文字体为Times New Roman，换行时悬挂缩进为0，段前段后不空

1.1.1 标题10磅宋体，换行时悬挂缩进为0，段前段后不空有编号的公式右对齐，行距为单倍行距，公式一行排不下时第二行以下不能缩进。

Sinxcosx+cosxsinx=sin 2x (1)

中文表题小五黑，英文字体为Times New Roman，居中段前空3磅

收稿日期及基金项目六号黑体，数字及英文为黑体后面均有冒号

英文表题字体为Times New Roman，加黑居中

表中文字为6号宋体，数字及英文为黑体，行距12磅
表内线0.5磅，外框线0.75磅， 列间一律用制表位对齐

图的插入方式用“Word图片”，锁在文字中，居中，图中文字为六号宋体。

图题与表题相同，为小五黑，英文字体为Times New Roman，居中

英文图题字体为Times New Roman

参考文献标题后面无标点，多倍体行距，占据2行，

字体为5号黑体

参考文献为小五号宋，英文字体为Times New Roman，标点为半角.标点为半角.编号后空1小格，悬挂缩进与首行对齐

图 8.4 学术论文模板

究的课题有新的见解，有从事科学研究工作或独立担负专门技术工作的能力。

(3)博士论文　博士论文是攻读博士学位研究生的毕业论文。国家标准 GB 7713—87 规定，博士论文应表明作者确已在本学科上掌握了坚实宽广的基础理论和系统深入的专门知识，并具有独立从事科学研究工作的能力，在科学或专门技术上作出了创造性的成果。

三种学位论文的深度、广度有较大差异，篇幅也悬殊，但其写作方法和论文结构差别不大。

3)学位论文的特点

学位论文写作是本科生和研究生从事科学研究活动的主要内容，也是检验其学习效果、考查其学习能力、科学研究能力及学术论文写作能力的重要参照。学位论文开题及写作对于接受高等教育的大学生，尤其是硕士以上的研究生具有极其重要的意义。

学位论文写作不同于一般的论文写作，它的要求更多、更为严谨；而且学位论文写作已经形成一套完整的、规范化的操作程序。比如论文写作之前要做开题报告；写作中应注意结构、观点、措辞等诸多方面；著者对其学位论文拥有绝对的版权，其论文的传播、复制均有相应规定等。具体说来，学位论文写作的特点，或称要求，可概括为如下几点：

(1)具备一定规模与学术性　学位论文不同于一般的学术论文，一般的学术论文只要有一定的创见，达到几千字的规模即可成文。学位论文则是对本科生或研究生多年学习成果及科研能力的检验，是要体现多年积累的学术科研水平的，所以其选题和规模均有相关规定，当然这些规定视院校不同而有所差别，不过学术性的要求是共通的、第一位的；而在规模要求方面，首要的衡量指标即是论文字数。以国内大学为例，一般本科生论文应达到1万字左右，硕士研究生论文2万~4万字，博士研究生论文则应达到5万字以上，当然根据学科不同字数要求也有差别。

(2)结构严谨、观点明确　学位论文一般是经过较长时间的资料收集、经过慎重的选题而确定的观点较为成熟的作品。它不是概况介绍或调查报告、总结以及争鸣一类的文章，而一定是作者深思熟虑之作，因而要求学位论文一定要观点明确、结构严谨。观点明确并不是要求观点一定是正确的、无懈可击的，只要鲜明、独立即可；而严谨的结构则体现在章节安排、段落层次以及上下文衔接等各方面。

(3)语言规范、措辞得当　学位论文虽属非正式的出版物，但其用语要求却等同于正式的出版物，即一定要规范。对于数字、标点、章节编号等均要求符合书写标准；要尽量使用书面语言，摒除口头用语；要避免出现敏感字眼和避免毫无根据的绝对性判断词句等。如中国很多文科类的论文，如有涉及政治敏感话题时一定要注意措辞，如提到台湾时一定要注意我国政府对台的政策；再如“首位”“世界第一”“最佳”等绝对性的判断如无确切的根据不可轻易落笔。

(4)装订、版式等要求　各院校的学位论文均有相对统一的装订和版式等方面的要求，如北京大学的学位论文有统一的装订封面，不同学位等级的论文采用不同颜色的封面。

4)学位论文的基本格式

为方便信息的收集、存储、处理、加工、检索、利用、交流和传播，国家标准 GB 7713—87《科学技术报告、学位论文和学术论文的编写格式》规定了报告和论文的撰写和编排格式，学位论文由以下几大部分构成：

①前置部分。前置部分包括：封面、封二；题名页；序或前言；摘要；关键词；目次页(必要

时);插图和附表清单(必要时);符号、标志、缩略词、首字母缩写、单位、术语、名词等注释表(必要时)。

②主体部分。主体部分包括:引言;正文;结论;致谢;参考文献。

③附录部分(必要时)。附录部分包括附录A;附录B。

④结尾部分(必要时)。结尾部分包括可供参考的文献题录、索引、封三、封底。

5)学位论文各主要部分的写作要求

(1)题名

题名又称题目或标题,是以最恰当、最简明的词语反映论文中最重要的特定内容的逻辑组合。论文题名是一篇论文给出的涉及论文范围与水平的第一个重要信息。

①论文题目总的要求是:准确、简明、规范、醒目。

a.准确:要求论文题名能准确表达论文内容,恰当反映所研究的范围和深度,做到题文紧扣。

b.简明:要求论文题名要简洁明快,字数要少,用词要精。

c.规范:要求题名应符合有关规定,避免使用不常见的缩写词,字符代号和公式。

d.醒目:要求题名所用字句及所表现的内容要醒目,从而激发读者的阅读兴趣。

②题名具体要求:

a.题名的作用:便于读者选读;审选编排;编制索引。

b.ABC原则:ABC——Accuracy准确;Brevity简练;Clarity清晰。

c.中英文题名内容的一致性:词语不必一一对应。

d.省略Study on…, Discussions on…,Research on…, Observation on…等更简练。

e.介词使用:避免过多的of排列;用on, for代替of;用's或名词作前置修饰。

f. 题名构成:

• 短语(esp名词短语)。

• 不用陈述句形式。

• 有时用疑问句:探讨性,生动,但不宜用于学术性论文,造成编索引的困难。

• 词序:eg. Pre-and Post-operative Serum Iron and Calcium Concentration Comparison实词堆积太多,不易理解。改为:Comparison between Pre-and Post-operative Concentrations of Serum Iron and Calcium(手术前后血清铁与钙浓度比较)。用低能离子束研究化学吸附键的性质:The Studies of the Nature of Chemiosorption Bond Using Low Energy Ion Beam (bond在using?)改:Studies of the Nature of the Chemiosorption Bond by Using /with Low Energy Ion Beam.

• 字数:少。一般10个词以内,不宜超过15个词:美国数学学会≤12;美国国立癌症研究生≤14词;美国医学会≤2行,每行≤42词。

• 命名:ABC原则;突出核心,开头最重要。

比较:A Study on Regression Analysis, a New Method of Fluctuation of Noise, Used in Nuclear Reactors;Regression Analysis of Fluctuation Noise in Nuclear Reactors(核反应堆里涨落噪声的回归分析法)。

③题名类型:

a.以目的为主:Observation on, Comparison Between, Improvement of。

b. 以对象为主:Studies of the Nature of the Chemiosorption。

c. 以方法为主:Clinical Analysis of, LASER Processing of。

d. 以结果为主: Results of, Verification of, Follow-up of。

e. 以论点为主:Is Regression Analysis Necessary for, Realizing the Importance of。

f. 副题名:英文比中文使用多, eg. 甲型肝炎666例报告 Hepatitis A: Report of 666 Cases。用回归分析法评价噪声涨落 Assessment of Fluctuations of Noise: A Regression Analysis。

g. 系列文章的题名:尽可能独立成文,分别发表。

h. 题名中的冠词:趋向简洁,可用可不用时,可去掉。

i. 缩略词:严加限制,注意读者群的不同学科专业。

④题名书写格式:

a. 全部字母大写:pH、希腊字母除外。

b. 一个词首字母大写。

c. 每个实词首字母大写。

d. 冠词、连词、介词位于题名首、尾,或冒号后副题名首要大写。

e. 介词含4个及以上字母如 With, Between:大写。

f. 复合词作为一整体修饰词:都大写, High-Temperature System。

g. 测量单位拼写词:大写。

h. 不定式 to 是否大写有争议。

(2)摘要

学位论文一般应有摘要。摘要是论文内容不加注释和评论的简短陈述,具有相对独立性。摘要能使读者不用阅读全文,就能获得必要的信息。摘要应有数据、结论,是一篇完整的短文,应说明研究目的、实验方法、结果和最终结论等,重点是结果和结论。一篇完整的摘要一般应包含以下内容:研究工作的内容、目的及其重要性;描述所使用的实验与研究方法;获得的基本结论和研究成果,突出论文的新见解;阐明研究结论及其意义。

①文摘的编写要求。根据国家标准 GB 6447—86《文摘编写规则》的要求,文摘的编写有以下几点要求:

a. 内容浓缩。文摘的内容主要为研究目的、研究方法、研究结果和结论等。研究目的指研究和调查的前提、目的和任务,所涉及的主题范围;研究方法指所应用的原理、理论、条件、对象、材料、工艺、手段、设备、程序等;研究结果指实验、研究的结果、数据、得到的效果、性能等;结论指结果的分析、研究、比较、评价、应用,以及提出的问题、今后的建议和预测等。

b. 短小精悍。一般报道性文摘要求不超过300字,指示性文摘不超过100字。

c. 文字为主。文中的图、表、公式等一般不列入。

d. 独立成段。文摘为论文的高度概括浓缩,故不再分段。

e. 第三人称。为增强客观效果,排除主观因素,一般采用第三人称方式。

②英文摘要的要求:

a. 为方便国际交流,学位论文还应有外文(多用英文)摘要。与中文摘要一样,英文摘要的内容也是包括目的、方法、结果、结论和建议等。在实际编写时,应注意题目——除虚词外,每个单词的首字母均采用大写。

b. 作者姓名。将汉语拼音译成英文时,应遵照国务院语言文字改革委员会于1974年公布的《中国人名汉语拼音字母拼写法》的规定书写。

c. 人称。编写英文摘要时，一般采用第三人称，以使其内容更加令人信服。

d. 语态。一般情况下，谓语动词使用被动语态。

(3)引言

引言又称前言，属于整篇论文的引论部分。引言主要包括4个方面的内容：

①前人的研究结果与分析；

②本研究的目的和意义；

③采用的研究方法和途径；

④最重要的研究结果。

(4)正文

正文是一篇论文的本论，属于论文的主体，它占论文的主要篇幅。

正文部分表述的主要内容包括：调查对象、实验和观测方法、仪器设备、材料原料、实验和观测结果、计算方法和编程原理、数据资料、经过加工整理的图表、形成的论点和导出的结论等。

论文正文的写作必须做到实事求是、客观真切、准确完备、合乎逻辑、层次分明、简练可读。

由于研究工作涉及的学科很多，在选题、研究方法、工作进程、结果表达方式等方面有很大的差异，对正文内容不能做统一规定，但正文的结构安排却有一定的形式。

学术论文的结构可以概括为4类：纵贯式、并列式、递进式、综合式。

(5)结论

论文的结论部分是最终的、总体的结论，不是正文中各段的小结之简单重复。结论应该准确、完整、明确、精练。结论部分的写作内容一般应包括以下几个方面：

①本文研究结果说明了什么问题，得出了什么规律，解决了什么理论或实际问题；对前人有关的看法作了哪些修正、补充、发展、证实或否定。

②本文研究的不足之处或尚未解决的问题，以及解决这些问题的可能关键点和方向。

(6)参考文献

学位论文后列出参考文献的目的是：尊重别人的学术成果，反映真实的科学依据，指明引用资料的出处以便于检索利用。

国家标准 GB 7714—87《文后参考文献著录规则》对各种参考文献的著录方法和著录格式作出了规定。以下仅简要介绍连续出版物中析出的文献（期刊论文）和专著这两种文献的著录项目与著录格式：

①专著

主要责任者. 书名[文献类型标识). 其他责任者. 版本. 出版地：出版者，出版年. 文献数量. 丛编项，附注项. 文献标准编号.

例：马维绪，马玉英. 科技论文写作[M]. 北京：煤炭工业出版社，1999. 4.

②期刊论文

责任者. 题名. 期刊名：版本，年，卷(期)：页.

例：华罗庚，王元. 论一致分布与近似分析：数论方法(1). 中国科学[J]. 1973(4)：339-357.

附件：
重庆大学本科毕业设计(论文)模版(见图8.5—图8.14)。

××× 教学楼的设计

学　　生：王××

学　　号：20××××××

指导教师：钱××

助理指导教师：李××

专　　业：××××

> 如有多名指导教师，按署名先后依次填写，中间用逗号隔开，如："张××，李××"。
>
> 若没有助理指导教师，请删除"助理指导教师姓名"栏；
>
> 若为校外完成毕业设计（论文），请改为"校外指导教师姓名"即可。
>
> 学院、专业填全称
>
> 此文本框读后删除!!

重庆大学×××××学院

二〇〇×年六月

图8.5　学位论文封面

Design of ××× Teaching Building

Undergraduate: Wang ××

Supervisor: Prof. Qian ××

Assistant Supervisor : Lecturer Li ××

Major: ×××

学院、专业的翻译必须是全称，且各学院应统一。

此文本框读后删除!!

×××××××××

Chongqing University

June 200×

图8.6 英文封面

重庆大学本科学生毕业设计（论文） 中文摘要

摘　要

摘要是设计或论文内容不加注释和评论的简短陈述，应以第三人称陈述。它应具有独立性和自含性，即不阅读设计或论文的全文，就能获得必要的信息，摘要的内容应包含与设计或论文同等量的主要信息，供读者确定有无必要阅读全文，也供文摘等二次文献采用。

摘要一般应说明研究工作目的、实验研究方法、结果和最终结论等，而重点是结果和结论。摘要中一般不用图、表、化学结构式、计算机程序，不用非公知公用的符号、术语和非法定的计量单位。

摘要页置于英文题名页后。

中文摘要一般为400汉字左右，用小四号宋体。

关键词是为了文献标引工作从设计（论文）中选取出来用以表示全文主题内容信息款目的单词或术语。一般每篇设计（论文）应选取 3~5 个词作为关键词，关键词间用逗号隔开，最后一个词后不打标点符号。以显著的字符排在同种语言摘要的下方。如有可能，尽量用《汉语主题词表》等词表提供的规范词。

正文，宋体小四号，行距20磅

与正文空两行

关键词：××,×××,×××,×××,×××（3-5个，逗号分隔，末尾不加符号）

宋体小四号

黑体加粗小四号

图8.7　中文摘要

页眉，宋体小五号，加下划线。余同。

重庆大学本科学生毕业设计（论文） ABSTRACT

空一行

Times New Roman 三号，加黑

ABSTRACT

空一行

英文摘要另起一页，内容应与“中文摘要”对应。使用第三人称，用现在时态编写。

（小四号，Times News Roman 字体）

与正文空两行

Key words: ×××, ×××, ×××, ×××, ×××

Times New Roman 小四号，末尾不加符号

Times New Roman 加粗小四号

图 8.8 英文摘要

重庆大学本科学生毕业设计（论文）　　目录

目　录

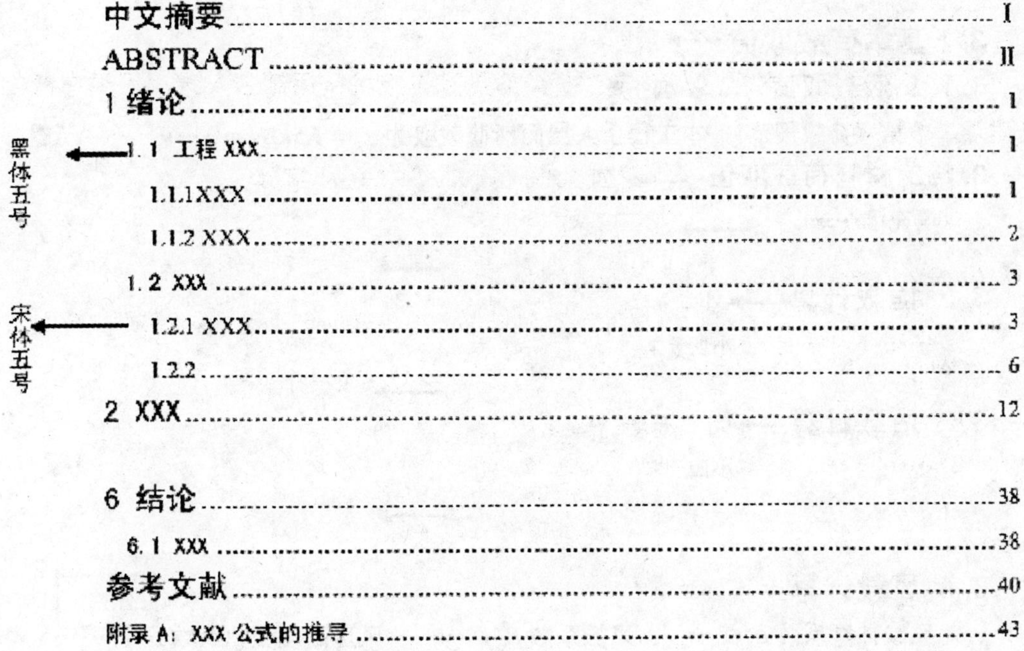

目次页：设计或论文应有目次页。目次页由设计或论文的章、节、条、附录、题录等的序号、名称和页码组成，另起一页排在摘要页之后，章、节、小节分别按相应要求标出。

此文本框读后删除！！

图8.9　目录

重庆大学本科学生毕业设计（论文） 3 荷载计算

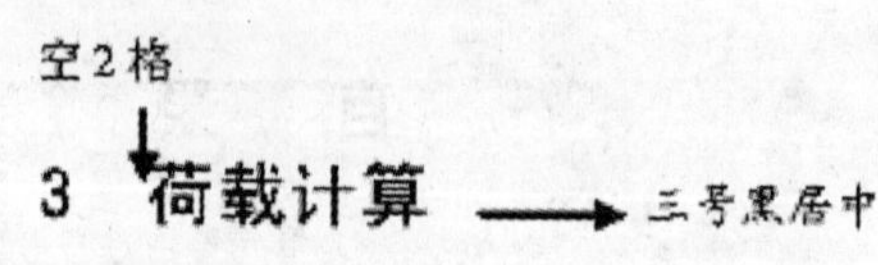

3.1 基本荷载取值 → 小三号黑

3.1.1 活载取值 → 四号黑

根据《荷载规范》，本工程上人屋面活荷载取为 $q_w = 1.5kN/m^2$……

3.1.2 材料荷载取值 → 四号黑

填充墙…… → 小四号宋

→ 空一行

3.2 恒载计算 → 小三号黑

…… 小四号宋

→ 空一行

3.3 活载计算 → 小三号黑

…… 小四号宋

→ 空一行

3.4 风载计算 → 小三号黑

公式

风载体型系数 μ_s：……；风振系数 β_z：……；风压高度变化系数 μ_z：……有：

$$W = \mu_s \mu_z \beta_z \omega_0 = \cdots \tag{3.8}$$

空一行

左风作用下荷载计算 → 宋体五号

Times New Roman 五号

空一行

表 3.2

层次	$Z(m)$	μ_s	β_z	μ_z	$\omega_0(kN/m^2)$	$A(m^2)$	$P_w(kN)$
1	4.5						
2							
3							
合计							

计算结果如图 3.3 示

→ 表格：有合计时用四线表，其他情况用三线表。

图 8.10 论文内容

重庆大学本科学生毕业设计（论文）　　3 荷载计算

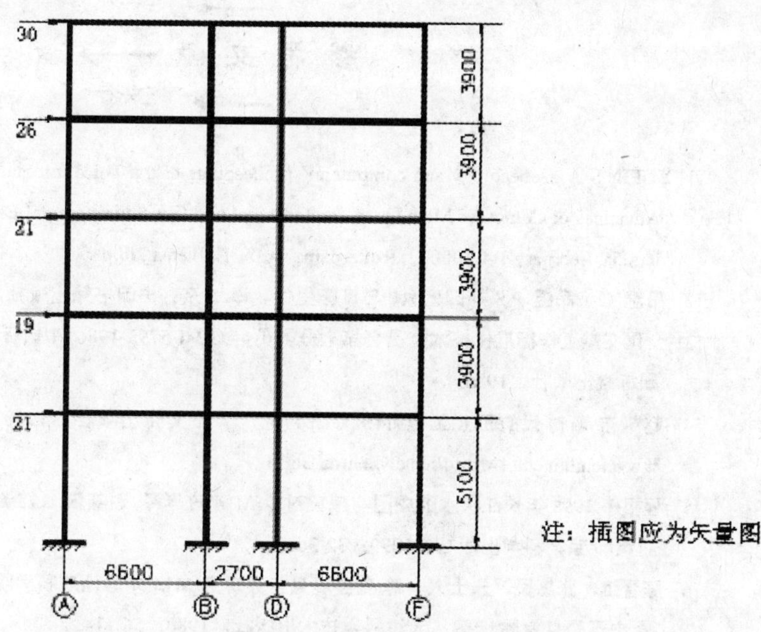

图 3.3 左风作用下荷载计算简图（单位：*kN*）

若插入照片，格式应为*.jpg 和*.tiff 两者之一，其像素应大于 1024x768。

图 8.11　文中插图

重庆大学本科学生毕业设计（论文） 参考文献

空一行

参 考 文 献 → 黑体三号居中

空一行

[1] YUFIN S A. Geoecology and computers：proceedings of the Third International Conference on Advances of Computer Methods in Geotechnical and Geoenvironmental Engineering, Moscow, Russia, February 1-4,2000[C].Rotterdam：A. A. Balkema,2000.

[2] 昂温 G，昂温 P S.外国出版史[M].陈生铮，译.北京：中国书籍出版社，1988.

[3] 全国文献工作标准化技术委员会第七分委员会.GB/T 5795-1986 中国标准书号[S].北京：中国标准出版社，1986.

[4] 赵耀东.新时代的工业工程师[M/OL].台北：天下文化出版社，1998[1998-09-26].http://www.ie.nthu.edu.tw/info/ie.newie.htm(Big5).

[5] 程根伟.1998 年长江洪水的成因与减灾对策[M]//许厚泽，赵其国.长江流域洪涝灾害与技术对策.北京：科学出版社，1999：32-36.

[6] 陈晋镳，张惠民，朱士兴，等.蓟县震旦亚界研究[M]//中国地质科学院天津地质矿产研究所.中国震旦亚界.天津：天津科学技术出版社，1980：56-114.

[7] 钟文发.非线性规划在可燃毒物配置中的应用[C]//赵玮.运筹学的理论与应用：中国运筹学会第五届大会论文集.西安：西安电子科技大学出版社，1996：468-471.

[8] 中国图书馆学会.图书馆学通讯[J].1957(1)-1990(4).北京：北京图书馆，1957-1990.

[9] American Association for the Advancement of Science. Science[J]. 1883,1(1)-. Washington, D.C.：American Association for the Advancement of Science,1983-.

[10] 刘武，郑良，姜础.元谋古猿牙齿测量数据的统计分析及其在分类研究上的意义[J].科学通报，1999，44(23)：2481-2488.

[11] 傅刚，赵承，李佳路.大风沙过后的思考[J].北京青年报，2000-04-12(14)[2005-07-12].http://www.bjyouth.com.cn/Bqb/20000412/GB/4216%5ED0412B1401.htm.

[12] 莫少强.数字式中文全文文献格式的设计与研究[J/OL].情报学报，1999，18(4)：1-6[2001-07-08].http//periodical.wanfangdata,com.cn/periodical/qbxb/qbxb99/qbxb9904/

[13] 姜锡洲.一种温热外敷药制备方案：中国，88105607.3[P].1989-07-26.

[14] 西安电子科技大学.光折变自适应光外差探测方法：中国，01128777.2[P/OL]. 2002-03-06[2002-05-28].http://211.152.9.47/sipoasp/zljs/hyjs-yx-new.asp?recid=01128777.2 & leixin=0.

[15] TACHIBANA R, SHIMIZU S, KOBAYSHI S,et al. Electronic watermarking method and system：US,6,915,001[P/OL]. 2002-04-25[2002-05-28].http://patftuspto.gov/netacgi/nph-

图 8.12 参考文献 1

重庆大学本科学生毕业设计（论文）　　参考文献

[16] PACS-L：the public-access computer systems forum [EB/OL].Houstom, Tex：University of Houston Libraries,1989[1995-05-17].http：// info.lib.uh.edu/pacsl.html.

[17] Online Computer Library Center,Inc. History of OCLC[EB/OL].[2002-01-08]. http：// www.oclc.org/about/history/default.htm.

中文：宋体五号，行距：固定值 20 磅。外文：Times New Roman 五号。

参考文献应是设计或论文作者亲自考察过的对自己的设计或论文有参考价值的文献，引用的中外文资料，理工类不得少于 10 篇，其他不少于 15 篇。有特殊要求的专业可不受此限。参考文献应具有权威性，要注意引用最新的文献。

参考文献以文献在整个论文中出现的次序用[1]、[2]、[3]……形式统一排序、依次列出。

参考文献的表示格式详见《文后参考文献著录规则》（GB/T 7714-2005）：

专著：[序号] 主要责任者.题名.其他题名信息[文献类型标志].其他责任者.版本项.出版地：出版者，出版年：引文页码[引用日期].获取和访问路径.

专著中的析出文献：[序号]析出文献主要责任者.析出文献题名[文献类型标志].析出文献其他责任者 // 专著主要责任者.专著题名：其他题名信息.版本项.出版地：出版者，出版年：析出文献的页码[引用日期].获取和访问路径.

连续出版物：[序号] 主要责任者.题名：其他题名信息[文献类型标志].年，卷(期)-年，卷(期).出版地：出版者，出版年[引用日期].获取和访问路径.

连续出版物中的析出文献：[序号] 析出文献主要责任者.析出文献题名[文献类型标志].连续出版物题名：其他题名信息，年，卷(期)：页码[引用日期].获取和访问路径.

专利文献：[序号]专利申请者或所有者.专利题名：专利国别，专利号[文献类型标志].公告日期或公开日期[引用日期].获取和访问路径.

电子文献：[序号] 主要责任者.题名：其他题名信息[文献类型标志/文献载体标志].出版地：出版者，出版年(更新或修改日期)[引用日期].获取和访问路径.

此文本框读后删除！！

图 8.13　参考文献 2

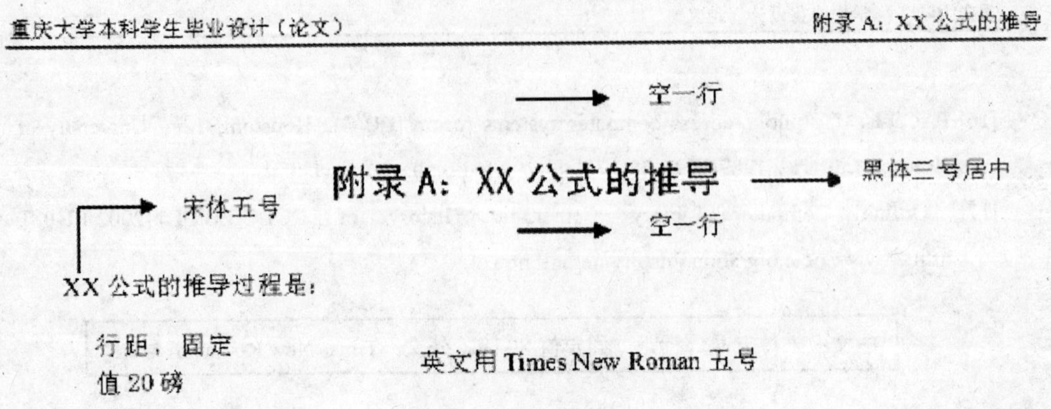

重庆大学本科学生毕业设计（论文） 附录 A：XX 公式的推导

空一行

附录 A：XX 公式的推导

黑体三号居中

宋体五号

空一行

XX 公式的推导过程是：

行距，固定值 20 磅

英文用 Times New Roman 五号

图 8.14 附录

参考文献

[1] 郭吉安，李玉莲，李学静.大学知识检索教程[M].成都：电子科技大学出版社，2005.

[2] 郭吉安，李学静，李玉莲.现代信息检索教程[M].重庆：重庆大学出版社，2000.

[3] 汪育健，吕先竞，邓发云.信息检索与利用·工学[M].西安：世界图书出版公司，2003.

[4] 章云蓝，万跃华，舒炎祥.数字资源检索教程[M].北京：科学出版社,2006.

[5] 余丽清，宛章齐.网络环境下科技报告的检索[J].农业网络信息,2010(2).

[6] 朱静芳.现代信息检索实用教程[M].北京:清华大学出版社,2008.3.

[7] 鲁芳,戴雅玲.信息量和信息类型对情报分析的影响及启示[J].新西部,2010.8.

[8] 叶鹰,潘有能，潘卫.情报学基础教程[M].北京:科学出版社,2006:185-200.

[9] 花芳.文献检索与利用[M].北京:清华大学出版社,2010.8.

[10] 郭吉安，李学静.情报研究与创新[M].北京：科学出版社,2006.4.

[11] 赵静.现代信息查询与利用[M].北京：科学出版社,2008.

[12] 赵乃瑄,冯新.化学化工电子文献检索与分析策略[M].北京：化学工业出版社,2007.

[13] 张安珍.论信息创新原理[J].图书馆论坛,2003,23(6):52-55.

[14] 靖继鹏,马哲明.信息社会创新理论的核心——思维创新[J].情报科学,2004,22(7):769-773.

[15] 汪会玲.知识创新的螺旋模型[J].图书情报工作,2002(9):37-40.

[16] http://www.nstl.gov.cn/.

[17] http://www.sipo.gov.cn/sipo2008/.

[18] http://lib.cqu.edu.cn/open/main.htm;jsessionid=7266AB21D879829A7B544082D983C80A.

[19] http://www.cnblogs.com/yitian/archive/2009/02/05/1384289.html (2010-8-10)[EB/OL].

[20] http://www.brainshark.com/thomsonscientific/ESI-Chinese (2010-8-8)[EB/OL].

[21] http://www.thomsonscientific.com.cn/media/jcr.pdf (2010-8-8)[EB/OL].

[22] http://www.thomsonscientific.com.cn/productraining (2010-8-8)[EB/OL].